인문학적 사고와 자기표현

곽은희 | 동아대학교 기초교양대학 교수

김형근 | 동아대학교 기초교양대학 교수

김혜정 | 동아대학교 기초교양대학 교수

문선영 | 동아대학교 기초교양대학 교수

박정아 | 동아대학교 기초교양대학 교수

임지아 | 동아대학교 기초교양대학 교수

인문학적
사고와 자기표현

초판 1쇄 인쇄 2020년 2월 17일
초판 1쇄 발행 2020년 2월 24일

지은이 곽은희, 김형근, 김혜정, 문선영, 박정아, 임지아

펴낸곳 인문과교양
주소 (02001) 서울특별시 중랑구 중랑천로 358-6
전화 02-3144-3740
팩스 031-655-3740

ISBN 979-11-85939-67-4 (03700)
가격 14,000원

인문학적 사고와 자기표현

곽은희 · 김형근 · 김혜정 · 문선영 · 박정아 · 임지아

SINCE 2013
인문과교양

머리말

세상이 빠르게 변하고 있다. 눈에 보이지도 않는 4차 산업혁명 시대를 맞이하면서 변화하는 세상에 잘 적응할 수 있을까 하는 불안감을 안고 다들 살아간다. 이러한 불안을 잠재울 수 있는 해결책으로 '인문학적 소양'이 주목받고 있다. 전 IBM 회장이었던 루 거스너는 "기업은 직원들에게 기계 조작법이나 마케팅 계획 수립 방법은 손쉽게 가르칠 수 있지만, 생각하는 법을 가르치는 것은 정말 골치 아픈 일이다."라고 말하며 직원들의 인문학적 소양을 중요시 여겼다고 한다. 사람이 했던 업무의 거의 모든 부분을 기계가 대체하고 있음에도 인간을 채용하는 이유는 기계보다 뛰어난 무언가가 인간에게 있기 때문인데, 그것을 바로 '인문학적 사고'라고 본 것이다.

그렇다면 인문학은 무엇일까? 동양에서는 인문학을 '인간을 야만성으로부터 벗어날 수 있도록 이끌어 주는 도덕적인 학문'으로 바라보았고, 서양에서는 인문학을 '인간만이 가지고 있는 탁월한 특성, 즉 덕성(德性, virtue)을 갖추는 데 봉사하는 학문, 인간을 인간답게 해 주는 것을 목적으로 봉사하는 학문'으로 바라보고 있다. 시대와 지리적 환경은 다르지만 동서양 모두 '인간다움의 형성'이라는 공통점을 지니고 있는 것이다. 아울러 도덕적인 덕성을 강조하고 있다는 점에서, 인간다움의 형성 또는 완성이 유아독존적으로 고립된 우월한 개인의 상태에 이르는 것을 의미하지 않는다는 것을 알 수 있다.

인문학적 사고의 핵심은 개인을 돌아보는 '성찰적 사고'와 개인과 타인 그리고 세계를 바라보는 '비판적 사고'에 있다. 성찰과 비판을 통한 인식 변화, 사회 공동체가 지닌 문제에 대한 이해 그리고 문제 해결에 동참하는 의지를 보여 주는 것, 이것이 변화하는 시대에 필요한 역량이다. 그러기 위해 타인과 협력할 수 있는 인성 역량과 자신의 뜻을 명확하고 효과적으로 전달할 수 있는 의사소통 역량도 요구된다.

『인문학적 사고와 자기표현』은 지금의 시대가 요구하는 인문학적 소양을 기르기 위해 개설되었다. 이를 위해 이 책은 '인문학으로 만나는 동좌문도', '세상과 소통하는 학술적 글쓰기', '생각의 문을 두드리는 말하기' 3부로 구성하였다. 1부 '인문학으로 만나는 동좌문도'에서는 "스승과 제자가 한자리에 앉아서 정도(正道)가

머리말

무엇인지 묻고 답한다"는 뜻이 담긴 동아대학교의 교육철학 '동좌문도(同坐問道)'의 정신을 살릴 수 있는 내용을 담아냈다. '과거를 돌아보며 자아를 정립하다', '현재를 성찰하며 타자와 조우하다', '미래를 전망하며 세계를 품다'의 세 범주와 관련된 읽기 자료들 두고, 스승과 제자가 함께 고민하고 상호 간의 의견 차이를 인정하며 화합을 꾀하는 경험을 통해, 사람과 사회 그리고 인간다운 삶에 대한 인문학적 시각을 넓히고자 했다. 2부 '세상과 소통하는 학술적 글쓰기'에서는 비판적 사고로 되돌아본 1부 주제와 관련한 자신의 생각을 타인과 공유함으로써 세상을 알아가는 학술적 글쓰기의 과정과 방법에 대한 내용을 다뤘다. 여기에서는 학술적 글쓰기 중 학술에세이 쓰는 법에 초점을 두고 있다. 3부 '생각의 문을 두드리는 말하기'에서는 인문학적 소양의 하나로 꼽히는 의사소통 능력을 기르기 위해 '대화, 토론, 스피치'를 잘하는 방법에 대한 내용을 다루고 있다. 3부에 제시한 토론은 1부의 동좌문도 활동과 연계하여 논의를 심화해 나갈 때 활용하면 좋을 것이다. 1부는 곽은희 · 문선영, 2부는 김형근 · 김혜정 · 박정아 · 임지아, 3부는 김혜정이 집필하였다.

하버드 최초 여성 총장이었던 파우스트는 자신의 취임 연설에서 교육의 본질과 관련하여 "대학은 목수를 만드는 곳이 아니라, 목수를 인간(학문하는 사람)으로 만드는 곳이다."라고 언급했다. 지금의 대학들이 직업 양성소로 변질된 것을 비판하고 있는 것이다. 급변하는 이 시대에서 살아남을 수 있는 방법은 한낱 스펙이 아니라 사유하는 법이 아닐까? 자신에게 질문하고, 세상에 질문하는 것 그리고 그 질문에 답을 구하기 위해 끊임없이 탐구하는 자세만 있다면 굳건히 이 힘든 세상을 헤쳐 나갈 수 있지 않을까? 이 책이 여러분 앞길을 이끌어 줄 나침반이 되길 바란다.

2020년 2월

편집위원장 김혜정

차
례

3부

생각의 문을 두드리는 말하기 —— 229

1부

인문학으로 만나는 동좌문도

1부

인문학으로 만나는 동좌문도

"셰익스피어도 읽고 있습니까?"[1] 올더스 헉슬리가 쓴 『멋진 신세계』에서 으뜸으로 꼽는 부분이다. 여기서 작가는 비인간적인 기계문명의 횡포에 맞설 수 있는 것이 다름 아닌 셰익스피어로 대변되는 '인문학'이라는 사실을 나타내고자 했다. '멋진 신세계'는 그러므로 인문학 정신을 표방하는 메타포인 셈이다. 주인공 존이 불편한 삶을 바라고 신과 시를 바라며 자유와 선과 죄 그리고 위험을 바란다면서 문명사회의 노예가 되기를 거부하는 장면에서 우리는 인문학의 원령을 만난다. 비록 인간성을 유지하고 회복하는 것이 점점 어려워지는 상황들을 맞닥뜨리고 있지만, 여기서 우리는 문학으로, 인문학으로 이러한 질곡들에서 헤어날 수 있다는 희망을 만난다.

두루 알려진 대로 인문학은 사람과 사람살이에 대한 이해의 시작이자 끝이다.

---

1 올더스 헉슬리 지음/이덕형 옮김(1988), 멋진 신세계, 문예출판사, 206쪽.

사람과 사람살이를 궁극적으로 고민하기에 인문학은 개성과 다양성을 동시에 존중할 수밖에 없고 그래서 인문학은 곧 해석학이 된다. 다양성과 개성을 별개의 것으로 놓을 수 없는 것이 인문학이고, 그것이 '무엇을'보다 그 무엇을 '어떻게' 해석하고 접근할 것인지에 주목해서이다. 이때 생기발랄한 관심이 다양성과 개성에 마음을 여는 것이라는 사실에는 이론의 여지가 없겠다. 이러한 해석학으로서 인문학에 접근하는 최선의 생기발랄한 방법으로 동좌문도를 든다.

동좌문도(同坐問道)는 동아대학교의 교육철학으로 "스승과 제자가 한자리에 앉아서 정도(正道)가 무엇인지 묻고 답한다"는 뜻을 품고 있다. 이러한 동좌문도의 정신은 인문학의 정신을 구현하는 에움길이자 지름길이다. 함께 고민한다는 것은, 그것도 스승과 제자가 함께 문제제기를 하는, 차이를 인정하고 화합을 꾀하는 쉽지만은 않은 길이기에 에움길이고, 이러한 과정이 결코 수월하지는 않지만 다양성과 개성을 아우르는 제대로의 혜안을 밝히는 바른 길이기에 지름길이다. 불편함은 정신을 깨어 있게 하므로, 에움길이든 지름길이든 우리는 그 길을 가야만 하는 것이 아닐까.

'인문학으로 만나는 동좌문도'는 세 가지 범주로 풀어낸다. 과거-자아, 현재-타자, 미래-세계가 그것이다. 먼저, 과거와 현재, 미래라는 시간에 주목했다. 왜냐하면 사람과 사람살이의 근간 가운데 하나가 시간이어서이다(시간은 객관적인 실재이기도 하고, 동시에 실재가 아니라 실재의 존재 형식이기도 하다). 정평이 나 있는 것처럼 과거와 현재와 미래는 각각 나뉘어 있는 것이 아니라, 서로가 맞물리면서 정반합의 사유로 우리의 존재를 이끈다(헬레나 노르베리 호지가 말한 '오래된 미래'의 속뜻을 되새겨보라). 그래서 여기서는 연속성의 개념으로서 과거와 현재와 미래를 제안한다. 그리고 자아와 타자, 세계를 각각 적용시켰다. 왜냐하면 사람과 사람살이의 주체가 바로 자아와 타자, 세계라서 그렇다. 이렇게 해서 과거-자아, 현재-타자, 미래-세계의 조합이 탄생한 것이다. 물론 여기서 과거-주체는 현재-타자로 이어지고, 과거-주체와 어우러진 현재-타자는 미래-세계로 융합된다. 그러므로 '과거를 돌아보며 자아를 정립하다', '현재를 성찰하며 타자와 조우하다', '미래를 전망하며 세계를 품다'로 꾸려진 세 범주는 단절된 것이 아니라 뫼비우스의 띠처럼 영원한 현재로 만나게 되고 동시에 '인문학으로 만나는 동좌문도'의 나침반이 되는 것이다.

1. 과거를 돌아보며 자아를 정립하다

과거를 돌아보며 자아를 정립하기 위해 읽기 자료로 선택한 것은 '대학과 청년', '존재와 가치'와 관련된 글들이다. 학생들이 주체적으로 사고하고 판단하며 행동하는 자율적 개인이자 공동체의 성숙한 시민으로 거듭날 수 있도록 인간의 존재와 가치, 대학의 본질, 그리고 교양의 정신을 상기하는 데 중점을 두었다. 대학에 들어오면서 학생들은 그때까지 의존해 왔던 부모, 학교, 선생님의 긴 영향에서 벗어나 자신의 독립된 '정신적 삶'을 시작하며, 자신이 누구이고 타인은 누구이며 자신이 사는 세계는 어떤 곳인지, 자신의 삶을 이끌 가치, 이상, 목적은 어떤 것인지를 탐색[2]하게 된다. 1장에서 제시한 8편의 글들(『석당일기』, 『세계의 대학을 가다』, 「교양 체험과 욕망의 교육」, 「가지 않을 수 없던 길」, 『인간적인 너무나 인간적인』, 『존재와 무』, 『오이디푸스 왕』, 「만물은 흔들리면서」)이 나와 타인, 세계를 탐색하며 '어떻게 살 것인가'를 사유하는 데 마중물이 될 수 있기를 바란다. 오규원의 시 「만물은 흔들리면서」의 한 구절처럼 "만물은 흔들리면서 흔들리는 만큼 / 튼튼한 줄기를 얻고 / 잎은 흔들려서 스스로 / 살아 있는 잎인 것을 증명"함을 믿는다.

---

2 이영준(2015), 교양교육과정의 두 유형과 그 융복합적 교육 성과, 한국교양교육학회 학술대회 자료집, 한국교양교육학회, 436쪽.

1) 대학과 청년

(1) 자료 해제: 『석당일기』, 『세계의 대학을 가다』, 「교양 체험과 욕망의 교육」

『석당일기』는 1959년 미국 국무성 초청으로 이루어진 석당 정재환 선생의 구미 교육 시찰 일지(1959.4.14.~7.13.)를 현대어로 옮겨 석당학술원에서 발행한 것이다. 석당 선생의 구미교육 시찰은 '인격교육'과 '학술교육' 병행을 목적으로 하면서 이 모두를 선진국 수준으로 올리기 위하여 이루어진 것이라는 점에서 우리대학 창학 당시의 철학과 실천의지를 생생하게 담고 있다. 여기에서는 『석당일기』 가운데 하버드대학, 메사추세츠 공과대학(MIT), 소르본느 대학 방문기를 발췌하여 실었다. 방문하는 곳마다 석당 선생은 우리 대학 운영에 참조할 부분을 눈여겨보며 세세하게 기록하였고, 교육과정을 실제로 접하기 위해 직접 강의를 참관하기도 했다. 구미의 교육현장 시찰은 미래를 내다보며 그곳의 우수한 제도들을 도입, 변용하기 위한 창조적 공간이동이었던 셈이다.

『세계의 대학을 가다』는 우리 대학 함정임 교수가 석당 선생의 행보를 그대로 따라가면서 우리 스스로의 과거와 현재, 그리고 미래를 반추하며 쓴 책이다. 여기에서는 세계적 리버럴아츠 칼리지로 알려진 세인트 존스(St. John) 대학 방문기인 「과거에서 현재로, 고전 교육의 전당」 일부를 실었다. 전공 없이 고전을 읽고 토론하는 수업만으로 특성화된 세인트 존스 대학에서 "교수가 일일이 설명을 하지 않고 학생에게 그 차이를 인식하게 하거나 해당 문제를 해결하도록 맡긴다"는 점을 눈여겨보는 석당 선생의 모습이 55년 뒤 방문기에서 재발견된다. 석당 선생의 노트와 후학의 방문 사이에는 반세기의 시간 차가 놓여 있지만, 티칭에서 코칭으로 전환되는 교육혁신의 기원을 발견할 수 있다는 점에서 여전히 현재적이다.

「교양 체험과 욕망의 교육」에서 주목하고자 하는 것은 교양, 혹은 교양인에 대한 정의이다. 훔볼트와 헤겔이 언급한 바와 같이 교양이란 '자기 자신의 좁은 사적인 이해관계를 넘어서서 자기를 초월할 수 있는 능력'이며, 교양인이란 이러한 자기 초월 능력을 갖춘 인간이다. 교양교육을 통하여 학생들이 부단한 자기 초월의

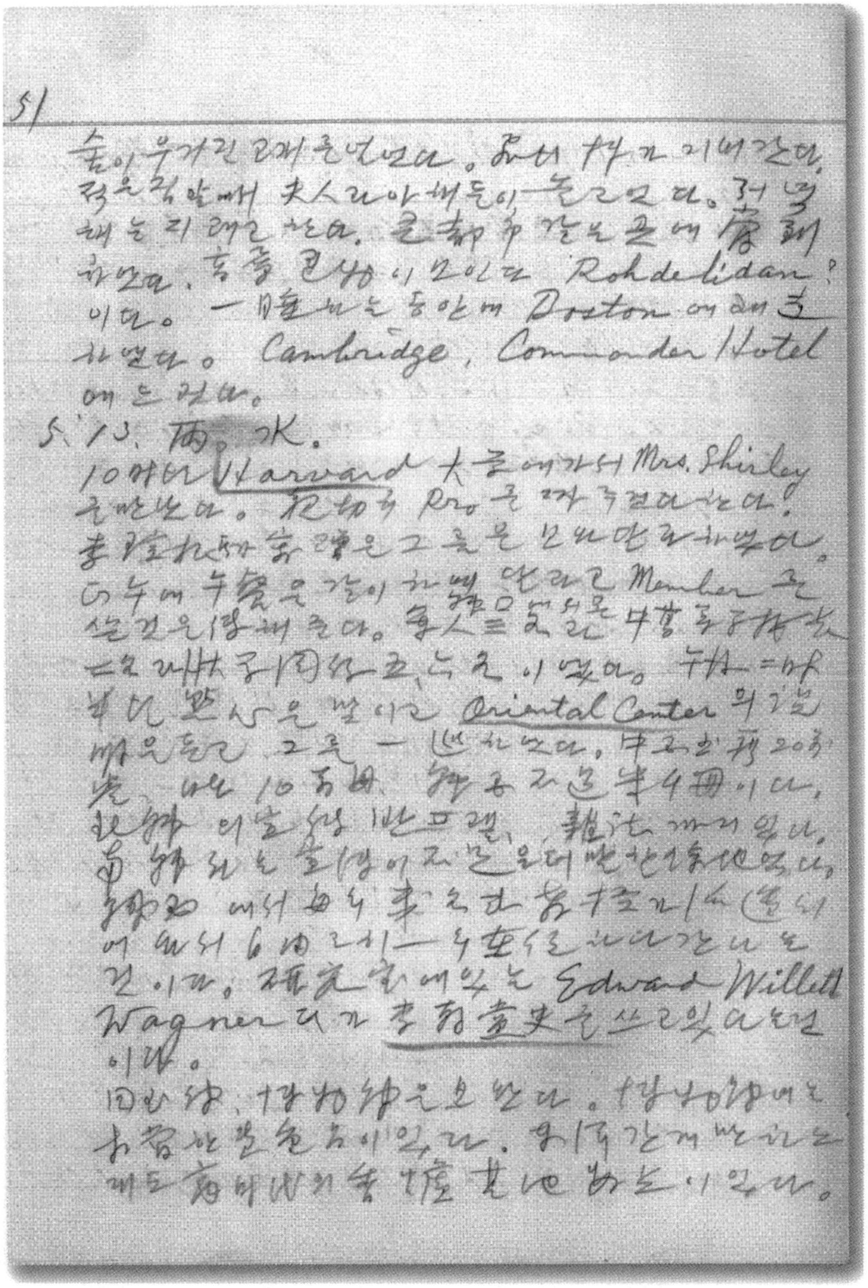

'석당 일기' 중 일부

과정으로 나아가기를, 그리하여 자기를 넘어 다른 것을 수용할 수 있는 정신적 개방성과 거기에 따르는 보편성을 획득할 수 있기를 바란다.

(2) 읽기 자료

① 정재환, 『석당일기』

5. 13. (수) 비

10시경 하버드 대학교에 도착하였다. 외부 인사의 안내 일을 맡고 있는 셜리(Shirley) 여사를 만났다. 대단히 친절하게 맞이하면서 보스턴에 있을 동안 나의 견학 프로그램을 만들어 주겠다고 한다. 그러면서 이선근(李瑄根) 씨가 하버드 대학교에 기증한 여러 점을 봐 달라고 부탁하였다. 셜리 여사의 부탁과 몇 가지 일을 끝내자 그녀는 정오에 오찬을 같이하자며 같이할 사람 이름을 전해 주었다. 한국에서 온 군인 3명과 중·고등학교 교장 2명, 그리고 H 대학교 관계자 5~6명이었다.

오후 2시 30분경 점심을 마치고 동양학 센터 관계자의 설명을 듣고 센터 내부를 돌아보았다. 중국어 서적 20만 권, 일본어 서적 10만 권이 비치되어 있다고 하였다. 한국어 서적은 북한 것을 합쳐야 불과 기천 권에 지나지 않았다. 관심을 끄는 것은 근래의 북한 선전 팸플릿과 대중잡지까지 모두 구비되어 있다는 점이었다. 우리나라로서는 선전이 부족함은 더 말할 필요가 없다.

다행스러운 것은 한국에서 매년 몇 명의 교수가 파견되어서 1년 동안 동양학 센터에서 자유로이 연구하고 간다는 것이다. 그녀는 센터 연구실에 있는 에드워드 월렛 와그너(Edward Willett Wagner) 씨가 이조당사(李朝黨史)를 쓰

고 있다고 하였다.[3]

하버드 대학교의 도서관과 박물관을 들어가 보았다. 박물관에는 상당한 귀중품이 전시되어 있다. 동아시아 관계 자료만 하더라도 중국 상(商) 나라 시대의 향로 외 기타 수 점이 전시되어 있었다. 희한하게도 고려의 자기 화병 외 십수 점도 보존되어 있었다.

호텔로 돌아가니 고국에서 석봉(碩鳳)의 서간과 대학 교직원 및 여학생들이 쓴 서간 십여 통이 도착해 있었다. 반갑게 받아 보았다.

5. 14. (목) 구름 낀 뒤 맑음

오전 9시 30분경에 메사추세츠 공과대학(MIT)을 방문하였다. 여자 사무직원의 안내를 받아 기다리면서 그가 주는 학교 회보를 살펴보았다.

메사추세츠 공과대학은 미국에서도 유명한 대학으로서 1861년에 창립하였으며, 교직원 1,800명 가운데 600명이 교수이다. 학생은 모두 6,200명인데 대학생은 3,700명이다. 외국 유학생도 많은데 한국 출신이 35명, 일본 출신이 31명으로 등록되어 있다고 한다.

안내하는 사람을 따라 대학 내부를 시찰하였다. 시찰 과정에서 주목을 끌었던 것은 재료 실험실의 기계시설과 계산실의 기계장치의 크기였다. 놀라 만큼 거대하였다. 계산기가 장치된 곳은 1, 2, 3층으로 연속되어 있었는데 그 계산기는 1BM 회사 소유로서 300만 달러나 되는 고가라고 한다. 해군 건설학과실 중 한 군데에는 각종 모형으로 된 해군 군함들을 전시해 두었다.

1학년생의 화학 실험실은 크게 눈에 띄는 것은 없었으며 알코올 램프와 플라스크가 기자재의 대부분을 차지하였다. 증기 엔진실은 실험실이라기보

---

3 6 · 25 전쟁 직후 미국에서 최초로 한국어 강좌를 개설한 대학이 하버드 대학교이다. 그때 강좌를 개설한 이가 바로 역사학자인 에드워드 월렛 와그너(Edward Willett Wagner) 교수인데 당시 1명만 수강 신청을 하였다고 한다. 그 재학생이 마샬 필(Marshall R. Pihl) 하와이 대학교 교수로서 미국의 한국학 연구 2세대라고 할 수 있다.

다는 기계제품 진열실 같은 느낌이 들었다.

실험실과 기계 설비실을 나와 이어서 들어간 교내의 교회는 천장으로 들어오는 자연광선과 바닥에 설치된 수구에서 반사된 밝은 빛으로 실내를 조명하게 설계되어 있었다. 강당의 설비도 극히 간결하고 미학적으로 완비되어 있었다.

오후 2시 30분, 하버드 대학교 법과대학에 근무하는 존 앤드류 킹(John Andrew King) 씨를 방문하였다. 하버드 대학교 법과대학의 체계와 교육과정 및 운영 방식, 졸업 후 학생들의 진로 등에 대한 자세한 설명을 듣고 동아대학교 법과대학의 운영에 참조할 만한 부분을 세세히 기록하였다.

스리랑카 출신의 시찰단 3명과 함께 법과대학 도서관을 시찰하였다. 하버드 법과대학 도서관은 세계에서 가장 큰 법학도서관으로 법률관계 장서만 100만 권이 된다. 가장 오래된 서적으로는 상인의 계약에 관한 법을 다룬 1468년 간행된 책인데 라틴어로 쓰여 있다. 고서만 거진 넓을 방 한 방을 다 차지했는데 대개가 1,500년경에 출간된 책으로, 손으로 직접 쓴 것이었다. 또한 16세기 영국의 법전과 식민지 시대의 각 주 법전 등도 모두 구비되어 있었다. 동양관계 법률서적도 많았는데, 일본의 판례 등은 빠짐없이 진열되어 있었다.

오후 늦게 주한 미국 대사관에 근무하는 핸더슨(Henderson) 씨의 부모님이 찾아와서 자신들의 집에 초대를 하였다. 저녁에 초대받은 집을 방문하여 여러 가지 즐거운 이야기로 장시간을 보냈다. 핸더슨 씨의 모친은 현재 자기 아들은 어떻게 지내고 있으며 새로 이사하였다는 집은 지내기가 좋은지, 장래 높은 사람이 될 것인지, 지금 한국에는 친구가 많은지 등과 같은 아들과 관련된 질문을 나에게 던졌다.

6. 23. (화) 맑음

보세주르(Beausejour) 호텔로 짐을 옮긴 뒤 대사관에 근무하는 박협 군과

파리 대학을 들렀다. 파리 대학은 1253년에 개교를 하였는데 소르본느(Sorbonne) 대학이라고 부르는바 학생 수는 500,000명에 교수는 약 2,000명이나 된다고 한다. 문학 계열과 자연과학 계열을 중심으로 이루어진 대학으로 프랑스 유일의 최고 대학이다.

인상 깊은 건물은 도서관이었다. 1624년에 지은 도서관의 곰팡이 냄새 나는 열람실과 서가 등을 둘러보았다. 유서 깊은 법과대학으로 건너갔다. 2층에서 보아소나타의 동상을 보았다.

다시 문과대학 건물 안으로 들어와 빅토르 위고(Victor-Marie Hugo)의 석상을 거쳐 복도에 깔린 대리석을 밟으면서 프랑스의 지나간 영화(榮花)를 상상하여 보았다.

파리 대학을 오기 전에 몽수리(Montsouris) 공원 인근에 있는 대학 기숙사를 먼저 가 보았는데 여기저기에 몇 동의 고층건물을 지어 각국 학생들이 거주하는 기숙사로 사용하고 있었다. 건물 주위로는 잔디가 깔린 광장과 수목이 우거진 정원, 운동장, 우체국, 극장 등이 구비되어 있어 대학도시 같은 느낌이 들었다.

고층건물로 이루어진 기숙사는 자신의 나라에서 온 유학생들을 위하여 그 나라에서 건설하였다고 한다. 영국, 미국, 이탈리아, 독일은 물론이고 남미 각국, 아프리카의 모로코와 인구가 2만여 명에 넓이는 15평방킬로미터밖에 되지 않는 모나코 같은 나라에서도 5~6층짜리 건물을 지어 자국 출신의 유학생들을 수용하고 있다고 한다. 일본만 해도 일본식 외관에 내부는 현대식으로 건조하였다. 한국과 중국만이 자국 학생들을 수용할 수 있는 기숙사가 없어 한국에서 유학을 온 학생 4명은 다른 나라 기숙사에 신세를 지고 있었다.

중앙관인 국제관은 록펠러 재단에서 지어 준 건물인데, 내부 식당에서는 학생 1식에 100프랑, 다른 대학 출신 학생은 200프랑, 외국인은 300프랑을 받는다. 본 대학 출신 학생은 정부에서 식비를 보조하여 염가로 제공한다는 것이다. 식사의 양과 질은 대단히 양호하며 맥주 1병도 따라 나왔다.

출처: 정재환(2013), 석당일기, 산지니, 109~112, 213~214쪽.

② 함정임, 『세계의 대학을 가다』

아나폴리탄의 부엌을 책임지고 있는 분은 영어를 한마디도 구사하지 못하는 히스패닉계 마리아 아줌마. 나는 마치 내 집 식탁에 앉아 엄마가 차려주는 밥을 먹듯 마리아 아줌마가 부엌에서 만들어 주는 달걀 후라이와 야채, 커피와 과일로 아침 식사를 마치고, 지척에 있는 세인트 존스 대학으로 향했다. 제임스 씨가 정원까지 나와 길 안내를 하며 배웅을 했다. 택시를 타기에는 가깝고 걸어가기에는 조금 거리가 있었지만, 산책 삼아 집 앞 웨스트 스트리트를 따라 걸었다. 내처 걸으면 중심가인 메인 스트리트와 만나 시티 독으로 이어지는 길이었다.

세인트 존스 대학(St. John's College)은 미국뿐 아니라 세계적으로 잘 알려진 리버럴 아츠 칼리지(Liberal Arts College : LAC)이다. 단과대학 시스템 중 하나인 리버럴 아츠란 인문, 사회과학, 자연과학, 어학의 교양과목을 가리키는데, 현재 미국에는 266개의 리버럴 아츠 칼리지가 운영 중이다. 아이비리그처럼 미 전역에 명문 리버럴 아츠 칼리지들이 있는데, 그중 하나가 세인트 존스 대학이다. 고목의 울창한 신록으로 뒤덮인 캠퍼스의 건물들은 붉은 벽돌로 지어져 운치가 있었다. 이 대학은 미국에서도 일명 '그레이트 북(Great Books)', 즉 고전 읽기 교육으로 유명하다. 학생들은 4년 동안 전공 없이 고전을 읽고 토론하는 수업만으로 졸업을 한다. 고전 교육을 특성화한 대학이 미국에는 몇 곳 더 있는데, 모두 이 대학의 커리큘럼에서 비롯된 것이다. 1966년 설립된 이 학교가 고전 교육만으로 4년 학사과정의 커리큘럼을 선택하고 정비한 것은 1937년부터이다. 학생은 선택 과목 없이 지정된 고전 프로그램을 이수해야 하는데, 교수는 성적 평가를 하지 않고 학기 말에 개별 면담을 진행한다. 성적 평가를 희망하는 학생은 대학원 진학을 계획한 경우인데, 이 대학에서 명문 아이비리그 대학원으로 진학하는 비율이 상당히 높다. 이러한 특성과 명성으로 이 대학은 규모는 작지만 미국 내에서 호응도가 높고, 뉴 멕시코 주의 산타페에 제2캠퍼스를 운영 중이다. 오로지 취업 집중 평가에 맞춰진 21세기 한국의 대학 교육 현실에서는 상상조차 할 수 없는 꿈의 대학이다. 어떻게 고전과 인문학만으로 이 살벌한 경쟁 체제 속에서 살아남을 수 있을까. 마침 지나가는 남학생에게 인터뷰를 시도했다. 이 대학 졸업생이라고 밝힌 어니스트 씨는 힘차고 당당해보였다. 물론 어니스트 씨는 4년의 세미나, 수학, 언어, 실험 과정을 이수했고, 그 힘을 발판으로 현재 아티스트로서의 본업을 창조해가고 있다고 밝혔다.

석당이 세인트 존스 대학을 방문한 것은 1959년 5월, 1937년 고전 교육 프로그램을 실행한 지 20여 년이 지난 때였다. 정착 단계의 교육 과정을 일일이 접하고 직접 강의를 참관하면서 노트에 자세하게 기록해 놓은 것으로 보아 석당은 깊은 인상을 받았음에 틀림없다.

> 교재는 플라톤의 원서로 『메논』이었다. 교수는 학생에게 순번에 따라 지명하여 낭독하게 하고 뒤이어 그 의미를 해석하도록 하였다. 학생은 전적으로 이에 따르게 되는데, 결과적으로 공부를 안 해 올 수 없게 되어 있다. (중략) 대학에서 고전을 가르친다. 고전 원서만을 학생에게 체득하도록 요구하고 있다. 물론 반드시 요구되는 어학과목도 가르치지만 모든 수업은 이와 같이 진행되며 일주일에 한 번은 반드시 강독을 한다고 하였다. 고전이 혹 현대인들의 생활방식과는 거리가 좀 먼 것 같이 생각될는지 모르나, 문학, 철학 등에 있어서는 하등의 문

제가 되지 않는다. 과학과 같은 분야에서는 반드시 이렇다고 분명하게 결과를 알려주는 것이 아니라, 어떻게 해서 그런 생각을 할 수 있었는가 하는 방법론을 가르치는 것에 중점을 두고 있다. 의견이나 주장이 아주 다른 것도 교수가 일일이 설명을 하지 않고 학생에게 그 차이를 인식하게 하거나 해당 문제를 해결하도록 맡긴다. 4년 동안 재학하면 약 100권 정도의 고전을 충분히 알게 된다.

– 정재환, 『석당일기』

세인트 존스 대학의 학생들은 학기 중에 교내 5곳의 기숙사에 생활하면서 학업에 전념한다. 하계 방학을 맞아 학생도 교수도 모두 떠난 캠퍼스는 투명하게 내리쬐는 햇빛뿐 텅 비어 있다. 석당이 참관했던 강의실은 닫혀 있고, 관리인만이 캠퍼스 안내를 간략하게 해 줄 뿐이다. 세인트 존스 대학이나 노트르담 대학교 같은 고전 교육 특성화 대학에서 추구하는 지향점은 '불변하는 보편적 진리와 가치'이다. 캠퍼스 정중앙에 위치한 맥도월 홀 앞에 서니 대학 정문과 일직선으로 마주한다. 왼편엔 기념비가 세워져 있고, 오른편에는 자유의 종이 자리 잡고 있다. 늘 품고 다니는 동행자 『석당일기』를 마치 석당인 양 나무 벤치에 앉혀 놓고 정문 쪽으로 걷는다. 고전 교육의 희귀한 현장에서 60년 전 석당은 무엇을 보고 느꼈을까. 하늘을 가릴 듯 드높은 고목의 신록으로 뒤덮인 캠퍼스 밖은 오늘도 뜨거운 태양이 내리쬐고 있었다.

출처: 함정임(2015), 세계의 대학을 가다, 봄아필, 44~49쪽.

③ 김종철, 「교양 체험과 욕망의 교육」

교양이나 교양인을 자기 자신의 좁은 사적인 이해관계를 넘어서서 자기를 초월할 수 있는 능력으로 보는 관점은 훔볼트가 이미 보여 준 바 있고, 또 누구보다도 철학자 헤겔이 분명하게 언급한 것이기도 합니다. 헤겔은 19세기 초에 뉴른베르그의 인문계 고등학교의 교장을 지내면서 교양이란 무엇인가라는 제목을 걸어 놓고 몇 차례 학생들에게 강연을 행하였습니다. 그 강연에서 헤겔이 강조했던 것은 사람의 인간적인 성숙과 자기실현에 필수적인 자질은 자기를 넘어 다른 것을 수용할 수 있는 정신적 개방성과 거기에 따르는 보편성의 획득이라는 것이었습니다. 사람의 교육은 이질적인 요소의 흡수 과정이며 부단한 자기 초월로 이루어진다는 것입니다. 그래서 구체적인 학습 방법의 하나로서 헤겔이 학생들에게 특히 권하는 것은 외국어 학습, 특히 희랍의 언어와 문화의 학습이었습니다. 우리가 외국어를 배우는 것은 단순히 새로운 언어 기능을 습득하는 것보다 더 근본적인 의미가 있습니다. 예컨대 독일 학생이 희랍어의 문법과 어휘를 익혀 나가는 것은 그런 훈련 과정에서 기왕에 자기의 것이 아닌 다른 새롭고 이질적인 요소들을 자기의 것으로 수용하는 훈련이며, 그런 훈련을 통해 자기를 객관화할 수 있는 성숙한 인격으로 자란다는 것을 의미합니다. 헤겔은, 결국 괴테와 마찬가지로, 사람의 자기 초월 능력이라는 자질 속에서 교양의 원천을 보았다고 할 수 있습니다.

아까 우리가 우리말의 일상적인 쓰임새에서 교양이라고 하면 직접적이고 실제적인 용도를 가지지 않은 어떤 것과 결부하여 흔히 얘기된다고 말했습니다만, 이것도 헤겔이나 괴테 같은 사람의 기준에 비추어 볼 때 거의 비슷하게 맞아 들어가는 듯합니다.

독일의 경우만 이런 것이 아니고 영국의 경우에도 사정은 비슷하다고 할 수 있습니다. 영국에서는 블레이크, 워즈워드, 코울릿지 등등 낭만주의 시대의 시인들을 통해 교양이란 말이 전면으로 등장합니다. 영국에서는 독일처럼 '빌둥'이라는 말 대신에 '컬처'라는 말이 교양이라는 뜻으로 쓰지요. 영국에서 이 '컬처'라는 말에 좀 더 본격적인 개념 규정을 시도했던 사람은 19세기 중엽 매슈 아놀드라는 문인이었습니다. 그는 시도 썼고 문학비평가로서 그리고 사회철학자로서 문필 활동을 했던 그 무렵의 대표적인 인문적 지성인이었는데, 그는 한 마디로 '컬처'라는 것은 사심 없는 행동을 할 수 있는 정신적 자질이라고 정의내립니다. 사람이 자기 자신의 좁은 이해관계를 벗어나서 공명정대한 입장에서 객관적으로 처신할 수 있는 능력이 교양이라는 것이지요. 그리고 이 사람은 문인 취향이 더 강해서인지, 교양 개념을 특히 고전적 문화 예술의 섭취에 상당히 많이 연관시키고 있는 점이 주목할 만합니다. 인류가 지금까지 이루어 낸 가장 최선의 문화적 업적을 연구하고 모방하는 것이 교양의 바탕을 이룬다고 주장하는 겁니다. 아놀드가 이렇게 말할 때 그가 염두에 두었던 것은 고전 희랍의 문화, 그리고 르네상스 시대의 문화였습니다. 하여튼 이 경우에는 교양이라는 개념 속에 문인 혹은 지식인 위주의 입장이 강하게 반영되어 있음이 틀림없습니다.

출처: 김종철(1999), 교양 체험과 욕망의 교육, 시적 인간과 생태적 인간, 삼인, 23~25쪽.

④ 도종환, 「가지 않을 수 없던 길」

가지 않을 수 없던 길

도종환

가지 않을 수 있는 고난의 길은 없었다
몇몇 길은 거쳐 오지 않았어야 했고
또 어떤 길은 정말 발 디디고 싶지 않았지만
돌이켜보면 그 모든 길을 지나 지금 여기까지 온 것이다

한 번쯤은 꼭 다시 걸어 보고픈 길도 있고
아직도 해거름마다 따라와
나를 붙잡고 놓아주지 않는 길도 있다

그 길 때문에 눈시울 젖을 때 많으면서도
내가 걷는 이 길 나서는 새벽이면 남모르게 외롭고
돌아오는 길마다 말하지 않은 쓸쓸한 그늘 짙게 있지만
내가 가지 않을 수 있는 길은 없었다

그 어떤 쓰라린 길도
내게 물어오지 않고 같이 온 길은 없었다
그 길이 내 앞에 운명처럼 파여 있는 길이라면
더욱 가슴 아리고
그것이 내 발길이 데려온 것이라면
발등을 찍고 싶을 때 있지만
내 앞에 있던 모든 길들이 나를 지나
지금 내 속에서 나를 이루고 있는 것이다

오늘 아침엔 안개 무더기로 내려 길을 뭉텅 자르더니
저녁엔 헤쳐 온 길 가득 나를 혼자 버려둔다

오늘 또 가지 않을 수 없던 길……
오늘 또 가지 않을 수 없던 길……

출처: 도종환(1998), 가지 않을 수 없던 길, 부드러운 직선, 창작과비평사, 8~9쪽.

(3) 동좌문도 활동

▎'동좌문도(同坐問道)'는 우리 대학의 교육철학으로, "스승과 제자가 한자리에 앉아서 정도(正道)가 무엇인지 묻고 답한다"는 뜻이다. 앞에서 제시된 읽기 자료에서 함께 논의하고 싶은 문제를 질문 형식으로 도출하고, 이에 대해 함께 이야기해 보자.

▌『석당일기』에는 한국전쟁 이후 모든 것이 폐허가 된 상황에서 오직 교육만이 나라를 다시 일으켜 세우고 선진국으로 이끌 수 있다는 석당 선생의 실천적 의지가 담겨 있다. 석당 선생은 미국과 유럽 대학을 100여 일 남짓 여행하며 그곳의 선진교육 현장을 목격한 뒤, 그곳에서 경험한 우수한 제도들을 우리 대학 운영에 도입하고 변용하였다.

나에게 세계 대학들을 둘러보고 경험할 수 있는 기회가 온다면, 내가 가보고 싶은 대학은 어디인가? 그곳에 다녀온 경험은 앞으로의 삶에 창조적인 영향을 끼칠 것이 분명하다. 세계 대학의 여러 사례들을 찾아보고 조원들과 함께 이야기해 보자.

『세계의 대학』에서 소개된 세인트존스 대학은 세계적으로 잘 알려진 리버럴아츠 칼리지이다. 이 대학에서는 4년 동안 100권의 고전을 읽고 토론한다. 놀랍게도 고전교육만으로 대학 4년간의 커리큘럼이 정비된 것이 1937년이다. 석당 선생 역시 1959년 세인트존스 대학을 방문한 뒤 "고전이 혹 현대인들의 생활방식과는 거리가 좀 먼 것 같이 생각될지는 모르나 문학, 철학 등에 있어서는 하등의 문제가 되지 않는다"고 서술하고 있다.

내가 읽은 고전(great books) 가운데 나에게 가장 영향을 끼친 것은 무엇인지 한 권을 골라 소개해 보자. 오래도록 남아 부지불식간 스며들어 오늘의 나를 있게 해 준 부분은 그 책에서 어떤 대목이었는지 함께 이야기해 보자.

❙ 우리는 대학 시절 여러 교양과목을 수강하게 된다. 인용한 「교양 교육과 욕망의 교육」에 잘 드러나 있듯이 '교양'이란 '자기 자신의 좁은 이해관계를 벗어나서 공명정대한 입장에서 객관적으로 처신할 수 있는 능력'을 뜻한다. 우리는 교양교육을 통해 자기를 넘어 다른 것을 수용할 수 있는 정신적 개방성과 그에 따르는 보편성을 획득할 수 있다.

이질적인 요소를 흡수하며 자기 초월에 이르는 부단한 과정은 왜 더 나은 인간이 되는 과정과 중첩되어 있을까? 여러 가지 관점에서 생각해 보고 이를 정리하여 발표해 보자.

2) 존재와 가치

(1) 자료 해제: 『인간적인 너무나 인간적인』, 『존재와 무』, 『오이디푸스 왕』

> 한 걸음 더 회복하면 자유정신은 천천히, 거의 반항적으로, 거의 의심하듯이 다시 삶에 다가간다. 그의 주변은 다시 따뜻해지고 또한 노란빛을 띠게 된다. 감정이나 공감은 깊이를 더해가고 이슬 섞인 온갖 종류의 바람이 그 위로 지나간다. 그는 마치 이제야 비로소 '주변'을 볼 수 있는 눈을 뜬 것 같다. 그는 경이에 차서 조용히 앉아 있다. 그는 도대체 어디에 있었는가? 이렇듯 친근하고 가장 가까운 것들, 그것들이 그에게 얼마나 달라 보이는가! 그것들은 얼마나 부드러운 털이나 매력을 그 사이에 얻었는가! 그는 감사하며 뒤돌아본다……. 자기의 방랑, 완고함, 자기소외, 자신이 차가운 고공에서 새처럼 날며 먼 곳을 보았던 것에 감사하며, 그가 연약하고 곰팡내 나는 게으름뱅이처럼 늘 '집에', 늘 '제정신으로' 잊지 않았던 것은 얼마나 잘한 일이었던가! 그는 자신의 '외부'에 있었다. 그것은 의심할 여지가 없다. 이제 비로소 그는 자기 자신을 바라본다. 그때 그는 거기서 얼마나 의외의 것을 발견하는가! 처음 겪는 엄청난 전율! 회복자의 피로, 오랜 병석 그리고 병이 다시 재발한 상황에 있으면서도 이 무슨 행복이란 말인가! 고통스러워하면서 조용히 앉아 있는 일이, 인내심을 기르고, 양지쪽에 누워 있는 일이 그에겐 얼마나 즐거운 일인가! 누가 겨울의 행복, 벽에 비치는 얼룩진 햇빛을 그만큼 잘 알 수 있을까!

『인간적인 너무나 인간적인』의 머리말 부분이다. 존재와 가치의 문제를 이렇게 섬세하게 표현한 글이 있을까. 두루 알려진 대로 존재와 가치는 인간이 천착하는 가장 원론적인 문제이기도 하고 실존적인 문제이기도 하다.

『인간적인 너무나 인간적인』은 속물적인 근성을 배제하고 진정한 실존적인 개인의 정체성을 찾으려는 자유의지를 탐구한 책이다. 『인간적인 것, 너무나 인간적인 것』(1878), 『혼합된 의견들과 잠언들』(1879), 『방랑자와 그의 그림자』(1880) 이 세 권을 묶어서 1886년에 『인간적인 것, 너무나 인간적인 것』('인간적인 너무나 인간적인'으로 일괄 번역되어 있는데, 원본을 존중한 해석은 '인간적인 것, 너무나 인간적인 것'이라는 의견이 다수이다) 한 권으로 나왔다. 여기서는 이 책의 핵심인 자유의지 또는 의지가 지닌 자유의 실체를 탐구하는 방랑자 부분을 옮겨 실었다.

『존재와 무』는 사르트르를 실존주의 철학의 대가 반열에 올려놓은 책이다. "인간은 항상 하나의 무 때문에 자기의 본질에서 분리되어 있다." 그러니까 인간이 세상에 던져졌을 때에는 아직 아무런 의미도 없는 것에 불과하며, 스스로 자신을 만들어 나가면서 자신이 누구인지를 정의해 나가는 존재가 바로 인간이라는, 실존주의의 주축을 사르트르는 펼친다. 이에 '무(無)'는 그러므로 단순히 없는 것이 아니라 존재를 규정하는 하나의 실존적 원인이 되는 것이다. 여기서는 존재의 두 가지 형태인 즉자존재와 대자존재, 인간존재를 무에서 출발시키는 무와 무화작용, 인간의 존재 욕망인 자유와 초월, 실존의 맥락을 구체화시키는 불안을 벗어나려는 투기와 창조 그리고 실존의 세 범주인 '있음'과 '함'과 '가짐'을 제시하는 부분을 옮겨 실었다.

『오이디푸스 왕』은 삶의 비극을 온전하게 그린 고전의 정수이다. 이는 "아버지를 죽이고 어머니와 결혼한다."는 신탁을 받은 오이디푸스가 존재에 대한 질문을 안고 삶의 의미망을 찾아나가는 이야기를 축으로 펼쳐진다. 이 작품은 이른바 '운명극'이라고 일괄 평가되는 데서 한 걸음 더 나아가면, 진실을 찾아나가는 인간의 슬픈 운명을 그린 작품이 된다. 왜냐하면 『오이디푸스 왕』이 제기하는 세 가지 질문을 상기하면 그 이유를 짐작할 수 있어서이다. 첫 번째 질문은 '왕을 죽인 사람은 누구인가'라는 것이고 두 번째 질문은 '내가 그 살인자인가'라는 것이며, 마지막 세 번째 질문은 '나는 누구인가'라는 것이다. 여기서 세 번째 '나는 누구인가'라는 개별적인 질문은 '인간이란 무엇인가'라는 보편적인 질문으로 승화되는 것이어서 자율성 또는 자유의지의 맥락에서 인간이 지닌 존재와 가치의 문제를 환기하는 중요한 사안이 아닐 수 없다. 여기서는 이러한 인간이 품은 존재와 가치의 문제에 근접하는 오이디푸스의 비극적이지만 진실한 여정의 한 부분을 옮겨 실었다.

인간이 지닌 존재와 가치의 문제는 과거와 현재와 미래를 관통하는 실존적인 사안이다. 자신의 진정성 또는 정체성을 탐색하는 데 고통스럽지만 든든한 벗으로서 이 글들이 함께하기를.

(2) 읽기 자료

① 프리드리히 니체, 『인간적인 너무나 인간적인』

638

방랑자 – 아주 조금이나마 이성의 자유에 이른 자는, 지상에서는 스스로를 방랑자로밖에 느낄 수가 없다. 비록 하나의 최종 목표를 '향해 가는' 여행자로서는 아니더라도. 왜냐하면 이와 같은 목표는 존재하지 않기 때문이다. 그러나 아마 그는 도대체 어떤 일이 이 세상에서 일어나는 것인가 하는 것을 잘 관망하고 눈을 크게 뜨고 보려고 할 것이다. 그 때문에 모든 개개의 것에 너무 집착하는 것은 허용되지 않는다. 그 자신 속에 변화와 무상함을 기뻐하는, 뭔가 방랑하고 있는 것이 있을 것이다. 물론 그런 인간에게는, 피로할 때 휴식을 가져다 줄 도시의 문이 닫혀져 있는 것을 보게 될 심술궂은 밤들이 찾아올 것이다. 아마 거기에는 동방에서처럼 사막이 문까지 이어지고, 맹수가 어떤 때는 멀리, 어떤 때는 가까이서 울부짖고, 강풍이 휘몰아치고, 강도가 그의 수레를 끄는 짐승을 훔쳐갈 지도 모른다. 그때 그에게는 아마 사막 위에 있는 또 다른 사막과 같은 처참한 그의 마음은 방랑에 지쳐 버린다. 그리고 아침 해가 분노의 신처럼 불타며 떠오르고, 거리가 모습을 드러내면 그는 여기에 살고 있는 자의 얼굴에서 아마도 문 밖에서보다 더 많은 사막·더러움·기만·불안정을 본다. 그리고 낮은 밤보다 더 심할 것이다. 이런 일이 언젠가 방랑자의 신변에 일어날지도 모른다. 그러나 그 보상으로 다른 지방과 다른 날들의 환희에 찬 아침이 온다. 그때 그는 희미한 빛 속에서 이미 뮤즈의 무리가 자기 곁에서 춤추며 산의 안개 속을 지나가는 것을 본다. 그 뒤 그가 오전의 영혼의 균형을 유지하면서 조용히 나무 아래를 거닐 때 그 가지와 무성한 잎들 사이로 좋고 밝은 것이 그에게 던져진다. 그것은 산과 숲 그리고 고독 속에 살고 있고 그와 마찬가지로 또는 쾌활한 또는 수심에 찬 표정을 짓고 있는 방랑자와 철학자인 그 모든 자유정신들의 선물이다. 새벽녘의 비밀에서 태어나 그들은 왜 열 번째와 열한 번째를 치는 종소리 사이의 낮이 이토록 순수하고 환하고 거룩하고 시원스러운 얼굴을 가질 수 있는 것일까 하는 생각에 잠긴다. 그들은 '오전의 철학'을 가지고 있다.

(중략)

9

의지의 자유에 관한 이론은 어디서 나온 것인가 – '필연성'은 어떤 사람에게는 정열의 모습으로, 다른 사람에게는 듣고 복종하는 습관으로, 또 어떤 사람에게는 논리적인 양심으로, 또 다른 사람에게는 변덕과 탈선에의 방종한 쾌감으로 군림한다. 그러나 이들은 저마다 가장 굳게 속박되어 있는 점에서 자기 의지의 '자유'를 찾는다. 그것은 마치 누에가 고치를 만드는 일에서 자기 의지의 자유를 구하고 있는 것과 마찬가지다. 어떤 이유로 이렇게 되는 것일까? 그것은 확실히 누구나 자기의 '생명감'이 가장 강할 때, 즉 이미 말한 것처럼 어떤 자는 정열에서, 어떤 자는 의무에서, 어떤 자는 인식에서, 또 어떤 자는 방종함에서 가지가 가장 자유롭다고 느끼기 때문이다. 개개의 인간을 강하게 만드는 것, 또 그 속에서 인간이 생명의 약동감을 느끼는 것만이 항상 자기 자유의 근본일 것이라고 누구나 자기도 모르는 사이에 생각하게 되는 것이다. 다시 말하면 그는 구속과 무기력, 독립과 생명감을 필연적인 쌍을 이루는 것으로 짝짓는 것이다. 여기서는 인간이 사회적, 정치적인 영역에서 이룩한 경험이 가장 궁극적인 형이상학적 영역으로 잘못 옮겨지고 있다. 즉, 사회적·정치적 영역에서는 강자는 동시에 자유인이고, 환희와 고뇌의 생생한 감정, 고도의 희망, 대담한 욕구, 강렬한 증오는 지배자와 자유인에 속하는 데 반해서, 예속된 자와 노예는 억압되어 무기력하게 살아가는 것이다. 의지의 자유에 대한 이론은 '지배' 계급의 발명품이다.

(중략)

318

자유와 부자유의 징후 – 비록 불완전하더라도, 자기의 필연적인 여러 욕구를 될 수 있는 한 스스로 만족시키는 일, 이것이 '정신과 인격의 자유'로 나아가는 방향이다. 한편 쓸데없는 욕구도 포함한 여러 욕구를 남의 손을 빌려 하는 일, 더구나 될 수 있는 대로 완전히 만족하는 일, 이것은 사람을 '부자유'쪽으로 키우는 것이다. 내면으로나 외면으로나 자기 몸에 지녀야 할 모든 것을 스스로 획득하고 스스로 만든 소피스트 히피아스(Hippias)는, 바로 그렇기 때문에 정신과 인격의 최고의 자유로 나아가는 방향에 일치하는 사람이다. 모든 것이 똑같이 훌륭하고 완전하게 이루어져 있는 것이 중요한 것은 아니다. 긍지만 있으면 그것이 결함이 있는 부분을 보완해 주기 때문이다.

※

그림자 – 그대가 말한 모든 것 중에서 하나의 약속보다 더 내 마음에 든 것은 없었네. 그대들이 '또 다시 가장 가까운 사물의 좋은 이웃'이 되려고 한다는 약속 말이야. 이것은 우리들 보잘것없는 그림자들에게도 도움이 될 테지. 왜냐하면, 이제 고백하자면, 그대들은 이제까지 우리를 비방해 왔기 때문이지.

방랑자 – 비방이라고? 그런데 왜 그대들은 한 번도 자기변명을 하지 않았는가? 그대들 바로 곁에 우리의 귀가 있는데도.

그림자 – 우리의 일을 이야기하기에는 우리가 그대들과 너무 가까이 있는 줄 알았지.

방랑자 – 매우 섬세하군! 아, 그대들 그림자란 우리보다도 '뛰어난 인간'이라는 것을 겨우 알았어.

그림자 – 하지만 그대들은 우리를 '뻔뻔스럽다'고 하지 않았나? 적어도 한 가지만은, 즉 침묵을 지키며 기다리는 일만은 잘 알고 있는 우리를 말이야. 어떤 영국인이라도 우리보다 이 일을 잘 알고 있지는 못할 거야. 우리가 인간을 매우 자주 따라다니고 있는 것은 사실이야. 하지만 그의 노예로서 따라다니는 것은 아니야. 인간이 빛을 피할 때, 우리는 인간을 피하지. 하여튼 그 정도의 자유는 가지고 있지.

방랑자 – 아, 빛이 훨씬 자주 인간을 피하지. 그리고 그럴 경우엔 그대들도 인간을 피하는 거야.

그림자 – 나는 자주 괴로웠지만 그대를 내버려둬 왔네. 지식욕이 있는 나에게도 인간의 여러 가지 점이 확실하지 않았기 때문이야. 그것은 내가 언제나 인간 주위에 있을 수는 없기 때문이지. 인간에 대한 완전한 인식을 얻을 수 있다면 나는 아마도 기꺼이 그의 노예가 될 거야.

방랑자 – 그대가 알겠는가, 내가 알겠는가? 그대가 그때 뜻밖에도 노예에서 주인이 되는 게 아닌가를? 그렇잖으면 노예인 채로 있다 하더라도 그대 주인의 모욕자로서, 굴욕과 구토증을 느끼는 삶을 보내야만 하는 것이 아닌가를? 하지만 우리 두 사람은 그대에게 이제껏 남겨졌던 그만한 자유로 만족하는 것이 어떨까? 그대와 나에게 부여된 그 자유로 말이지! 왜냐하면 자유롭지 못한 자를 보면 최대의 기쁨도 고충으로 변하기 때문이야. 아무리 훌륭한 일이라도 누군가가 거기에 나와 함께 억지로 관여하게 된다면 나는 싫증이 나지. 나는 내 주위에 노예가 있는 건 원하지 않아. 그래서 나는 꼬리를 흔들며 아첨하는 개라는 게으른 동물도 싫어. 그 녀석은 인간의 노예로서 처음으로 '비굴하게' 된 녀석이야. 그리고 인간들은 오늘날에도 이렇게 말하며 그 녀석을 칭찬하지. "개는 주인에게 충실하며, 주인에게 복종하는 것이 마치 그의……."

그림자 – 그래, 그의 그림자 같다고 인간들은 말하지. 나도 오늘은 그대 뒤를 너무 오래 붙어 다녔군. 오늘은 가장 지루한 날이었어. 하지만 이제 오늘 하루도 끝나려고 해. 조금만 더 참아 줘. 잔디가 축축해져 좀 춥군.

방랑자 – 오, 벌써 헤어질 시간이 왔나? 그런데 나는 결국 그대를 괴롭히는 처지가 되었음이 분명해. 그대의 얼굴이 어두워진 것을 보았거든.

그림자 – 나는 붉어진 거야. 내가 낼 수 있는 색깔들로 말이야. 나는 그때 생각이 났어. 내가 이제껏 너무 자주 개처럼 그대의 발밑에 엎드려 있었다는 것을. 그리고 그대가 그때…….

방랑자 – 그런데 내가 급히 서둘러서 그대를 위해 무엇인가를 해 줄 수는 없을까? 그대는 무엇을 원하는가?

그림자 – 아무것도 원하지 않아. 저 철학자의 '개'가 알렉산더 대왕 앞에서 원한 것 이외에는. 나에게 햇볕이 비치게 조금만 비켜 줘. 몹시 춥군.

방랑자 – 내가 어떻게 하면 좋겠나?

그림자 – 그 전나무 사이에 들어가 산을 바라봐 달란 말이지. 해가 저물고 있어.

방랑자 – 그대는 어디에 있는가? 어디로 가 버렸는가?

출처: 프리드리히 니체 지음/강두식 옮김(2007), 인간적인 너무나 인간적인, 동서문화사, 2007, 294~295, 460~461, 592~593, 601~603쪽.

② 사르트르, 『존재와 무』

존재의 두 가지 형태 : 즉자존재와 대자존재

존재는 의식의 유무를 중심으로 즉자존재(=사물존재)와 대자존재(=인간존재)로 구분할 수 있다. '나 스스로' 혹은 타자 없이 '나 그 자체로' 존재하는 것을 '즉자(卽自)'라 칭한다. 이것은 나의 외부를 모르는 완전히 자기완결적인 존재방식이며 사물존재이다. 반면, 의식을 갖는 존재는 나의 외부에 대한 자각을 통해 나 자신을 스스로가 인식하면서만 생겨날 수 있는데, 이를 '자기 자신에 대해 존재한다'는 뜻의 '대자(對自)'라는 개념으로 명명하며, 인간존재이다.

인간이 의식을 갖는 것은 나의 외부, 나의 타자를 갖기 때문이다. 의식은 외부로의 탈출, 곧 밖으로의 '절대적인 도피'라고 할 수 있다. 의식은 '외부를 향해 스스로를 폭발시키는 것'이다. 인간존재는 즉자적인 상태에서 대자가 생겨나면서 자기 분열을 겪게 되는데, 나 혼자만이 완결적인 만족감이 붕괴되면서 타인의 세계를 마주하게 되는 충격으로부터 비로소 의식을 갖게 된다. 인간의 모든 존재론적 문제들은 바로 이러한 조건 속에서 나타나게 된다.

무(無)와 무화(無化)작용 : 인간존재는 무이다

나의 자기완결적인 존재가 찢겨지면서 생겨난 결핍은 인간에게 그 결핍을 메우고자 하는 영원한 존재론적 욕망을 부과한다. '무(néant, 無)'는 바로 이 결핍을 지칭한다. 인간존재는 자기 자신의 무이며 결핍이다. 의식을 가지고 있는 인간존재, 곧 대자존재는 무를 토대로 한 '무화작용(néantisation)'을 통해 '현재 있는 그대로의 존재'인 즉자존재와는 달리 '현재 있는 것으로 아니 있게' 되고 또 '현재 아니 있는 것으로 있게' 된다. 대자존재는 부정, 가능성, 선택, 자유와 동의어이며, 과거가 아니라 현재이며 항상 미래를 향해 열려 있다.

인간은 자유롭게 열려 있는 초월의 결과물이고 따라서 인간에겐 정해진 운명이나 인간이 나아가야 할 규범적인 방향이 원래부터 존재하지 않는다. 결핍을 메우기 위해 결핍된 것을 향해 초월하는 것이 인간존재이고, 거기에서 욕망이 성립한다.

자유와 초월 : 인간의 '존재 욕망(désir d'être)'

의식을 갖는 존재로서 인간은 대자와 즉자의 통일인 총체성에 대한 '존재 욕망'(désir d'être)을 근본적 욕망으로 갖게 된다. '무'의 영원한 간극을 향한 존재 욕망을 갖게 된다는 데서 존재론의 두 가지 핵심 명제가 제시된다.

하나는, 이 무의 간극이 인간의 그 모든 구속으로부터 자유의 가능성을 보증한다는 것이다. 대자가 그 본질과 그 존재에서 탈출하는 것은 자유에 의해서이다. '나는 자유롭게 있도록 운명 지어진 것이다(Je suis condamné à être libre).' 인간존재가 자유인 것은 인간존재가 '충분하지 않기' 때문이고, 인간존재가 끊임없이 자기 자신으로부터 분리되고 있기 때문이다. 자유를 거부하는 것은 자기를 즉자존재로 한정하여 파악하는 것이다. 세계 속에서 자기를 잃고, 타인으로부터 불안을 느끼는 순간에도 인간은 언제나 타인의 시선에 완전히 구속될 수 없는 존재론적 간극을 안게 되기 때문이다. 의식의 결핍인 무의 존재가 자유 그 자체의 가능성을 말할 수 있게 한다. '[인간은] 자유롭지 않을 자유가 없다.'

또 다른 명제는 인간은 언제나 존재론적 결핍을 초월한 절대적 존재(신)가 되고자 하는 욕망 속에서 자기 분열과 자기 초월의 경험을 한다는 것이다. 순간순간의 자기 자신의 모습을 부정하는 가운데 미래로 한 발씩 나아가는 과정이 초월이다. 초월을 통해 인간은 진정한 자유를 찾으려고 한다.

불안을 벗어나려는 투기와 창조 : 이것이 실존이다

인간의 의식은 항상 외부에 있는 사물존재에 의지하여 자신의 존재의 실재성을 확보한다. 의식은 자기 자신을 초월하고 다시 자신의 지향성 구조를 채우기 위해 외부에 있는 다른 사물존재를 빌려 와야 한다. 이러한 운명이 인간을 인간답게 만든다. 인간존재는 자신의 자유 앞에서, 자신의 가능성 앞에서, 아직 오지 않은 미래 앞에서, 결국 무 앞에서 엄청난 불안을 느끼게 된다. 인간은 끊임없는 자기 투기(던짐)와 창조를 통해 자신의 본질을 만들어 나가야 한다. 미래를 향한 투기와 창조, 이것이 바로 실존이다.

일상에서 실존의 불안에서 벗어나려는 유혹으로 자기기만을 하게 된다. 자기기만은 모순되는 개념을 동시에 포함하는 일종의 기술이다. 자기기만 속에는 냉소적인 허위도 없고 허위적인 개념의 교묘한 준비도 없다. 그러나 자기기만의 최초의 행위는 자신이 피할 수 없는 것을 피하기 위한 것이며, 자신이 있는 그대로의 것을 피하기 위한 것이다.

실존의 세 범주 : '있음'과 '함'과 '가짐'

인간적인 활동의 최고 가치는 '함'일까, 아니면 '있음'일까? 칸트의 도덕은 행동의 최고 가치로서 '있음'을 대치하는 데 '함'을 썼던 최초의 위대한 윤리 체계이다. 희망의 주인공들은 대부분이 '함'의 영역에 있다.

인간은 자기의 목적을 선택하며, 그 선택 자체에 의해 목적에 자기의 기투의 외적인 한계인 하나의 초월적 존재를 부여하는 것이다. 내 존재를 특징지어 주는 것은 내 궁극적인 목적 정립이며, 그 정립은 나의 자유이다.

'있음'은 '함'에 귀착한다. 인간존재는 여러 행위와 행동의 조직적 통일이다. 행위는 단순한 운동이 아니며 하나의 '지향'을 담고 있다. 지향은 목적의 선택이고, 세계는 선택된 목적에 따라 이러저러하게 드러내 보인다. 나는 끊임없이 나를 선택한다. 나는 결코 '이미-선택된-자'라는 자격으로 존재할 수 없다.

욕구 충족, 예술 활동, 인식작용에서 '함'은 '가짐'으로 환원된다. '가지는 욕구'가 일어나지 않는 '존재욕구'는 없다. 또 반대로 '존재욕구'가 일어나지 않는 '가지는 욕구'도 없다. 소유는 창작하는 것이다. 그러나 고지식한 정신(ésprit de sérieux)은 견고한 타성에 젖어 자유 의식을 묻어 버리고 인간존재를 부정한다.

출처: 사르트르 지음/정소성 옮김(2016), 존재와 무, 동서문화사, 44~49쪽.

③ 소포클레스, 『오이디푸스 왕』

이오카스테　제발 부탁이니 내게도 말씀해 주세요, 왕이여!
무슨 일로 그대는 그토록 화를 내셨습니까?
오이디푸스　내 말하리다. 부인이여, 나는 이 사람들보다도 그대를 더 존중하니까.
그건 크레온 때문이었소. 그가 내게 음모를 꾸몄던 것이오.
이오카스테　말씀해 주세요. 말다툼이 어떻게 해서 시작되었는지 자세히 말씀해 주실 수 있다면.
오이디푸스　그의 말인즉 내가 라이오스의 살해자라는 것이오.
이오카스테　그 자신이 알고서 한 말인가요, 아니면 남에게서 듣고 한 말인가요?
오이디푸스　그게 아니라 그는 사악한 예언자를 부추겼던 것이오.
그 자신은 비난받을 말을 전혀 입 밖에 내지 않았으니까.
이오카스테　그렇다면 그대가 말씀하시는 일들로부터 그대 자신을 해방하세요.
그리고 내 말을 들으시고 잘 알아 두도록 하세요.
죽음을 면할 수 있는 그 어떤 존재도 예언술을 가질 수 없다는 것을.
거기에 대해 내 그대에게 간단한 증거를 보여 드리겠어요.

일찍이 라이오스에게 어떤 신탁이 내린 적이 있었지요.
아폴론 자신이 아니라 그 분의 사제들로부터 말이에요.
그 신탁이란, 운명이 그를 따라잡아 그와 나 사이에서 태어난
아들의 손에 그가 죽게 되리라는 것이었어요.
그런데 라이오스는 적어도 소문대로라면
마차가 다닐 수 있는 세 길이 만나는 곳에서
어느 날 다른 나라의 도적들에 의해 살해되었다는 거예요.
그리고 아들은 태어난 지 사흘도 안 되어서 라이오스가 두 발목을
같이 묶은 뒤 다른 사람들의 손을 빌려 인적 없는 산에
갖다 버렸어요. 그리하여 아폴론께서는 애가 아버지의 살해자가
되고
라이오스는 아들의 손에 죽는다는, 그가 두려워하던
끔찍한 일이 일어나지 않도록 해주셨던 거예요.
이렇게 되도록 예언의 말씀들이 미리 정해놓았던 거지요.
그러니 예언의 말씀들에 관해서는 걱정 마셔요. 신께서 필요해서
구하시는 것이라면 그분 자신이 쉽게 밝혀 주실 테니까요.

오이디푸스 부인이여, 방금 그대의 말을 듣고 나니
내 영혼은 갈피를 못 잡고 내 마음은 뒤흔들리는구려. (698~725행)

(중략)

오이디푸스 내 불길한 예감이 그만큼 앞으로 나아갔으니 내 그대에게
어찌 거절할 수 있겠소? 사실 이와 같은 운명을 통과함에 있어
내가 말할 수 있는 소중한 사람이 그대 말고 또 누가 있겠소?
나의 아버지는 코린토스의 폴뤼보스였고
나의 어머니는 도리스 사람 메로페였소.
그리고 나는 그곳 시민들 중에서 제일인자로 통했소.

그런데 하루는 내게 우연히 이런 일이 일어났소. 그것은 정말
이상스런 일이긴 했으나 내가 열성을 보일 만한 그런 일은 못 되었소.
연회석상에서 잔뜩 취한 어떤 사내가 술잔을 들며
내가 나의 아버지의 진짜 아들이 아니라고 말했던 것이오.
그래서 나는 화가 났지만 그날은 될 수 있는 대로
꾹 참았소. 그러나 다음 날 나는
어머니와 아버지에게로 다가가서 물어보았소.
그러자 그분들은 그런 조롱의 말을 내뱉은 자에게 크게 노하셨소.
그리하여 나는 그 두 분에 관한 한 마음이 놓였으나 그것은 줄곧
내 마음을 괴롭혔소. 그 소문이 사방으로 퍼졌기 때문이오.
그래서 나는 어머니와 아버지 몰래 퓌토로 갔었소.
그랬더니 포이보스께서는 내가 찾아간 용건에 관해서는
대답조차 않고 나를 내보내시며 그 대신
슬픔과 공포와 고통으로 가득 찬 다른 일들을 알려 주셨소.
즉 나는 나의 어머니와 몸을 섞을 운명이고
사람들에게 차마 눈뜨고 볼 수 없는 자식들을 보여 주게 될 것이며
나를 낳아 준 아버지의 살해자가 되리라는 것이었소.
이 말을 듣고 나는 그때부터 코린토스 땅을 피하여
오직 별들에 의해 멀리서 그곳의 위치를 재면서
나의 사악한 신탁이 예언한 수치가 이루어지는 것을
보지 않게 될 곳으로 줄곧 떠돌아다녔소.
그리고 이렇게 다니다가 나는 이 왕이 살해되었다고
그대가 말한 바로 그곳에 이르렀던 것이오.
그러니 내 이제 그대에게 사실대로 말하겠소, 부인이여!

내가 길을 가다가 그 삼거리 가까이 이르렀을 때
그곳에서 한 사람의 전령과 그대가 말한 대로
망아지가 끄는 마차 위에 탄 한 사내가 나에게 다가왔소.
그리고 그 길잡이와 노인 자신이
나를 억지로 길에서 몰아내려고 했소.
그래서 나는 나를 옆으로 밀어낸 마부를
화가 나서 때렸소. 그러자 노인이 이것을 보고
내가 지나가는 순간을 기다렸다가 마차에서
침(針)이 둘 달린 막대기로 내 머리를 정통으로 내리쳤소.
그러나 그는 똑같은 벌을 받은 것이 아니라
이 손 안에 들린 지팡이에 잽싸게 얻어맞고는
즉시 마차 한가운데로부터 벌렁 나동그라졌소.
그리고 나서 나는 그들을 모조리 죽여 버렸소.
하나 만일 이 낯선 사람이 라이오스와 어떤 인척 관계가 있다면
이제 나보다 더 불행한 자가 어디 있을 것이며
나보다 더 신의 미움을 받는 자가 또 어디 있겠소?
나를 어떤 외국인도 어떤 시민도 집안에 받아들여서는 안 되고
나에게는 어느 누구도 말을 걸어서는 안 되며
나를 모두들 집 밖으로 내쫓아야만 하니 말이오. 그리고 이러한
저주를
나에게 내린 자는 다른 사람도 아닌 내 자신이었던 것이오.
나는 또한 죽은 사람의 침대를 그를 죽인 이 두 손으로
더럽히고 있소. 말해 봐요, 나야말로 사악하지요? 더할 나위 없이
불결하지 않소? 내가 만일 망명하지 않으면 안 되고
또 망명자로서 내 가족을 만나 보아서도 안 되고

내 자신의 나라에 발을 들여놓아서도 안 된다면 말이오.
그렇지 않으면 나는 틀림없이 나의 어머니와 결혼하게 되고
나를 낳아 길러 주신 아버지 폴뤼보스를 죽이게 될 테니까.
이것을 무정하신 신께서 보내 주신 것으로 판단하는 자가 있다면
그 자야말로 이 오이디푸스에 관해 바른말을 하는 게 아닐까?
오오 결코, 결코, 그대들 정결하시고 두려우신 신들이여
내가 그날을 보지 않게 하소서!
그러한 운명의 오욕(汚辱)이 나를 찾는 것을 보기 전에
차라리 사람들 사이에서 내가 흔적 없이 사라져 버렸으면!
(771~833행)

출처: 소포클레스 지음/천명희 옮김(2006), 오이디푸스 왕,
오이디푸스 왕·안티고네, 문예출판사, 214~221쪽.

④ 오규원, 「만물은 흔들리면서」

만물은 흔들리면서
- 續 巡禮 1 -

오규원

만물은 흔들리면서 흔들리는 만큼
튼튼한 줄기를 얻고
잎은 흔들려서 스스로
살아 있는 잎인 것을 증명한다

바람은 오늘도 분다
수만의 잎은 제각기
잎을 엮는 하루를 가누고
들판의 슬픔 들판의 고독 들판의 고통
그리고 들판의 말똥도
다른 곳에서
각각 자기와 만나고 있다

피하지 마라
빈들에 가서 비로소 깨닫는 그것
우리도 늘 흔들리고 있음을

출처: 오규원(2012), 만물은 흔들리면서, 오규원 시선, 지식을만드는지식, 7쪽.

(3) 동좌문도 활동

‘동좌문도(同坐問道)’는 우리 대학의 교육철학으로, “스승과 제자가 한자리에 앉아서 정도(正道)가 무엇인지 묻고 답한다”는 뜻이다. 앞에서 제시된 읽기 자료에서 함께 논의하고 싶은 문제를 질문 형식으로 도출하고, 이에 대해 함께 이야기해 보자.

『인간적인 너무나 인간적인』은 니체의 중기 사상을 가장 잘 집약한 책으로 1886년에 나왔다. 그는 이즈음에 과거와 현재의 문화 또는 문명의 현상, 곧 합리적인 형이상학과 종교 그리고 도덕 들을 본격적으로 비판한다. 나아가 실존적인 의미에 놓인 개인에 대한 생각을 풍성하게 펼친다. 과거 그가 지녔던 염세주의적인 허무주의와 낭만주의적인 허무주의를 극복하고 자유정신을 구가한 것이다. 그러니까 그가 『인간적인 너무나 인간적인』에서 궁극적으로 말하고 싶었던 것은 개인이 지닌 자유정신과 창조정신이다.

여러분은 요즘 자유롭게 살아가고 있는가? 여러분은 자유로운 존재인가? 자유를 키워드로 삼아 일상생활 속 자신의 모습을 정리해 보자.

이어 자유를 무엇이라고 생각하는가? 창조를 무엇이라고 생각하는가? 이에 대해 자유롭게 이야기해 보자. 나아가 대학생으로서 지녀야 할 자유정신과 창조정신은 무엇이어야 하는지 의견을 나누어 보자.

존재하는 것은 왜 존재하는가? 그럼, 무(nothingness)는 존재하지 않는 것인가? 존재하지 않는 것은 사유의 대상이 아닌데, 이렇게 존재하지 않는다고 여겨지는 무에 대해 사유한다는 것은 무가 존재하지 않는 것이 아닌 것인가? 그러니까 없다고 여겨지는 무에 대해 사유한다는 것은, 그렇다면 있다고 여겨지는 존재를 사유하는 일과 떼려야 뗄 수 없는 일이 아닌가? 『존재와 무』의 제목인 '존재와 무'는 사르트르가 말하기 훨씬 이전인 플라톤이 쓴 『소피스테스』에서부터 논의되어 온 철학의 근본적인 문제이다. 『존재와 무』는 이러한 존재와 무에 대해 제2차 세계대전 직후 세계의 사상을 지배한 철학서로, 여기서 사르트르는 즉자존재와 대자존재의 관계를 해명함으로써 현상을 성립시키는 존재의 구조를 밝히고자 했다.

'현상'과 '존재'라는 단어의 의미를 다시 한 번 명확히 정의 내려 보자. 그리고 나의 일상생활을 예로 들어 '존재'와 '무' 또는 '즉자존재'와 '대자존재'를 설명해 보자. 이를 토대로 '인간의 실존'을 주제로 발표해 보자.

『오이디푸스 왕』은 “아버지를 죽이고 어머니와 결혼한다.”는 신탁을 받은 오이디푸스가 존재에 대한 질문을 안고 삶의 의미망을 찾아 나가는 이야기를 축으로 펼쳐진다. 그래서 이 작품을 ‘수사극’으로 접근하기도 한다. 결국에는 오이디푸스가 그 모든 진실을 알고 스스로 눈을 찌른 후 방랑의 길을 나서는, 고대 비극 가운데 가장 비극적인 작품으로 알려져 있다. 그래서 이 작품을 이른바 ‘운명극’으로 부르기도 한다. 이때 오이디푸스를 ‘자율성을 지닌 인간’으로 보면 해석이 달라진다.

‘오이디푸스’의 뜻이 무엇인지 말해 보자. 그리고 자신을 오이디푸스라고 가정하고 이야기 구조를 어떻게 다룰 것인지(작품 속 오이디푸스처럼 그렇게 행동할 것인지 아니면 변형할 것인지) 말해 보자. 나아가 오이디푸스를 ‘자율성을 지닌 인간’으로 보고 작품을 해석해 보자(이는 이 작품을 ‘운명극’이라고 보는 입장에 반하는 것이다. 만약 이 작품을 ‘운명극’으로 보는 데 동의한다면 마지막 물음에는 답하지 않아도 된다).

2. 현재를 성찰하며 타자와 조우하다

헤겔의 『정신분석학』에 의하면, '나'는 내가 겪는 만남에 의해 항상 변형된다. '나'는 인정의 과정을 통하여 과거의 나와는 다른 타자가 되고, 그렇게 해서 과거의 나 자신으로 회귀할 수 있는 가능성이 정지한다. 그런 까닭에 '나'를 발견하는 것은 항상 자기 자신의 바깥이다.[4] 2장 '현재를 성찰하며 타자와 조우하다'를 위한 읽기 자료는 주체의 성장과정에 놓인 타자와의 만남, 타자와의 관계에 초점에 두어 선택하였으며, '차별과 혐오', '연민과 공감'을 주제로 나누어 실었다. 여기에는 '나'에 대한 탐색에서 '공동체'에 대한 탐색으로 나아가는 긴 과정, 그리고 희망의 가능성을 품고 '더 나은 세상'을 향해 나아가는 과정이 담겨 있다.

우리는 지금 매우 경쟁적인 사회에서 살아가고 있고, 월급을 받을 만한 가치가 있는지 매일 증명해 보여야 하며, 어디에 있든 반드시 휴대전화를 소지하고 있어야 하는 시대에 살고 있다. 그래서 타인의 고통에 눈을 돌리고, 공동체적 삶을 누리는 등의 윤리적 요구에 응답하는 것이 점점 더 어렵다.[5] 그러나 우리가 직면하고 있는 이러한 동시대적 상황에도 불구하고, 타인에게 느끼는 책임감을 강하게 느낄수록 더 많이 실천할 수 있다. 현실은 인식의 전환을 통해서 비로소 변화되며, 존재는 타인과의 조우를 통해서 마침내 고양된다. 2장에 실린 8편의 글(『간디 자서전』, 『동물해방』, 『제2의 성』, 「절망」, 「버림받은 여자를 돌보는 일」, 『레미제라블』, 『삶을 바꾼 만남』, 「사평역에서」)이 실천지대로 나아가는 소통의 마중물이 되기를 바란다. 곽재구의 시 「사평역에서」의 한 구절처럼 "그리웠던 순간들을 호명하며" 불빛 속에 던지는 "한 줌의 눈물"이 희망의 가능성임을 믿는다.

---

4 주디스 버틀러 지음/양효실 옮김(2013), 윤리적 폭력 비판: 자기자신을 설명하기, 인간사랑, 51쪽.

5 인디고 연구소(2014), 희망, 살아 있는 자의 의무, 궁리, 90~95쪽.

1) 차별과 혐오

(1) 자료 해제: 『간디 자서전』, 『제2의 성』, 『동물해방』

『간디 자서전』에는 수줍음 많고 소심한 한 소년이 정신적·도덕적 진실을 추구하면서 어떻게 위대한 존재로 거듭나게 되는지 기록되어 있다. 간디는 특히 진실을 추구하는 자는 먼지에게조차 짓밟힐 정도로 겸손해야 함을 강조한다. 여기에 발췌한 부분에는 간디가 남아프리카에서 인도인이라는 이유로 1등석 열차칸에서 쫓겨난 모욕적인 순간이 담겨 있다. 남아프리카에서 경험한 인종적 차별은 소심함을 극복하지 못해 패소하기 일쑤였던 간디가 인도 민족운동의 지도자이자 사상가로 변모하게 만드는 전환적 사건이었다. 훗날 간디는 남아프리카 연방에 대한 인종차별 반대 투쟁 단체의 지도자로 활동하게 된다. 짓밟힌 권리를 되찾기 위한 간디의 집요한 싸움은 비폭력·불복종·비협력을 실천하며 자유·자치·자연의 길로 나아간다.

인종적 차별에 이어 성적 차별에 대한 논의를 위해 선택한 것이 시몬 드 보부아르는 『제2의 성』이다. 이 책에서 보부아르는 "여자의 한계를 설명하기 위해서 주장해야 할 것은 여자의 상황이지 신비스러운 본질이 아니다"[6]는 것을 재차 강조한다. 널리 알려진 대로 보부아르는 생물학적 차이와 사회·문화적 차별 사이의 간극을 인식하고, 여성이 타자로 만들어지는 과정을 면밀하게 고찰한다. 이러한 고찰은, "남녀가 그 자연의 구별을 초월해서 우애를 확립하고, 그러한 우애를 통해 현실 세계에 자유를 도래시키는 것"[7]을 궁극적인 목표로 삼음으로써 보편성을 획득한다. 그리고 현실 세계와의 고뇌에 찬 대결을 마땅히 감내할 때, 세계에 대한 온전한 책임을 마땅히 짊어질 때, 한 인간은 비로소 자유로운 주체가 된다. 보부아르가 말한

---

6 시몬 드 보부아르 지음/조홍식 옮김(1994), 제2의 성, 을유문화사, 506쪽.

7 『제2의 성』의 다음과 같은 마지막 대목을 참조할 것. "현실 세계의 한가운데에 자유의 지배를 도래시키는 것이 인간에게 주어진 임무이다. 이 숭고한 승리를 쟁취하기 위해서는 무엇보다도 먼저 남녀가 그 자연의 구별을 초월해서 분명히 우애를 확립하는 것이 필요하다"(위의 책, 530쪽).

바와 같이, 인간의 자부심은 자유로운 실존의 험난한 영광 속에 놓여 있다.

주체와 타자 간의 차별을 성찰하는 작업은 또한, 인간이라는 종을 넘어 생명 전체로 확산될 필요가 있다. 『동물해방』은 이러한 견지에서 우리의 사유를 생명 전체로 이끈다. 『동물해방』의 저자 피터 싱어에 의하면 오직 인간만이 존엄성과 가치를 갖는다는 생각은 비록 그 역사가 오래되었지만, 오직 인간만을 논할 경우에 한해서만 진보적이다. 우리가 살고 있는 행성으로 사유의 범위를 확대할 때, 우리는 우리 스스로가 인간을 높이면서 동시에 다른 모든 종들의 지위를 상대적으로 낮추고 있다는 사실을 인식하게 된다.[8] 여기에는 『동물해방』 가운데 어떤 존재가 평등한 배려를 받는지를 가늠하는 핵심적인 특징은 무엇인가에 관한 논의를 실었다. 피터 싱어는 '고통을 느낄 수 있는 능력의 유무'를 평등의 핵심적인 특징으로 꼽는 벤담의 논의를 빌리고 있다. 어떤 존재가 쾌고 감수 능력이 있다면 인간은 응당 그 존재의 고통을 고려해야 하며, 그 고통을 고려하지 않는 것은 도덕적으로 정당화되지 않는다. 평등의 원리는 한 존재의 고통을 다른 존재의 고통과 동일하게 취급할 것을 요구한다. 그러한 요구는 인종, 성(性), 종(種)의 이익을 넘어 보편적인 존엄함과 윤리성을 향하고 있다.

(2) 읽기 자료

① 간디, 『간디 자서전』

기차는 9시에 나탈의 수도인 마리츠버그에 도착했다. 보통 그곳에서 침대를 준비했다. 역무원이 와서 침대표를 사지 않겠느냐고 물었다. 나는 "이미 가지고 있습니다."라고 답했다. 그는 가 버렸다. 이어서 승객 한 사람이 오더

8 피터 싱어 지음/김성한 옮김(2017), 동물해방, 연암서가, 402~403쪽.

니 나를 위아래로 훑어보았다. 그는 내가 '유색'임을 알았다. 그는 심란해졌다. 그는 밖으로 나가더니 역무원 한두 명과 함께 돌아왔다. 그들 모두 침묵했다. 다른 역무원이 나에게 와서 말했다. "함께 갑시다. 당신은 짐칸으로 가셔야 합니다."

내가 말했다. "그러나 나는 일등표를 가지고 있습니다."

"그건 문제가 안 됩니다." 다른 사람이 합세했다. "당신은 짐칸으로 가야 한다고 내가 말했지요."

"분명히 말하지만 나는 더반에서 이 칸에 타도록 허락을 받았습니다. 따라서 그대로 가겠습니다."

"아니, 그럴 수 없어요." 역무원이 말했다. "당신은 여기서 떠나야 합니다. 안 그러면 경찰을 불러서 밖으로 쫓아내겠습니다."

"그래, 마음대로 해 보시오. 내 발로는 나가지 않겠습니다."

경찰이 왔다. 그는 내 손을 잡에 밖으로 끌어냈다. 내 짐도 내팽개쳐졌다. 나는 다른 칸으로 가는 걸 거절했고 기차는 떠났다. 나는 대합실에 가서 앉았다. 손가방을 들고 있었지만 다른 짐은 내버려 두었다. 철도원들이 그 짐을 보관해 주었다.

겨울이었다. 남아프리카 높은 지대의 겨울은 특히 추웠다. 마리츠버그는 높은 곳에 있어서 지독하게 추웠다. 외투는 짐 속에 있었는데 꺼내 달라고 했다가 다시 모욕을 당할까 봐 그냥 앉아서 떨었다. 대합실에는 등불도 없었다. 자정쯤 어느 승객이 들어와 나와 이야기를 하고 싶어 했다. 그러나 나는 말할 기분이 아니었다.

나는 나의 의무에 대해 생각하기 시작했다. 내 권리를 위해 싸워야 하느냐, 아니면 인도로 돌아갈 것이냐, 아니면 모욕에 대해서는 생각하지 말고 계속 프리토리아로 가서 사건을 끝내고 인도로 돌아가야 하느냐? 나의 의무를 완수하지 않고 인도로 돌아간다는 건 비겁하다. 내가 당한 고통은 피상적인 것에 불과하다. 그것은 유색인종에 대한 편견이라는 깊은 병의 증상에 불과하다. 어떤 고통을 겪는다고 해도 가능하면 그 병의 뿌리를 뽑도록 노력해야 한다. 잘못에 대한 보상은 인종 편견을 제거하기에 필요한 정도로만 요구하기로 했다.

그래서 나는 프리토리아로 가는 다음 기차를 타기로 결심했다.

다음날 아침, 철도청장에게 긴 전보를 치고 압둘라 호상에게도 알렸다. 호상은 즉시 철도청장을 만났다. 철도청장은 철도원의 행위를 정당화했으나 내가 목적지에 안전하게 도착하도록 역장에게 이미 지시했다고 말했다. 압둘라 호상은 마리츠버그에 있는 인도 상인들과 다른 곳의 친구들에게 전보를 쳐서 나를 만나 돌보라고 했다.

상인들이 역으로 마중을 나와서 그들이 겪은 고통을 말하고, 나에게 생긴 일은 특별한 것이 아니라고 설명하면서 나를 위로하려고 노력했다. 또 일, 이등표로 여행하는 인도인은 역무원이나 백인 승객에게 천대받는 것을 각오해야 한다고 말했다. 그날은 그런 불행한 이야기를 들으며 보냈다. 저녁차가 도착했다. 나를 위해 예약된 침대가 있었다. 나는 더반에서 거절한 침대표를 마리츠버그에서 샀다.

기차는 나를 찰스타운에 데려다주었다.

출처: 간디 지음/박홍규 옮김(2007), 간디 자서전, 문예출판사, 178~180쪽.

② 시몬 드 보봐르, 『제2의 성』

에밀리 브론테로 하여금 힘 있고 야성적인 글을 쓸 수 있도록 한 것은 고독 덕분이다. 자연 앞에서, 죽음 앞에서, 운명 앞에서 그녀는 자기 힘 외에는 아무런 구원도 기다리지 않았다. 로자 룩셈부르그는 비열한 여자였다. 그녀는 자기 영상의 숭배 속에 빠지거나, 자주성이 없는 객체가 되거나, 남의 먹이가 되거나, 또는 남의 덫에 걸리려고 한 적은 한 번도 없었다. 그녀는 젊었을 때부터 완벽한 정신이었으며 자유였다. 비록 그렇다고 하더라도 여자가 현실 세계와의 고뇌에 찬 대결을 충분히 감당한다는 것은 지극히 드문 일이다. 그녀를 에워싸고 있는 구속, 그녀를 억누르고 있는 모든 전통은 그녀가 세계에 대하여 책임을 느끼지 못하도록 방해하고 있다. 여자의 범용(凡庸)의 깊은 원인이 바로 거기에 있다.

우리가 위대하다고 부르는 남자들은 – 어떻게 해서든지 – 자기들의 어깨 위에 무거운 세계를 짊어진 사람들이다. 정도의 차이는 있지만 그들은 그 일도 잘 해냈다. 그들은 세계를 재창조하는 데 성공도 하였고 혹은 실패도 하였다. 그러나 그들도 처음에는 이 엄청난 부담을 잘 감당해 냈다. 그것은 어떠한 여자도 결코 하지 못한 것이며, 어떠한 여자도 결코 할 수 없었던 것이다. 세계를 자기의 것으로 생각하고, 세계의 죄를 자기의 죄로 생각하며, 세계의 영광을 자기의 영광으로 놀리기 위해서는 특권 계급에 속하지 않으면 안 된다. 세계를 수정하고, 세계를 생각하고, 세계의 비밀을 폭로함으로써 세계를 정당화하는 것은, 거기에서 명령권을 독점하고 있는 이러한 특권 계급에만 속하는 것이다. 그들만이 세계에서 자기의 모습을 인정할 수 있고, 세계에 자기의 표시를 새길 수 있다. 지금까지 '인간'이 구현될 수 있었던 것은 남자에게서이지 여자에게서가 아니다. 그런데 우리에게 모범적인 인간이라고 생각되는 개인, 우리가 천재의 이름을 붙이는 데에 알맞은 것은 그 개개의 실존 속에 있어서 인류 전체의 운명을 연기(演技)하려고 한 사람들이다. 그것을 하도록 자기가 인정받았다고 믿는 여자는 한 사람도 없었다. 반 고흐가 어떻게 여자로 태어날 수 있었겠는가? 어떤 여자도 보리나즈에 있는 벨기에의 탄광에 파견되지는 않았을 것이다. 그녀는 인간의 비참을 자기 자신의 죄처럼 느끼지는 않았을 것이다. 그녀는 속죄를 구하지도 않았을 것이다. 그러므로 여자는 반 고흐의 해바라기를 한 번도 그릴 수 없었다. 이 화가의 생활방식 – 아를르에서의 고독한 생활, 카페나 창녀촌에의 출입, 이 모든 것은 그의 감수성에 양식을 공급함으로써, 반 고흐의 예술에 공급하고 있었다 – 이 여자에게는 금지되어 있었다는 것은 말할 것도 없다.

어떤 여자도 결코 카프카는 되지 못하였을 것이다. 회의와 불안에 두려워하면서도 그녀는 낙원에서 쫓겨난 '인간'의 고뇌를 인정할 수는 없었을 것이다. 성 테레사만이 완전한 고독 속에서 인간의 조건을 자기의 것으로 해서 살았을 정도이다. 우리는 그 까닭을 보았다. 그녀는 지상의 계급 제도가 미치지 않는 곳에 위치해 있었으므로, 성(聖) 장 드 라 크루아처럼 자기 머리 위에 있는 천장에 안도를 느끼지 못하였다. 두 사람에게는 다 똑같은 어둠과 똑같은 광명의 빛이 있었고, 자기에게는 똑같은 허무가, 신에게는 똑같은 충만이 있었다. 이와 같이, 결국 모든 인간은 성의 구별을 넘어서 자유로운 실존의 영광 속에 인간의 자부심을 놓을 수가 있을 때, 비로소 여자는 자기의 역사, 자기의 문제, 자기의 회의, 자기의 희망을 인류의 그것과 융합시킬 수 있을 것이다. 그리고 여자가 자기의 생활과 작품 속에서, 자기의 개인적인 비밀을 발견할 뿐만 아니라 현실 전체의 비밀을 발견할 수가 있는 것은 바로 이때밖에는 없다. 여자가 인간다운 인간이 되기 위하여 아직도 싸우지 않으면 안 되는 한, 그녀는 창조자가 될 수는 없을 것이다.

다시 한 번 말하거니와, 여자의 한계를 설명하기 위해서 주장해야 할 것은 여자의 상황이지 신비로운 본질이 아니다. 미래는 여전히 활짝 열려 있다.

출처: 시몬 드 보부아르 지음/조홍식 옮김(1994), 제2의 성, 을유문화사, 505~506쪽.

③ 피터 싱어, 『동물해방』

많은 철학자들과 저술가들은 이런 저런 형태의 이익 동등 고려 원리를 기본적인 도덕 원리로 내세웠다. 하지만 그들 중 일부만이 이러한 원리가 우리 자신 외의 다른 종 구성원들에게 적용된다는 사실을 감지했다. 제러미 벤담은 이를 감지한 몇 안 되는 사람 중의 하나였다. 벤담이 살던 당시에는 흑인 노예들이 프랑스에서는 자유를 획득하였지만, 영국에서는 오늘날의 동물과 같은 대접을 받고 있었다. 그 당시 벤담은 미래를 내다보는 듯한 구절을 다음과 같이 쓰고 있다.

> 인간 아닌 동물들이 폭군의 손이 아닌 이상 그 누구에게도 빼앗기지 않을 권리를 획득하게 될 날이 올지도 모른다. 프랑스 사람들은 피부 색깔이 검다는 사실이 '괴롭히는 사람이 제멋대로 행동함으로써 입게 된 피해를 아무런 보상 없이 방치해도 무방하다'고 말할 수 있는 이유가 될 수 없음을 이미 깨닫고 있다. 언젠가는 다리의 숫자, 피부에 융모가 있는지의 여부, 또는 천골 끝 모습 등이 감각을 느낄 수 있는 존재가 동일한 운명을 맞이하도록 방치하는 이유가 될 수 없음을 깨닫게 될 날이 올 것이다. 그렇다면 어떤 특징을 통해 차별을 정당화할 수 있을까? 이성 능력인가? 그렇지 않으면 담화를 나눌 수 있는 능력인가? 하지만 완전히 성장한 말이나 개는 갓난아기 또는 생후 일주일이나 한 달이 된 유아에 비해 훨씬 합리적이며, 우리와 의사소통이 원활하게 이루어진다. 하지만 설령 그들의 능력이 생각과 다르더라도 무슨 문제가 있겠는가? 문제는 그들에게 이성적으로 사고할 능력이 있는지, 또는 대화를 나눌 능력이 있는지가 아니다. 문제는 그들이 고통을 느낄 수 있는가이다.

위의 구절에서 벤담은 '고통을 느낄 수 있는 능력의 유뮤'를 어떤 존재가 평등한 배려를 받을 권리가 있는지를 가늠하는 핵심적인 특징으로 꼽고 있다. 고통을 느낄 수 있는 능력 – 좀 더 엄밀하게 말해 고통 그리고/또는 행복을 향유할 수 있는 능력 – 은 언어 능력 또는 고등수학을 풀 수 있는 능력과는 다른 특징이다. 여기서 벤담의 언급은 어떤 존재의 이익을 고려해야 하는가를 결정하는 '넘을 수 없는 선'을 그으려는 사람들이 흔히 잘못된 특징을 선택했다고 말하려는 데 초점이 맞춰져 있지 않다. 벤담은 고통이나 즐거움을 향유할 수 있는 능력을 가진 모든 생물들을 고려해야 한다는 말을 함으로써 무단으로 이익을 배제하지 않으려 하고 있는 것이다. 고통이나 즐거움을 느낄 수 있는 능력은 적어도 이익을 갖기 위한 전제조건이며, 그러한 능력을 갖는다는 조건은 이익을 의미 있는 방식으로 논하기 위해 우선적으로 충족되어야 한다. 예를 들어 돌이 학생의 발에 차여 굴러갔는데, 이것이 돌의 이익을 고려하지 않은 처사라는 주장은 허튼소리가 될 것이다. 돌은 이익을 갖지 않는다. 왜냐하면 돌은 고통을 느낄 수 없기 때문이다. 돌에게 행하는 것 중 돌의 복리에 변화를 가져올 수 있는 것은 전혀 없다. 하지만 고통과 즐거움을 느낄 수 있는 능력 – 최소한 고통을 느끼지 않는 것과 관련된 이익 – 은 한 존재자가 이익을 갖는다고 할 때의 필요충분조건이다. 예를 들어 쥐는 차여서 길에 굴러다니지 않을 이익을 분명 가지고 있다. 왜냐하면 쥐는 차일 경우 고통을 느낄 것이기 때문이다.

내가 인용한 구절에서 벤담은 '권리'에 대해 말하고 있다. 하지만 실질적으로 그의 논의는 권리에 대한 것이라기보다는 평등에 관한 것이다. 실제로 벤담은 잘 알려진 다른 구절에서 '자연권'을 '헛소리'로, '자연적이며 절대적인 권리'를 "과장된 헛소리"라고 서술한 바 있다. 그는 인간과 동물들이 받아야 할 도덕적인 보호를 짧게 줄여 부르는 방법으로 도덕적 권리라는 말이 사용되는 것이라고 주장했다. 하지만 도덕적 논증이 갖는 진정한 힘은 권리가 존재한다는 주장에 좌우되지 않는다. 왜냐하면 권리의 존재는 고통과 행복을 느낄 수 있는 가능성에 바탕을 두고 정당화되어야 하기 때문이다. 이와 같은 방식으로 우리는 권리의 궁극적인 특징에 관한 철학적 논쟁에 휘말리지 않고서 동물 평등을 옹호하는 논의를 펼칠 수 있게 된다.

일부 철학자들은 이 책에서 제시되고 있는 논증을 반박하려는 현혹된 시도 속에서 동물이 권리를 갖지 않는다는 것을 보여 주기 위한 논증을 고안해 내는 데 지나칠 정도로 공을 많이 들였다. 그들은 어떤 존재가 권리를 갖기 위해선 자율성을 갖추어야 하거나 공동체의 일원이여야 하며, 타인의 권리를 존중할 줄 아는 능력이나 정의감 등을 갖추어야 한다고 주장했다. 그런데 이러한 주장들을 통해 동물 해방 옹호 논변을 타파하는 데는 부족함이 있다. 권리라는 단어는 편리하게 이용할 수 있는 정치적 약어이다. 이는 벤담이 생존해 있던 시기에 비해 오늘날과 같은 30초 TV 뉴스 클립 시대에 더욱 빛을 발한다. 하지만 이는 동물에 대한 태도를 근본적으로 변화시키기 위한 논의에서는 전혀 도움이 되지 않는다.

만약 어떤 존재가 고통을 느낀다면, 그와 같은 고통을 고려하지 않으려는 것은 도덕적으로 정당화될 수 없다. 평등의 원리는 그 존재가 어떤 특성을 갖건 그 존재의 고통을 다른 존재의 동일한 고통과 동등하게 – 대략적이나마 비교가 이루어질 수 있다면 – 취급할 것을 요구한다. 만약 어떤 존재가 고통을 느낄 수 없거나 즐거움이나 행복을 누릴 수 없다면, 거기에서 고려할 바는 아무것도 없다. 따라서 쾌고 감수 능력(limit of science. 비록 정확한 약어는 아니지만 고통 그리고/또는 즐거움을 경험할 수 있는 능력을 간편하게 지칭하기 위해 사용하도록 하겠다)은 다른 존재들의 이익에 관심을 가질지의 여부를 판가름하는, 우리가 옹호할 수 있는 유일한 경계가 되는 것이다. 지능이나 합리성 등과 같은 다른 특징으로 경계를 나눈다는 것은 임의적이라 할 수 있다. 만약 이들이 기준이 될 수 있다면 예컨대 피부색과 같은 다른 특징을 경계 기준으로 채택하지 말아야 할 이유는 무엇인가?

인종차별주의자들은 자신들의 이익과 다른 인종의 이익이 충돌할 경우에 자신이 속한 인종의 이익에 더 큰 비중을 둔다는 측면에서 평등의 원리를 위배하고 있다. 성차별주의자들은 자신이 속한 성의 이익을 우위에 둠으로써 평등의 원리를 위배한다. 이와 유사하게 종차별주의자들은 자신이 속한 종의 이익이 다른 종의 더욱 커다란 이익에 비해 중요하다고 생각한다. 이 모든 경우에 문제의 패턴 자체는 동일하다.

출처: 피터 싱어 지음/김성한 옮김(2017), 동물해방, 연암서가, 36~39쪽.

④ 김수영, 「절망」

절망

김수영

풍경이 풍경을 반성하지 않는 것처럼
곰팡이 곰팡을 반성하지 않는 것처럼
여름이 여름을 반성하지 않는 것처럼
속도가 속도를 반성하지 않는 것처럼
졸렬과 수치가 그들 자신을 반성하지 않는 것처럼
바람은 딴 데에서 오고
구원은 예기치 않은 순간에 오고
절망은 끝까지 그 자신을 반성하지 않는다.

출처: 김수영(1974), 절망, 거대한 뿌리, 민음사, 120쪽.

(3) 동좌문도 활동

‘동좌문도(同坐問道)’는 우리 대학의 교육철학으로, “스승과 제자가 한자리에 앉아서 정도(正道)가 무엇인지 묻고 답한다”는 뜻이다. 앞에서 제시된 읽기 자료에서 함께 논의하고 싶은 문제를 질문 형식으로 도출하고, 이에 대해 함께 이야기해 보자.

기차에서 유색인종이라는 이유로 짐칸으로 쫓겨난 간디는 자신의 의무가 무엇인지 깊이 생각하게 된다. "내 권리를 위해 싸워야 하느냐, 아니면 인도로 돌아갈 것이냐, 아니면 모욕에 대해서는 생각하지 말고 계속 프리토리아로 가서 사건을 끝내고 인도로 돌아가야 하느냐." 간디의 이러한 갈등은 개인적인 삶과 공적인 삶 사이에서 선택하고 결정해야 할 순간을 나타낸다. 훗날 간디는 아무리 노력해도 변호사 일과 공적인 일을 양립하기란 불가능하며, 가정봉사와 사회봉사 역시 양립할 수 없다고 판단한다. 자서전에서도 간디는 "내가 만일 가정생활과 자녀의 출생과 양육에 빠졌더라면 그 일을 감당할 수 없다"[9]고 고백한 바 있다. 양립 불가능한 상황을 타개하기 위하여 그가 선택한 것은 일상생활에서의 '자기절제'이다. 그는 '가장 가난한 인민의 생활을 사는 것'을 목표로 삼은 후, 우유를 포기하고 순수하게 과일로만, 그것도 가능하면 가장 값싼 것으로 살기로 결심한다. 간디는 자신이 맛있는 것과 사치스러운 것을 탐내서는 안 되며, 대신 비자극적인 음식과 규칙적인 단식이 필요하다고 생각했다. 그래서 단식과 감식을 통하여 음식을 절제하고 미각을 통제하려고 애썼다.

반드시 이루고 싶은 것을 위하여 무엇인가를 절제하고 희생했던 삶을 살았던 인물들의 사례를 다양하게 찾아보자. 이들의 삶에서 우리가 발견할 수 있는 생의 의미는 무엇인지 함께 이야기해 보자.

9 간디 지음/박홍규 옮김(2007), 간디 자서전, 문예출판사, 421쪽.

『제2의 성』에서 시몬 드 보부아르는 새로이 세계를 건설하기 위한 창조자의 시도, 즉 창조자의 포부를 마음속에 기르기 위해서는 우선 자기 자신을 하나의 자유로서 명확하게 설정하는 것이 필요하다고 주장한다. 보부아르는 모든 인간은 성의 구별을 넘어서 자유로운 실존의 험난한 영광 속에 자부심을 놓을 수 있을 때, 자신의 역사, 문제, 회의, 희망을 인류의 그것과 융합시킬 수 있다고 보았다. 보부아르에 의하면, 현실 세계와 고뇌에 찬 대결을 충분히 감당하는 것만이 자유의 지평으로 나아가는 유일한 길이다.

생의 불확실성 속에서 현실 세계와의 고뇌에 찬 대결을 감당하는 것은 분명 험난한 과정임에 분명하다. 자유의 지평으로 나아가기 위하여 현재 우리가 대면하고 대결해야 할 차별의 양상에는 어떤 것들이 있는가? 차별을 극복하기 위한 대결 속에서 험난한 실존의 영광을 경험했던 역사적 순간들, 사건들에는 어떤 것들이 있는지 찾아보고 이에 대해 이야기해 보자.

피터 싱어의 『동물해방』은 평등의 지평을 인간을 넘어 생명 전체로 확장하려는 철학적 사유를 담고 있다. 인간을 사유의 중심에 둘 때, 인간은 자신이 소속되어 있는 종의 이익을 옹호하면서 다른 종의 이익을 배척하는 편견 또는 왜곡된 태도, 즉 종차별주의를 벗어날 수 없기 때문이다. 그렇다면 무엇을 기준으로 그 이익을 동등하게 고려할 것인가? 여기서 중요한 원리로 삼고 있는 것이 벤담이 제시한 '고통을 느낄 수 있는 능력의 유무'이다. 피터싱어가 분석한 대로, 벤담은 고통이나 즐거움을 향유할 수 있는 능력을 가진 모든 생물들을 고려해야 한다고 주장함으로써 무단으로 이익을 배제하지 않으려 하고 있다.
우리가 살아가는 세계에는 평등의 지평이 확장되어야 할 지점들이 여전히 존재한다. 벤담이 제시한 '고통을 느낄 수 있는 능력의 유무'를 기준으로 차별과 혐오를 넘어야 할 지점들을 찾아보자. 무엇이 문제인가? 그리고 그 문제를 해결하기 위하여 우리는 무엇을 할 수 있으며, 또 해야 하는가? 다양한 각도에서 이야기해 보자.

2) 연민과 공감

(1) 자료 해제: 『반 고흐, 영혼의 편지』, 『레미제라블』, 『삶을 바꾼 만남』

"우리 아닌 다른 사람이나 우리의 문제 아닌 다른 문제에 감응할 능력이 없다면, 도대체 인간이란 어떤 존재이겠습니까?"[10] 제55회 프랑크푸르트 국제도서전에서 평화상 수상한 수전 손택의 연설 중 일부이다. 수전 손택의 말대로 고통에 공감하고 감응하며, 생을 통해 그 감응을 실천으로 전환시키는 것은 인간다운 삶에 한 걸음 더 나아가는 방식 가운데 하나이다. 여기에 실은 『반 고흐, 영혼의 편지』, 『레미제라블』, 『삶을 바꾼 만남』은 타자에 대한 민감성이야말로 윤리적 자원임을 보여 주는 글들이다.

『반 고흐, 영혼의 편지』는 고흐가 후원자이자 동생이었던 테오에게 보낸 편지를 모은 것이다. 스물아홉 늦은 나이에 그림을 그리기 시작한 고흐는 동생 테오에게 후원을 받으며 습작에 몰두한다. 고흐는 최대한 돈을 아끼기 위하여 무료급식소에서 끼니를 해결하고, 모델을 구하지 못한 날에는 거울을 보며 자화상을 그렸다. 「버림받은 여자를 돌보는 일」에서 고흐는 어느 겨울, 병들고 임신한 데다가 굶주린 채 거리를 헤매고 있는 한 여인과 아이를 보살피게 된 일을 테오에게 전하고 있다. 고흐는 편지에서 "하루치 모델료를 다 지불하지 못했지만, 집세를 내주고 내 빵을 나누어주어 그녀와 그녀의 아이를 배고픔과 추위에서 구할 수 있었다"고 쓰고 있다. 고흐는 자신 역시 지독한 가난과 고독 속에서 평생을 살았기에 한 여인이 처한 불행을 외면하지 않았던 것이다. "그녀도 나도 불행한 사람"[11]이라는 고흐의 인식, 즉 고통이 모든 존재의 공통성이라는 인식은 타인의 고통을 그저 바라보기만 하는 것이 아니라 그 고통을 덜기 위해 삶 속에서 무엇인가 실천하도록 만든다.

『레미제라블』을 빅토르 위고가 35년 동안 품어 오던 이야기를 17년에 걸쳐 완성

---

10 수전 손택 지음/이재원 옮김(2004), 문학은 자유이다, 타인의 고통, 이후, 208쪽.

11 빈센트 반 고흐 지음/신성림 옮기고 엮음(2017), 반 고흐, 영혼의 편지, 위즈덤하우스, 59쪽.

한 대작이다. 여기에서 인용한 부분은 장발장이 진심어린 회심을 통해 존재의 고양을 경험하는 장면이다. 주교는 장발장을 재워 준 다음날 은식기가 없어진 것을 알게 되지만 매우 태연하다. 은식기가 원래 가난한 사람들의 것이었으며, 그 사내(장발장)는 틀림없이 가난한 사람이었기 때문이다. 오히려 잘못은 오래 전부터 은그릇을 가지고 있었던 자신(주교)에게 있다고 생각한다. 헌병들에게 멱살을 잡힌 채 끌려온 장발장에게 주교가 은촛대를 안겨 주자 장발장은 사지를 와들와들 떨며 얼빠진 사람처럼 받는다. 장발장은 주교의 천사 같은 관용과 다정한 말에 대항하여 자신의 마음을 독하게 다졌지만, 자신의 영혼을 위해서 값을 치렀다는 주교의 말이 머리에서 떠나지 않는다. 주교의 용서는 장발장에 대한 최대의 공격이자 가장 무서운 타격이어서, 유일한 무기였던 증오심을 포기하기에 이른다. 주교의 관용과 용서 이후 장발장은, 자기 자신도 그럴 줄 모른 채, 이미 똑같은 사람이 아니었다.

『레미제라블』이 침묵 속으로 내몰려 주변화된 발화들을 서사적 장치를 통해 복원[12]한 것이라면, 『삶을 바꾼 만남』은 역사 속 인물인 다산 정약용과 제자 황상의 만남을 담고 있다. 둔하고 앞뒤가 꼭 막혔으며 답답하기 그지없는 모습에 "저 같은 아이도 정말 공부할 수 있나요" 하고 묻는 열다섯 소년 황상에게 다산은 "공부는 꼭 너 같은 사람이 해야 한다"고 북돋워 준다. 그 후 소년 황상은 스승의 가르침을 평생 마음에 새겨 마음을 확고히 다잡고 부지런히, 또 부지런히 연마하게 된다. 황상이 좌우를 돌아보지 않고 투박하게 평생 갈고 닦을 수 있었던 것은 스승이 어린 제자에게 심어준 신념 덕분이었다. "재빠른 천재보다 미욱한 둔재의 노력이 훨씬 더 무섭다"[13]는 다산의 가르침은 빛나는 재주와 재빠른 깨달음에 기뻐하기보다는 오랜 시간 인내하며 꾸준히 정진하는 삶을 살 수 있도록 이끌어 준다.

---

12 프레드릭 제임슨 지음/이경덕 옮김(2015), 정치적 무의식: 사회적으로 상징적인 행위로서의 서사, 민음사, 92~128쪽.

13 정민(2011), 삶을 바꾼 만남, 문학동네, 38쪽.

(2) 읽기 자료

① 빈센트 반 고흐, 『반 고흐, 영혼의 편지』

버림받은 여자를 돌보는 일

테오에게

오늘 모베를 만나 아주 유감스러운 대화를 나누었다. 이제 그와는 만나지 않는 게 좋을 것 같다. 모베는 쫓아갈 수 없을 정도로 빨리 가 버렸다. 내가 쫓아가길 원하지도 않는 것 같았다.

그와 이야기라도 나눌 겸 내 그림을 보러 오라고 했는데, "다시는 자네를 보러 가지 않겠네. 다 끝났어."라고 딱 잘라 거절하더군.

모래언덕에서 헤어지기 직전에 그가 "자네는 타락했어."라고 했다. 나는 돌아서서 혼자 집까지 걸어왔다.

모베는 내가 "나는 예술가입니다"라고 말한 것을 못마땅하게 여겼다. 그러나 나는 그 말을 취소할 마음은 없다. 왜냐하면 나에게 그 말은 무엇인가를 온전하게 찾아낼 때까지 늘 노력하는 걸 의미하거든. 그건 "난 그것에 대해 모든 걸 알고 있습니다. 이미 그걸 찾아냈지요."라는 이야기와는 정반대되는 말이다. 나에게는 그 말이 "나는 무엇인가를 찾고 있고, 아주 열중하고 있다"는 걸 뜻한다.

테오야, 나도 귀가 있다. 누군가 "넌 정말 타락했어."라고 말할 때, 도대체 어떻게 해야 한단 말이냐? 나는 그냥 돌아서서 혼자 집까지 걸어왔다. 모베가 그 말을 미리 준비했을 거라는 생각이 들자 마음이 무거웠다. 그러나 그에게 설명을 요구하지도, 사과하지도 않을 작정이다.

그래도 그래도 그래도…… 모베가 약간의 가책이라도 느끼기를 바란다. 나는 지금 어떤 일 때문에 의심을 받고 있다……. 무엇인가를 숨기고 있다.

세상에 드러나서는 안 될 어떤 것을 비밀로 하고 있다.

글쎄, 예절과 교양을 숭배하는 너희 신사들에게 물어보고 싶구나. 한 여자를 저버리는 일과 버림받은 여자를 돌보는 일 중 어떤 쪽이 더 교양 있고, 더 자상하고, 더 남자다운 자세냐?

지난겨울, 임신한 한 여자를 알게 되었다. 남자한테서 버림받은 여자지. 겨울에 길을 헤매고 있는 임신한 여자……. 그녀는 빵을 먹고 있었다. 그걸 어떻게 얻었는지는 상상할 수 있겠지. 하루치 모델료를 다 지불하지는 못했지만, 집세를 내주고 내 빵을 나누어 주어 그녀와 그녀의 아이를 배고픔과 추위에서 구할 수 있었다.

처음 그 여자를 만났을 때는 병색이 짙어 보여서 눈길이 갔다. 목욕을 시키고 여러모로 보살펴 주자 그녀는 훨씬 더 건강해졌다. 그리고 그녀가 해산하게 될 산부인과 병원이 있는 레이덴까지 동행했다.

도대체 어떤 무능한 남자가 그런 짓을 할 수 있는지 궁금했다. 나는 내가 한 일을 아주 자연스럽게 생각했기에 혼자만 알고 있으려 했다. 그녀는 포즈를 취하는 게 힘들었지만 조금씩 배우게 되었고, 나는 좋은 모델을 가진 덕분에 데생에 진전이 있었다. 이제 그녀는 순하게 길들여진 비둘기처럼 나를 따른다.

나는 지금보다 더 나은 때에 그녀와 결혼할 수 있을 거라고 생각한다. 그것이 그녀를 계속 도울 수 있는 유일한 길이기 때문이다. 그렇게 하지 않으면 그녀는 다시 과거의 길, 그녀를 구렁텅이로 내몰 것이 분명한 그 길로 돌아갈 수밖에 없을 테니까. 그녀는 돈이 없지만, 내가 그림을 그려 돈을 벌 수 있도록 돕고 있다.

요즘은 작품에 대한 열정으로 충만해 있다. 잠시 유화와 수채화를 제쳐둔 것은 모베가 떠난 것이 큰 충격이었기 때문이다. 그가 자신이 한 말을 진심으로 철회한다면, 나도 용기를 내어 새로 출발할 수 있을 것 같다. 그러나 당시에는 붓을 쳐다볼 수도 없었다. 바라보는 것만으로도 신경이 날카로워졌거든.

너라면 모베의 태도를 이해할 수 있겠니? 우선 상황을 설명해 주마. 너는 내 동생이니 나의 개인적인 문제에 대해 의논하는 것은 자연스러운 일이지. 그러나 누군가 나에게 "넌 타락했다"라고 말한다면, 그에게는 더 이상 말하고 싶은 마음이 없다.

어쩔 수 없는 일이었다. 나는 해야 할 일을 했고, 잘해 나갔다. 그리고 굳이 말하지 않아도 이해받을 수 있으리라 생각했다.

다른 여자가 내 가슴을 뛰게 한 적이 있다. 그러나 그녀는 멀리 떠나 버렸고, 나를 만나고 싶어 하지 않았다. 그런데 이 여자, 병들고 임신한 데다 배고픈 여자가 한겨울에 거리를 헤매고 있었다. 나는 정말이지 달리 행동할 수 없었다.

모베, 테오, 테르스테이흐, 바로 너희가 내 생계를 손에 쥐고 있는 사람들이다. 나를 거지로 만들 것이냐? 내가 할 말은 다 했으니, 어떤 말을 듣게 될지 기다리고 있겠다.

1992년 5월 3~12일

출처: 빈센트 반 고흐 지음/신성림 옮기고 엮음(2019), 반 고흐, 영혼의 편지, 위즈덤하우스, 52~55쪽.

② 빅토르 위고, 『레미제라블』

12. 주교가 일을 하다

그 이튿날 해가 뜰 무렵, 비앵브뉘 예하는 정원을 거닐고 있었다. 마글루아르 부인이 허둥지둥 그에게 달려왔다.

"주교님, 주교님." 그 여자는 외쳤다. "은그릇 바구니가 어디 있는지 아십니까?"

"암, 알고말고." 주교는 대답했다.

"아이고 고마워라!" 그 여자는 말을 이었다. "저는 그게 어떻게 됐는지 몰

랐거든요."

주교는 조금 전 화단에서 그 바구니를 주웠던 것이다. 그는 그것을 마글루아르 부인에게 내주었다.

"옛소."

"어머나? 속이 텅텅 비었네!" "은그릇은요?" 부인이 물었다.

"옳아!" 주교가 말을 이었다. "그러니까 염려하는 건 그 은그릇 때문이구려? 그건 나도 모르겠는걸."

"에구, 망측해라! 도둑을 맞았네요! 어젯밤 그 사내가 훔친 거예요."

조심성 많은 마글루아르 부인은 날쌔게도 눈 깜짝할 사이에 기도실로 달려가서 침소로 들어갔다가 주교한테로 되돌아왔다. 주교는 막 허리를 구부리고 한숨을 지으며 바구니가 화단에 떨어질 때 가지가 부러진 기용의 불레 나물을 들여다보던 참이었다. 그는 마글루아르 부인의 고함 소리에 다시 몸을 일으켰다.

"주교님, 그 사내가 달아나 버렸어요. 은그릇을 훔쳐 가지고!"

그렇게 외치면서도 그 여자의 시선은 정원 한 모퉁이 쪽으로 가 있었다. 거기에는 담장을 뛰어 넘어간 흔적이 보였다. 담벼락이 무너져 있었던 것이다.

"저걸 보세요! 저리로 간 거예요. 코슈필레 골목길로 뛰어내렸어요! 원, 망할 놈 같으니! 우리 은그릇을 훔쳐 가다니!"

주교는 한동안 잠자코 있다가, 정색을 하고 눈을 들며 부드러운 목소리로 마글루아르 부인에게 말했다.

"그런데 그 은그릇이 우리 물건이었던가?"

마글루아르 부인은 어이가 없어 멍하니 서 있었다. 또 잠시 말이 없다가 주교는 계속했다.

"마글루아르 부인, 오래전부터 그 은그릇을 가지고 있었지만 그건 내 잘못이었소. 그건 가난한 사람들의 것이오. 그런데 그 사내는 어떤 사람이었지? 틀림없이 가난한 사람이었소."

"그게 원 무슨 말씀이세요!" 마글루아르 부인은 대꾸했다.

"그건 저 때문도 아씨 때문도 아니에요. 저희들은 아무래도 상관없어요. 그건 주교님 때문이에요. 이제 주교님은 무엇으로 진지를 잡수실 거예요?"

주교는 놀란 듯이 그 여자를 바라보았다.

"아니, 그럴 수가! 주석 식기가 없는가?"

마글루아르 부인은 어깨를 으쓱했다.

"주석은 냄새가 나는걸요."

"그럼 쇠 그릇을 쓰지."

마글루아르 부인은 그럴싸하게 얼굴을 찌푸렸다.

"쇠는 묘한 맛이 나요."

"그럼, 나무 그릇이 좋겠소." 주교는 말했다.

조금 후에 그들은 어제저녁에 장발장이 앉아 있던 바로 그 식탁에 앉아 아침 식사를 했다. 식사를 하면서 비앵브뉘 예하는 아무 말도 안 하고 있는 누이 동생과 혼자 뭐라고 투덜거리는 마글루아르 부인에게 빵 조각을 우유에 찍어 먹는 데는 스푼도 포크도 필요 없고, 나무로 만든 것조차도 필요 없다고 쾌활하게 말했다.

"원, 어쩌자고, 글쎄!" 마글루아르 부인은 왔다 갔다 하면서 혼자 중얼거렸다. "그런 사람을 다 맞아들이다니! 그리고 그 사람을 바로 당신 곁에다 재우시다니! 아! 정말 생각만 해도 몸서리가 쳐지는 일이야!"

두 남매가 막 식탁에서 일어서려는데 누가 문을 두드렸다.

"들어오시오." 주교가 말했다.

문이 열렸다. 난폭하고 이상스러운 사람들 한 무리가 문 앞에 나타났다. 그중 세 사람은 한 사람의 멱살을 움켜쥐고 있었다. 세 사람은 헌병이었고, 한 사람은 장발장이었다.

일행을 지휘하고 있는 듯한 헌병 대장이 문 옆에 서 있었다.

그는 들어와서 군대식 경례를 붙이고 주교 쪽으로 걸어 나왔다.

"예하……." 그가 말했다.

그 말에 기가 죽어 축 늘어져 있던 장발장이 깜짝 놀란 듯이 번쩍 고개를 들었다.

"예하라고!" 그는 입속말로 중얼거렸다. "그럼 사제가 아니었나……."

"닥쳐!" 헌병 하나가 말했다. "이 어른은 주교 예하이시다"

그러는 사이에 비앵브뉘 예하는 고령의 몸으로 할 수 있는 한 재빨리 다가갔다.

"아, 당신이구려!" 그는 장발장을 바라보며 외쳤다. "당신을 보니 기쁩니다. 그런데 다른 것과 마찬가지로 은이니, 200프랑은 능히 받을 수 있을 거요. 어째서 그것도 그 식기들과 함께 가져가지 않았소?"

장발장은 두 눈을 뜨고 그 존경스러운 주교를 바라보았는데, 그 표정은 그 어떤 말로도 표현할 수 없었다.

"예하." 헌병 대장이 말했다. "그렇다면 이 사람이 한 말이 진실입니까? 저희들이 이 사람을 만났는데, 마치 도망치는 사람처럼 가고 있었습니다. 그래서 좀 조사해 보려고 붙들어 보았습니다. 그랬더니 이 은그릇을 가지고 있지 않겠습니까……."

"그랬더니 그가 당신에게 이렇게 말했겠지요." 주교는 빙그레 웃으며 그의 말을 중단시켰다. "간밤에 재워 준 늙은 사제님한테서 받았노라고. 잘 알겠소. 그래서 이 사람을 여기로 데려왔구려? 잘못 아신 거요."

대장이 말을 이었다. "그렇다면 그냥 가게 두어도 괜찮겠습니까?"

"물론이요." 주교는 대답했다.

헌병들은 장발장을 놓아주었다. 그는 물러서면서 "정말로 저를 놓아주시는 겁니까?" 하고 거의 알아들을 수 없는 말로 마치 꿈속에서 말하듯이 말했다.

"암, 놓아주는 거다. 그래, 못 알아듣겠나?" 헌병 하나가 말했다.

"노형." 주교가 말을 이었다. "가시기 전에 여기 당신 촛대가 있으니 가져가시오."

주교는 벽난로로 가서 두 자루의 은촛대를 들고 돌아와 장발장에게 주었다. 두 여자는 아무 말 없이, 아무 몸짓도 없이, 주교에게 방해가 될 말한 눈짓 한 번 없이 그가 하는 대로 가만히 바라보고 있었다.

장발장은 사지를 와들와들 떨었다. 그는 얼빠진 사람처럼 그저 기계적으로 그 두 자루의 촛대를 받았다.

주교는 말했다. "자, 편히 가시오. 아 참, 다시 우리 집에 들르실 때는 정원 쪽으로 돌아오실 필요 없소. 언제든지 한길 쪽 정문으로 출입해도 좋소. 문은 밤이든 낮이든 걸쇠만 걸어서 닫아 놓고 있으니."

이어서 그는 헌병 쪽으로 돌아서면서 말했다.

"여러분, 이제 물러가도 좋습니다."

헌병들은 그 자리를 떠났다.

장발장은 금방이라도 실신할 사람 같았다.

주교가 그에게 다가서더니 나지막한 음성으로 말했다.

"잊지 마시오. 결코 잊지 마시오. 이 은을 정직한 사람이 되기 위하여 쓰겠다고 내게 약속한 일을."

꿈에도 약속한 기억이 없는 장발장은 그저 어리둥절할 뿐이었다. 주교는 그 말을 할 때 마디마디에 힘을 주었다. 그는 엄숙한 어조로 다시 말을 이었다.

"장발장, 나의 형제여. 당신은 이제 악이 아니라 선에 속하는 사람이오. 나는 당신의 영혼을 위해서 값을 치렀소. 나는 당신의 영혼을 암담한 생각과 영벌(永罰)의 정신에서 끌어내 천주께 바친 거요."

출처: 빅토르 위고 지음/정기수 옮김(2016), 레미제라블, 민음사, 188~193쪽.

③ 정민, 『삶을 바꾼 만남』

저 같은 아이도 공부할 수 있나요?

이따금 다산의 동태를 살필 겸 주막을 들락거리던 아전들도 시간이 지나면서 차츰 경계심을 풀었다. 나중에는 그들이 먼저 제 자식을 가르쳐 줄 것을 부탁했다. 굳이 마다할 이유가 없었다. 밥값이라도 앞가림을 하면 그만큼 가족의 부담이 줄어들 일이었다. 무엇보다 아무것도 하지 않고는 그 적막을 견딜 수가 없었다. 1802년 10월, 다산은 주막집 봉놋방에 작은 서당을 열었다. 유배 온 지 근 1년 만의 일이었다. 아전의 자식 몇이 와서 배움을 청했다.

기본적인 문리가 난 녀석도 있었고, 아예 글자부터 가르쳐야 할 까막눈도 있었다. 처음에는 다들 데면데면했다. 여러 날을 두고 사람의 도리를 친절히 일깨워 주고, 글공부를 시켰다. 날마다 숙제를 내고, 강(講)을 바치게 했다. 고만고만한 중에 송곳 끝처럼 자루 밖으로 비어져 나오는 아이가 있었다. 말을 하면 말귀를 금세 알아들었다. 질박하고 명민했다.

공부를 마친 아이들이 각자의 집으로 돌아가며 인사를 올렸다.

"너는 좀 남거라. 이를 말이 있다."

꽁무니에 서 있던 더벅머리 소년이 주뼛댔다.

"공부를 열심히 해야 한다. 큰사람이 되어야지."

소년이 무슨 말을 하려다가 얼굴을 붉힌 채 되삼킨다.

"지금보다 더 노력해야지. 게을러선 못쓴다."

소년이 어렵게 입을 연다. "선생님! 그런데 제게 세 가지 문제가 있습니다. 첫째는 너무 둔하고, 둘째는 앞뒤가 꽉 막혔으며, 셋째는 답답합니다. 저 같은 아이도 정말 공부할 수 있나요?"

"그렇구나. 내 이야기를 좀 들어 보렴. 배우는 사람은 보통 세 가지 큰 문제가 있다. 너는 그 세 가지 중 하나도 없구나."

"그것이 무엇입니까?"

"첫째는 민첩하게 금세 외우는 것이다. 이런 아이들은 가르치면 한 번만 읽고도 바로 외우지. 정작 문제는 제 머리를 믿고 대충 소홀히 넘어가는 데 있다. 완전히 제 것으로 만들지 못하지. 둘째, 예리하게 글을 잘 짓는 것이다. 이런 사람은 질문의 의도와 문제의 핵심을 금세 파악해 낸다. 바로 알아듣고 글을 빨리 짓는 것은 좋은데, 다만 재주를 못 이겨 들떠 날리는 게 문제다. 자꾸 튀려고만 하고, 진중하고 듬직한 맛이 없다. 셋째, 깨달음이 재빠른 것이다. 대번에 깨닫지만 투철하지 않고 대충 하고 마니까 오래가지 못한다.

내 생각을 말해 줄까? 공부는 꼭 너 같은 사람이 해야 한다. 둔하다고 했지? 송곳은 구멍을 쉬 뚫어도 곧 다시 막히고 만다. 둔탁한 끝으로는 구멍을 뚫기가 쉽지 않지만, 계속 들이파면 구멍이 뚫리게 되지. 뚫기가 어려워서 그렇지 한번 구멍이 뻥 뚫리면 절대로 막히는 법이 없다. 앞뒤가 꽉 막혔다고? 융통성이 없다고 했지? 여름 장마철의 봇물을 보렴. 막힌 물은 답답하게 앞으로 나아가지 못한 채 제자리를 빙빙 돈다. 그러다가 농부가 삽을 들어 막힌 봇물을 터뜨리면 그 성대한 흐름을 아무도 막을 수가 없단다. 얼마나 통쾌하냐? 어근버근 답답하다고 했지? 처음에는 누구나 공부가 익지 않아 힘들고 버벅거리고, 들쭉날쭉하게 마련이다. 그럴수록 꾸준히 연마하면 나중에는 튀어나와 울퉁불퉁하던 것이 반질반질 반반해져서 마침내 반짝반짝 빛나게 된다. 구멍은 어떻게 뚫어야 할까? 부지런히 하면 된다. 막힌 것을 틔우는 것은? 부지런히 하면 된다. 연마하는 것은 어찌해야 하지? 부지런히 하면 된다. 어찌해야 부지런히 할 수 있겠니? 마음을 확고하게 다잡으면 된다. 그렇게 할 수 있겠지? 어기지 않고 할 수 있겠지?"

스승은 감격해서 고개를 끄덕이는 소년의 머리를 쓰다듬어 주었다. "잠깐 앉거라. 내가 오늘의 이 문답을 글로 써 주마. 벽에다 붙여 두고 마음을 늘 다잡도록 해라."

이 소년의 이름이 황상이었다. 그는 감격했다. 서울에서 오신 하늘같은 선생님이 너도 할 수 있다고, 너라야 할 수 있다고 북돋워 준 한마디가 소년의 삶을 온통 뒤흔들어 놓았다. 이 한 번의 가르침 이후 소년의 인생이 문득 변했다.

너덜너덜해진 「삼근계」

열다섯 살의 황상이 이 글을 받고 60년이 지나 일흔다섯 살 때 쓴 「임술기(壬戌記)」란 글이 있다. 스승이 위의 문답을 정리하여 써 준 글과, 그 글을 받고 난 이후 변모한 60년 동안의 자신의 삶을 술회한 내용이다. 자료 소개를 겸해 번역문을 제시한다.

먼 옛날 임술년에 동파거사는 10월 보름날 적벽강 한가운데서 배를 타고 노닐었다. 옛날 임술년(1802) 10월 10일에 나는 열수(洌水) 선생님께 제자의 예를 갖추었다. 고금에 한 바가 같지 않지만, 어찌 연도가 우연히 서로 일치됨이 이와 같단 말인가? 금년에 또 임술년을 만나 지나간 옛날을 돌아보며 일시를 꼽아 보노라니 온갖 생각이 한꺼번에 일어나 한 시대의 마음 졸이는 사람이라 할 만하였다. 내가 제자의 예를 갖춘 지 이레째 되던 날, 선생님은 문사(文史)를 공부하라는 글을 내리셨다. 그 글은 이러하다.

"내가 산석(山石)에게 문사 공부할 것을 권했다. 산석은 머뭇머뭇하더니 부끄러운 빛으로 사양하며 이렇게 말했다. '제게 세 가지 병통이 있습니다. 첫째는 둔한(鈍) 것이요, 둘째는 막힌(滯) 것이며, 셋째는 답답한(戛) 것입니다.' 내가 말했다. '배우는 사람에게 큰 병통이 세 가지 있는데, 네게는 그것이 없구나. 첫째, 외우는 데 민첩하면 그 폐단이 소홀한 데 있다. 둘째, 글짓기에 날래면 그 폐단이 들뜨는 데 있지. 셋째, 깨달음이 재빠르면 그 폐단은 거친 데 있다. 대저 둔한데도 들이파는 사람은 그 구멍이 넓어진다. 막혔다가 터지면 그 흐름이 성대해지지. 답답한데도 연마하는 사람은 그 빛이 반짝반짝 빛나게 된다. 뚫는 것은 어떻게 해야 할까? 부지런히 해야 한다. 틔우는 것은 어찌하나? 부지런히 해야 한다. 연마하는 것은 어떻게 할까? 부지런히 해야 한다. 네가 어떻게 부지런히 해야 할까? 마음을 확고하게 다잡아야 한다.' 당시 나는 동천여사(東泉旅舍)에 머물고 있었다." 이때 내 나이가 열다섯이었다. 동자로 관례도 치르지 않았다. 마음에 새기고 뼈에 새겨 감히 잃을까 염려하였다. 그때부터 지금까지 61년 동안 독서를 그만두고 쟁기를 잡고 있을 때에도 마음에 늘 품고 있었다.

지금은 손에서 책을 놓지 않고 한묵 속에서 노닐고 있다. 비록 이룬 것은 없다 하나, 구멍을 뚫고 어근버근함을 틔우는 것을 삼가 지켰다고 할 만하다. 또한 능히 마음을 확고히 다잡으라는 세 글자를 받들어 따랐을 뿐이다. 하지만 지금 나이가 일흔다섯이 넘어 남은 날이 많지 않다. 어찌 제멋대로 내달려 도를 어지럽힐 수 있겠는가? 지금 이후로도 스승께서 주신 가르침을 잃지 않을 것이 분명하고, '얘야! 어겨서는 안 된다'고 하신 말씀을 행할 것이다. 이에 「임술기」를 적는다.

황상은 스승의 이 가르침을 평생 가슴에 새겼다. 그는 스승이 시키는 대로만 했다. 임술년 10월 10일에 스승을 처음 뵈었다. 일주일 뒤인 10월 17일에 스승은 위의 글을 내렸다. 제자로 인가한 것이다. 스승을 처음 뵌 지 60년이 지난 임술년이 다시 돌아왔다. 열다섯의 소년은 어느덧 일흔다섯의 늙은이가 되었다.

황상은 60년 전 떨리던 첫 만남을 떠올리며 「임술기」를 지었다. 이 글 속에 소개된 다산의 문장은 『다산시문집』에도 빠진 글이다. 황상은 이 긴 세월 동안 스승이 남기신 말씀을 마음에 새기고 뼈에 새겼다. 자나 깨나 잊지 않으려 노력하였다.

황상은 둔할 둔(鈍), 막힐 체(滯), 어근버근할 알(戛), 이 세 가지를 자신의 문제라고 했다. 스승은 재빠를 민(敏), 날카로울 예(銳), 빠를 첩(捷)의 세 글자로 대구를 맞춰, 재빠른 천재보다 미욱한 둔재의 노력이 훨씬 더 무섭다고 일깨워 주었다.

황상은 스승의 이 말씀을 명심누골(銘心鏤骨), 마음에 새기고 뼈에 아로새겼다고 한다. 그 후 60년간 스승의 이 말씀이 늘 그의 곁을 지켰다.

출처: 정민(2011), 삶을 바꾼 만남, 문학동네, 34~36쪽.

④ 곽재구, 「사평역에서」

사평역에서

곽재구

막차는 좀처럼 오지 않았다
대합실 밖에는 밤새 송이눈이 쌓이고
흰 보라 수수꽃 시린 유리창마다
톱밥 난로가 지펴지고 있었다
그믐처럼 몇은 졸고
몇은 감기에 쿨럭이고
그리웠던 순간들을 생각하며 나는
한 줌의 톱밥을 불빛 속에 던져 주었다
내면 깊숙이 할 말들은 가득해도
청색의 손바닥을 불빛 속에 적셔 두고
모두들 아무 말도 하지 않았다
산다는 것이 때론 술에 취한 듯

한 두릅의 굴비 한 광주리의 사과를
만지작거리며 귀향하는 기분으로
침묵해야 한다는 것을
모두들 알고 있었다
오래 앓은 기침 소리와
쓴 약 같은 입술 담배 연기 속에서
싸륵싸륵 눈꽃은 쌓이고
그래 지금은 모두들
눈꽃의 화음에 귀를 적신다
자정 넘으면
낯설음도 뼈아픔도 다 설원인데
단풍잎 같은 몇 잎의 차창을 달고
밤 열차는 또 어디로 흘러가는지
그리웠던 순간을 호명하며 나는
한 줌의 눈물을 불빛 속에 던져 주었다.

출처: 곽재구(1983), 사평역에서, 사평역에서, 창작과비평사, 118~119쪽.

(3) 동좌문도 활동

'동좌문도(同坐問道)'는 우리 대학의 교육철학으로, "스승과 제자가 한자리에 앉아서 정도(正道)가 무엇인지 묻고 답한다"는 뜻이다. 앞에서 제시된 읽기 자료에서 함께 논의하고 싶은 문제를 질문 형식으로 도출하고, 이에 대해 함께 이야기해 보자.

| 타인의 고통은 관망의 대상이 아니다. 『타인의 고통』에서 수잔 손탁이 관찰한 바와 같이, 현대사회는 폭력이나 잔혹함을 보여 주는 이미지로 뒤덮여 있어 사람들이 타인의 고통을 일종의 스펙터클로 소비해 버린다. 이러한 상황에서 우리는 점점 타인의 고통에 개입할 능력을 잃어 가고 있다. 수잔 손탁의 논의를 빌려 보면, 지금 우리에게 필요한 것은 타인의 고통에 대하여 아무것도 할 수 없다는 무력감을 극복하는 일, 그리고 한 걸음 더 나아가 우리의 부가 타인의 궁핍 혹은 고통과 연결되어 있을지도 모른다는 사실을 숙고하는 것이다.

뉴스가 오락으로 바뀐 현대 사회에서 우리는 타인의 고통을 그저 쳐다만 보는 구경꾼으로 존재하고 있지 않는가? 이에 대해 현재 우리 삶을 성찰해 보자. 그리고 타인의 고통에 개입하는 능력을 회복하기 위해 우리에게 필요한 것은 무엇인지 함께 이야기해 보자.

『레미제라블』에서 장발장은 주교의 자비와 관용을 통해 깊은 영혼의 울림으로부터 연원하는 존재의 고양을 경험한다. 일곱 명의 어린아이에게 옷을 입히고 먹을 것을 주기 위해 빵을 훔친 장발장은 흐느끼면서 감옥에 들어갔고, 그곳에서 19년의 세월이 흐르는 동안 무감정한 사람이 되어 사회로 나온다. 자신에게 닥쳐온 모든 일들이 부조리하게 보였고 인간의 법률에 대해 증오가 가득했던 장발장에게 신부의 용서는 가장 무서운 타격이었다.

『레미제라블』 1장 「올바른 사람」에는 한 인간에게 영혼의 변화를 가져왔던 미리엘 주교의 인물 형상이 상세하게 드러나 있다. 미리엘 주교는 아무리 많은 돈을 벌어도 그의 수중에는 한 푼도 남아 있지 않았던 사람이다. 가난한 사람에게 모두 나누어 주었을 뿐만 아니라 입은 옷까지도 벗어 주었기 때문이다. 그는 스스로 청빈한 생활을 감수하며 같은 법의를 아주 오래도록 입었으며, 그의 집은 누구든 들어올 수 있도록 항상 열려 있었다. 『레미제라블』 1장 「올바른 사람」에서 미리엘 주교가 "법관은 정의의 이름으로 말하고, 신부는 연민의 이름으로 말하는데, 연민은 한층 높은 정의와 다른 것이 아니오."라고 말하는 대목으로 미루어 짐작해 보면, 그가 장발장에게 베푼 자비와 관용은 한층 더 높은 정의로서의 '연민'의 다른 이름이다.

지금 이 시대를 돌아보며, 우리는 어떤 사람을 '올바른 사람'이라고 일컫는지 생각해 보자. 각자가 생각하는 '올바른 사람'에 대하여 자유롭게 이야기해 보자. 또한 자신에게 삶의 나침반이 되어 주는 롤모델은 누구인가? 이에 대해 이야기하며 자신이 지향하는 삶의 가치에 대해서 함께 이야기해 보자.

살아가면서 우리는 많은 사람들로부터 영향을 받는다. 선생님과 부모님, 친구들, 혹은 문학 작품이나 영화에서 만난 인물들. 그 영향을 찬찬히 살펴보면 우리는 인간이 혼자서는 생존할 수 없으며, 내 안에는 나를 형성해 준 수많은 사람들이 이미 존재하고 있음을 알 수 있다. 그래서 누군가와의 의미 있는 만남은, 우리의 의지에 선행해서, 우리 자신을 구성하게 되는 사건이라고 할 수 있다.

『삶을 바꾼 만남』에는 둔하고 막혀 있으며 답답하기 그지없어 "저 같은 아이도 공부할 수 있나요?"라고 질문을 하는 소년 황상과 "공부는 꼭 너 같은 사람이 해야 한다"고 답하는 스승의 모습이 실려 있다. 소년 황상의 경우처럼, 이전의 나와는 다른 존재가 되도록 만들어 준 만남을 떠올려 보고, 그 만남을 계기로 이루어진 변화에 대하여 이야기해 보자. 그리고 '다른 이 덕분에 가능한 존재 방식'을 주제로 발표해 보자.

3. 미래를 전망하며 세계를 품다

“인간은 행복을 추구하는 존재이다.” 이렇게 규정짓는 데에는 별 이견이 없을 것이다. 이때 행복을 한마디로 정의 내리는 일은 불가능해 보인다. 왜냐하면 행복의 의미망은 상대적이어서 행복을 말하는 사람의 수만큼 한없이 다양하게 꾸려져서이다. 행복은 아주아주 오래전, 인간에 대한 자각이 생기면서부터 우리에게 화두가 되지 않았을까 싶다.

고대 그리스의 철학자 아리스토텔레스는 『니코마코스 윤리학』에서 개인이 혼자서는 절대 행복할 수 없다고 보았다. 왜냐하면 개인은 그가 속한 공동체의 관계 속에서만 행복할 수 있다고 여겨서이다. 공동체가 존재하는 이유는 구성원 전체의 행복의 조건인 공동선을 구현하기 위해서이고, 이 공동선의 구현은 정의라는 윤리적 탁월성의 발현 여부에 달려 있다는 것이다.

그리고 염세주의자로 널리 각인된 쇼펜하우어가 인생론과 함께 ‘행복론’을 쓴 것도 인상적이다. 그는 니체와 프로이트, 채플린의 스승으로도 알려져 있는데, 『쇼펜하우어의 행복론과 인생론』을 보면 그가 인생을 즐긴 현실주의자로 손색이 없어 보인다. ‘삶의 지혜를 위한 아포리즘’이라는 부제로, 개인과 사회 그리고 세계를 아우르면서 ‘행복론’을 펼치고 있어 흥미롭다. 삶의 지혜라는 개념을 즐겁고 행복한 생활을 위한 기술이라는 개념으로 받아들이면서 이러한 기술을 가르치는 지침을 세운 것이다. 인간이 대부분 행복한 생활에 집착하는 것은 행복한 생활 자체 때문이라는 생각에도 눈길이 머문다. 행복을 추구하는 태도가 실존주의에서 이야기하는 인간이 처한 한계상황인 죽음에 대한 공포 때문만은 아니라고 보며, 그렇기 때문에 행복한 생활이 가능한 한 지속되어야 한다고 말하는 그의 목소리에도 귀 기울여진다.

동서고금을 통틀어 문학이나 예술, 역사를 조망해 보아도 삶의 목적은 아무래도 행복처럼 보인다. 여러분도 그렇지 아니한가? 행복에 대한 상념을 펼치니 어릴 적

읽고 또 읽었던, 치르치르와 미치르가 나오는 동화 『파랑새』도 떠오른다. 문제는 행복이 삶의 목적이 아니라 수단이 되는 데서 발생한다. 아니, 보다 정확하게 말하면 목적과 수단을 구분하지 않는 데서 발생한다. 특히 문명사회로 접어들면서 목적과 수단의 경계가 모호해지고, 이에 행복이 그 경계 사이를 부유하면서 가치체계를 무색하게 만드는 경우가 허다해진 데서 아노미 현상은 빚어지는 것이다. 여러분은 지금 행복하십니까?

앞서 살핀 과거-자아, 현재-타자들이 이곳 미래-세계 속으로 걸어 들어올 때 삶의 플롯은 어느 정도 구현된다. 과거와 현재와 미래가 별개의 것이 아닌 연속성의 개념으로 놓이고, 아울러 이에 각각 자아와 타자, 세계가 접목되면서 한 편의 이야기가 꾸려지는 것이다. 이렇듯 미래를 전망하며 세계를 품는 일은 온몸의 세포를 깨우면서 '좋음', 곧 선을 구현하는 일에 다름 아니다. 이때 수단이든 목적이든 행복의 가치체계를 세우는 일은 전제되어야 한다.

여기서는 행복을 희원하는 마음자리를 위무하면서, '미래를 전망하며 세계를 품'는 영역으로 '환대와 공존', '더 나은 세상을 위하여'를 마련하였다. '환대와 공존'의 읽기 자료로 『환대하는 삶』, 「자기실현, 이 세상에 살기 위한 하나의 생태적 접근법」, 『그리스인 조르바』, 「방문객」 들을 담았고, '더 나은 세상을 위하여'의 읽기 자료로 『유토피아』, 『희망, 살아 있는 자의 의무』, 『고도를 기다리며』, 「슬픔이 기쁨에게」를 가려 뽑았다.

'파랑새'가 가까이든 멀든 있기는 한 것인가. 이에 대한 대답으로 읽기 자료 말미에 실은 시 「방문객」을 읽는다. "사람이 온다는 건 / 실은 어마어마한 일이다 / 그는 / 그의 과거와 / 현재와 / 그리고 / 그의 미래와 함께 오기 때문이다 / 한 사람의 일생이 오기 때문이다." 여기서 "사람"은 사람이어도 좋고 바라는 그 무엇이어도 좋다. 무언가가 내게 온다는 것은 시에 따르면 그의 과거와 현재와 미래가, 그의 모든 것이 오는 일이다. 그것이 사실이라면 이는 어마어마하고도 굉장한, 가슴 뛰는 일이 아닌가. 가슴 설레면서도 고마워해야 할 일이 아닌가. 그러니 기꺼이 다가오는 '방문객'을 환대하여 공존을 꾀하는 데 성심을 다해야 하리라. 아울러 내가 '방문객'이 되어 환대와 공존을 구하는 데도 성심을 다해야 하리라. 나아가 '더 나은 세상'을 바라는 일에도 세심하게 정성을 쏟아야 하리라. '파랑새'가 가까이에든 멀리에든 있기는 한 것일 것이다. 하여, 겸손해질 일이다.

1) 환대와 공존

(1) 자료 해제: 『환대하는 삶』, 「자기실현, 이 세상에 살기 위한 하나의 생태적 접근법」, 『그리스인 조르바』

'환대와 공존'은 이상적인 현재적 삶의 태도이자 다가올 미래를 준비하는 겸허한 마음자리이다. "반갑게 맞아 정성껏 후하게 대접함"이라는 뜻을 지닌 '환대'가 더불어 살아가는 '공존'으로 나아가는 가장 신실한 태도라서 그렇다. 이러한 환대와 공존의 역학관계야말로 더 나은 세상을 꿈꾸는, 차별과 갈등이 만연한 상처투성이의 현세를 봉합하는 천의무봉의 위력을 지녀서 그렇다.

『환대하는 삶』에는 "도로시 데이, 평화와 애덕의 83년"이라는 부제가 붙어 있다. 의사이자 저술가이기도 한 로버트 콜스가 30년 가까운 세월 동안 도로시 데이와 깊은 영적 교감과 더불어 긴 대화를 나누어 왔고, 그들이 함께해 온 오랜 세월과 만만찮은 교감으로 뽑아낸 것이 이 책이다. 여기서 우리는 1897년 미국에서 태어나 세계 대공황, 세계대전, 냉전의 20세기를 지나오면서, 죽는 그날까지 '가톨릭 일꾼 운동'을 통해 비폭력 평화주의와 가난한 자들을 위한 나눔을 실천한 가톨릭 사회운동가 도로시 데이의 참모습을 느낄 수 있다. 여기서는 '환대의 집'에서 빈민들과 구별 없이 생활한 그녀의 삶을 경건하게 만날 수 있는 「진심으로 가난한 이들을 환대할 수 있을까」 부분을 옮겨 실었다.

「자기실현, 이 세상에 살기 위한 하나의 생태적 접근법」은 노르웨이의 철학자이자 산악인이자 운동가인 아르네 네스의 글이다. 네스는 인간 중심적인 세계관에서 생태 중심적인 세계관으로 온전히 바꾸어야 한다는 심층생태학 이론을 통해, 온 세계의 환경운동과 녹색당 운동에 큰 영향을 주었다. 여기에 인용한 글은 여러 생태학자가 쓴 글들을 모은 『산처럼 생각하라』에 실린 그의 글을 옮겨 실은 것이다.

여기서 우리는 세상에 존재하는 모든 생명체가 인간과 대등한 고유 가치를 가지고 있다고 주장한 그의 사상을 헤아릴 수 있다. 나아가 생태계의 평형과 조화 그리고 사회정의를 구현한 그의 진수를 맛볼 수 있다. 네스는 환경운동에 전념하려고 대학교수직을 사직했고, 스피노자의 범신론과 간디의 비폭력 저항운동을 모태로 자신의 사상을 발전시켰다. 자아 탐구라는 커다란 주제 아래 "모든 살아 있는 존재는 궁극적으로 하나다."라는 자신의 명제에 답하기 위해 그가 보인 갖가지 노력들은 오늘날 '자연과 인간'을 화두로 고민하는 사람들에게 적잖은 영향을 줄 것이다.

환대와 공존의 맥락에서 『그리스인 조르바』는 빼놓을 수 없는 수작이다. 『그리스인 조르바』의 키워드로 대부분 '자유'를 꼽는다. "결국 당신은 내가 인간이라는 걸 인정해야 한다 이겁니다." "인간이라니, 무슨 뜻이지요?" "자유라는 거지!" 자유의 화신인 조르바를 귀한 존재로 받아들이는 작중 화자인 그리스 지식인이 보이는 환대는 더불어 살아가는 공존을 위한 소중한 발걸음인 셈이다. 여기서는 이러한 자유정신을 구가하는 부분들의 으뜸으로 꼽히는 크레타 섬 해변에서 춤추는 장면들을 옮겨 실었다.

작중 화자가 우연히 만난 조르바는 그가 오랫동안 찾아 다녔지만 여태까지 만날 수 없었던 바로 그런 사람이었다. 그는 "살아 있는 가슴과 커다랗고 푸짐한 언어를 쏟아 내는 입과 위대한 야성의 영혼을 가진 사나이, 아직 모태(母胎)인 대지에서 탯줄이 떨어지지 않은 사나이였다." 그리고 "언어, 예술, 사랑, 순수성, 정열의 의미는 그 노동자가 지껄인 가장 단순한 인간의 말로" 작중 화자에게 "분명히 전해져 왔다." 작중 화자가 단테의 『신곡』에 막 몰두하려 할 때 조르바의 시선을 처음 느낀 사실 역시 작품의 주제를 환기하는 주요한 요인으로 주목할 만하다.

이어지는 글들로, 미래를 전망하면서 세계를 품는 방법으로 더할 나위 없는 환대와 공존, 그 환한 기운을 만끽하고 누리시길.

(2) 읽기 자료

① 로버트 콜스, 『환대하는 삶』

진심으로 가난한 이들을 환대할 수 있을까

도로시 데이에게는 자신의 삶을 꾸리는 방식이 그 무엇보다 중요했다. 수많은 책과 사상에도 관심을 가졌지만, 삶에 대한 평가 기준은 그 삶의 일상의 도덕적 짜임새, 즉 하루하루 주어진 시간으로 그 사람이 무엇을 하는가이다. 교육 수준이 높고 안락한 중산층 사람들이 계획하기에는 가장 쉽지 않을 삶을 그녀는 자유의지로 선택했다.

거의 반세기에 걸쳐 그녀는 도시 빈민과 더불어 살았다. 그녀를 비롯한 동료 가톨릭 일꾼 활동가들은 자신은 어떤 한 세상에 살고 있으면서 또 다른 세상을 변화시키고자 하는 개혁가들과는 다르다. 환대의 집은 이른바 '돕는 사람'들이 전통적인 의미에서 도움이 필요하다고 여겨지는 사람들 속에 녹아드는 공동체가 되고자 한다(도로시 데이를 비롯한 동료들은 늘 이 점을 강조했다. 마음속 깊이 자신을 중시하고 그 일이 갖는 모든 의의를 인식하도록 자라는 우리 같은 사람들에게는 힘든 일이다). 여러 환대의 집에 머무는 동안, 나는 그곳의 목표가 일하는 사람과 찾아오는 사람의 차이를 구분할 수 없게 하는 것임을 느낄 수 있었다.

1939년에 도로시 데이는 『환대의 집』이라는 책을 출간했다. 그 책에서 도로시 데이는 가톨릭 일꾼 운동의 초창기 시절, 곤경에 빠진 사람들 바로 가까이에서 살았던 그 시절을 묘사한다. 그 서문에 나오는 말이다.

"그 남자들에게 필요한 집을 구해야만 했다. 그들 중 일부는 센트럴 파크에서 잠자리를 해결해 오고 있었다."

그리하여 "슬럼 거주자들마저도 버리고 떠난, 열기라고는 찾아볼 수 없고 불결한 데다 쥐가 득실거리는 톰킨스 광장 근처에 월 8달러짜리 아파트"를 세냈다. 하지만 공간 하나로는 충분치 않았다.

"사방에서 사람들이 퇴거당하고 있었다. 우리는 다른 아파트를 찾아보고, 필요한 구호 전표를 얻도록 도와주고, 손수레를 빌려 그들을 이사시켜야 했다."

여성 노숙자들도 있어서 그들을 위한 "숙박 시설을 마련해야 할 필요성"이 "저절로 생겨났다고." 저절로 생겨났다고 했지만, 당시 그 많은 일이 진행되게 한 힘은 그녀의 지칠 줄 모르는 활동에서 나왔다.

"옷이 필요한 이웃이 찾아왔고, 우리는 친구들과 독자들에게로 가서 구해와야 했어요."

그녀가 당시 일을 기억 속에서 불러냈다.

"우리는 요리를 하고 청소를 하고 글을 쓰고 시위하러 나가서 전단을 배포했어요. 등사판으로 인쇄한 유인물을 나눠 주었지요. 어마어마한 양의 서신에 답장을 하고 방문객을 맞았습니다."

그 많은 환대의 집들을 어떻게 시작하게 되었는지 물어볼 때마다 그녀는 늘 1930년대 초반 널리 퍼져 있던 빈곤에 대해 먼저 설명했다.

"길모퉁이에 서 있거나 공원 벤치에 앉아 있는 사람들이 피터와 내 눈에 들어왔어요. 우리는 뭔가가 필요하다고, 그것도 지금 당장 필요하다고 느꼈습니다. 국가적 차원의 문제점을 해결하겠다는 생각은 하지도 않았지만, 우리가 할 수 있는 모든 노력을 다해야 한다고 생각했어요. 우리 가운데 한 사람이라도 조금 더 힘껏 노력한다면 한 단계 진척이 이루어질 테고, 우리가 감당할 수 있을 만큼 진척시켜야 한다고, 그것이야말로 주님이 우리에게 원하는 바라고 나는 생각했습니다."

그녀는 수많은 '진척'을 이루어 낼 수 있었다.

"전국에 걸쳐 스물 세 곳의 숙박시설이 있습니다. 이제는 모든 숙박시설마다 적게는 몇 명에서부터 많게는 150명까지 숙박이 가능합니다. 자발적 빈곤과 자선 활동을 개인적으로 실천하는 관심 있는 독자로 이루어진 세포 단위가 있습니다. 많은 환대의 집들에서 음식을 대접하는 곳을 운영하고 있어서 이제 하루 5천 명가량이 식사를 합니다. 뉴욕 시에는 매일 아침을 먹으러 오는 사람이 천 명이 넘습니다. 우리는 파업 중인 노동자의 식사도 챙깁니다. 노동쟁의 현장에도 여러 번 나갔어요. 노동자, 실업자, 어떤 단체에 속해 있는 사람이나 그렇지 않은 사람, 학생, 교수, 가톨릭 신학교 학생, 사제, 평신도를 향해 전국 곳곳에서 강연도 해 왔습니다."

출처: 로버트 콜스 지음/박현주 옮김(2011),
진심으로 가난한 사람들을 환대할 수 있을까, 환대하는 삶, 낮은산, 215~217쪽.

② 아르네 네스, 「자기실현, 이 세상에 살기 위한 하나의 생태적 접근법」

적어도 지난 2,500년 동안 인류는 우리가 어떤 존재인지, 어디로 가고 있는지, 어떤 진실의 일부인지에 관한 기본적인 질문을 하느라 애를 썼습니다. 2,500년이라는 세월은 한 생물종의 역사로서는 짧은 기간이고, 우리가 지표면의 움직이는 일부로 존재하는 지구의 역사로 보면 더욱 짧은 시간입니다. 제 나름으로 말씀드리고자 하는 바는 대개 다음과 같은 여섯 가지로 요약할 수 있습니다.

1

먼저 우리가 스스로를 과소평가하고 있다는 겁니다. 저는 '자기(self)'라는 말을 강조하는데요, 우리는 이 자기라는 말을 협소한 의미의 자아(ego)라는 말과 혼동하는 경향이 있습니다.

2

인간의 본성이 그러해서, 우리는 모든 면에서 성숙해지면 우리 자신과 살아있는 모든 것을(그게 아름답건 추하건, 크건 작건, 의식이 있건 없건) '동일시'하지 않을 수 없습니다. 동일시에 관한 제 나름의 개념은 나중에 더 분명히 밝히겠습니다.

3

전통적으로 볼 때 자기의 성숙도는 세 단계를 거쳐 발전합니다. 자아에서 사회적 자기로, 사회적 자기에서 형이상학적 자기로 발전한다는 것이지요. 이 과정에서 자연은 대체로 무시됩니다. 어린 시절 우리가 살던 집과 바로 주변의 환경, 그리고 주변 사람들과의 동일시가 무시되는 것이지요. 그래서 저는 시험 삼아 '생태적 자기(ecological self)'라는 개념을 도입하고자 합니다. 우리는 태어나는 순간부터 자연에 속한, 자연의, 자연을 위한 존재일지 모릅니다. 사회와 인간관계도 중요하겠지만 우리의 자기는 구성적인 관계에서 더 큰 의미를 갖습니다. 그런 관계들은 우리가 인간이나 인간사회와 가지는 관계뿐 아니라, 살아 있는 모든 것들이 이루는 더 큰 공동체와의 관계입니다.

4

생의 기쁨과 의미는 자기실현을 심화함으로써, 말하자면 자기 존재의 잠재성을 완성함으로써 더 키울 수 있습니다. 각 존재들 간의 차이가 어떤 것이든, 자기실현을 심화한다는 것은 '자기'를 더 넓고 깊은 존재로 만든다는 뜻입니다.

5

성숙해질수록 타자(others)와의 동일시라는 피할 수 없는 과정 때문에, 자기는 넓어지고 깊어지게 됩니다. 우리는 "타자에게서 우리 자신을 보게" 됩니다. 우리 자신과 동일시할 타자의 자기실현이 방해를 받으면 우리 자신의 자기실현도 방해받습니다. 그런 방해물을 극복하려면 우리는 자신에 대한 사랑을 바탕으로 "살고 살도록 한다(live and let live)"는 원칙에 따라 타자의 자기실현을 돕는 노력을 해야 합니다. 따라서 자신을 넓고 깊게 만들면 이타주의(타자에 대한 의무적이고 도덕적인 배려)를 통해 얻을 수 있는 모든 것을 이룰 수 있습니다. 칸트의 발언을 따르자면, 우리는 도덕적이지도 비도덕적이지도 않으면서 동하지 않으면서 '아름답게' 행동할 수 있는 것입니다.

6

오늘날 우리가 할 일은, 인간과 인간 아닌 모두의 건전한 이익을 해치고 모든 존재가 즐겁게 생존할 수 있는 잠재성을 훼손하는 더 이상의 파괴로부터 지구를 구하는 것입니다.

출처: 아르네 네스 지음/이한중 옮김(2012),
자기실현, 이 세상에 살기 위한 하나의 생태적 접근법, 산처럼 생각하라, 소동, 17~20쪽.

③ 니코스 카잔차키스, 『그리스인 조르바』

우리는 많은 양의 술을 마셨고, 양고기를 뼈까지 다 발라 먹었다. 세상이 가벼워지기 시작했고, 바다가 웃고 있었으며, 땅이 배의 갑판처럼 흔들렸다. 갈매기 두 마리가 자갈밭 위를 날며 꼭 사람들처럼 대화를 나누었다.

내가 일어섰다.

"자, 조르바, 이리 와서 내게 춤을 가르쳐 줘요." 내가 소리쳤다.

조르바가 펄쩍 뛰어 일어났다. 그의 얼굴이 번개 치듯 빛났다.

"대장, 춤이라고요?" 그가 말했다. "춤이라고요? 좋아요!"

"자, 조르바, 내 삶을 바꿔 줘요! 자, 시작합시다!"

"내가 우선 제임베키코 춤부터 가르쳐 드리리라. 아주 용감한 전사들의 거친 춤이외다. 게일라들이 전투를 앞두고 추던 춤이죠."

조르바가 구두와 자줏빛 양말을 벗어 던지고, 와이셔츠 바람이 됐다. 하지만 숨이 막힌다는 듯 와이셔츠도 벗어버렸다.

"대장, 내 발을 잘 보세요." 그가 지시했다. "신경을 집중하시고요!"

그가 한 발을 내밀어 가볍게 땅을 찼다. 그리고 다른 발을 내밀더니 거칠게 뛰어올랐다. 유쾌한 발놀림 소리가 대지를 울렸다.

그가 내 어깨를 잡았다.

"자, 멋쟁이 양반, 이제 둘이서 함께 춥시다."

우리 둘은 춤에 빠져들었다. 조르바는 아주 엄하게, 그러나 참을성 있게, 그리고 다정하게 내 실수를 바로잡아 주었다. 나는 용기를 내어 춤을 췄다. 내 무거운 발이 날개를 단 것같이 느껴졌다.

"브라보! 눈썰미가 아주 좋네요!" 조르바가 소리치면서 내가 박자를 잃지 않도록 손뼉을 쳤다. "브라보, 멋쟁이 양반! 종이와 잉크 따위는 악마 놈이나 가져가라! 상품이며 이윤도 다 가져가라! 대장, 그렇게 춤을 추는 걸 보니 이제야 내 언어를 배우시는군 그려! 우린 서로 할 말이 엄청 많다우!"

그가 자갈 위에서 맨발을 질질 끌면서 손뼉을 계속 쳤다.

"대장!" 그가 소리쳤다. "난 대장한테 할 말이 정말 많소. 내 생전에 대장보다 더 사랑한 사람은 없소. 할 말이 정말 많은데 내 혓바닥으로는 감당이 안 돼요……. 내가 춤을 출 테니, 대장은 한편으로 물러나슈! 영차, 기분 좋다!"

그가 한 번 뛰어오르자 그의 손과 발은 날개로 변했다. 그는 꼿꼿한 자세로 땅 위를 뛰어올랐다. 하늘과 바다의 깊은 곳에서 춤추는 그를 보고 있노라니 그가 마치 늙은 대천사 반란군같이 보였다. 왜냐하면 조르바가 추는 춤은 도전과 신념과 반항으로 가득 차 있었기 때문이었다. 그리고 그는 마치 이렇게 소리치는 것 같았다. "전지전능하신 이여, 당신께서 제게 무엇을 할 수 있겠습니까? 당신께서 제게 할 수 있는 일은 아무것도 없습니다. 겨우 저를 죽이는 것이 고작이겠지요. 저를 죽이십시오. 그래봤자 저는 개의치 않습니다. 저는 악의를 다 버리고 제가 하고 싶은 말은 다 했습니다. 저는 해냈고 춤도 췄습니다. 더 이상 제게 필요한 것은 없습니다!"

조르바가 춤을 추는 것을 보면서 나는 내 생애 처음으로 중력과 물질, 그리고 원시인들의 저주를 이겨내는, 인간의 경탄할 만한 반항을 느꼈다. 나는 조르바의 끈기와 재빠름과 긍지가 자랑스러웠다. 조르바의 정열적이면서도 솜씨 좋은 발놀림이 모래사장 위에 루시퍼의 역사인 것 같은 인간의 역사를 새겨 넣고 있었다.

조르바가 춤을 멈췄다. 그리고 무너져버린 케이블을 하나하나 천천히 둘러보았다. 해는 기울고 있었고, 그림자들은 조금씩 길어지고 있었다. 조르바는 눈알을 굴리면서 갑자기 무언가가 기억한 듯했다. 그는 몸을 돌려 나를 바라보았다. 그러고는 늘 하는 버릇대로 손바닥으로 입을 가렸다.

"브라보! 대장, 아까 저 창피한 줄 모르는 놈이 내뿜는 불꽃들을 봤수?" 그가 물었다.

우리는 웃음을 터뜨렸다. 조르바가 내게 달려들어 나를 껴안고는 키스를 퍼붓기 시작했다.

"대장도 웃는구려!" 그가 아주 다정한 목소리로 말했다. "대장도 웃는구먼! 아주 맘에 들어요, 멋쟁이 양반!"

우리는 둘 다 큰 소리로 웃으면서 한참 동안 자갈밭 위에서 레슬링을 했다. 그러다가 갑자기 쓰러져서 바닷가의 자갈 위에 누워 서로 꼭 껴안고 잠이 들었다.

여명의 부드러운 빛이 드리워질 무렵 나는 깨어나 바닷가를 따라 잰걸음으로 마을로 향했다. 내 마음은 나는 듯 가뿐했다. 내 생애 이런 기쁨은 거의 맛본 적이 없었다. 기쁨이라기보다 숭고하면서도 설명할 수 없고 정당화할 수도 없는 열정이었다. 단순히 정당화할 수 없는 것이 아니라 정당화할 수 있는 모든 것들에 대한 반항이었다. 나는 모든 돈을 잃었다. 인부들도, 케이블도, 짐수레도 다 잃었다. 화물 수송을 위해 조그만 항만까지 만들었는데 이젠 수송할 것이 아무것도 남아 있지 않았다. 모든 것을 다 잃었다.

하지만 나는 전혀 예기치 않았던 자유를 느끼고 있다. 마치 무뚝뚝한 필요의 여신의 딱딱한 두개골 안 좁은 구석에서 자유의 여신이 놀고 있는 것을 발견한 것 같았다. 그리고 나도 그 여신과 함께 놀고 있다.

모든 것이 우리가 바랐던 것과는 정반대가 되었을 때, 우리의 영혼이 끈기와 그럴 만한 가치를 지니고 있다면, 우리가 느끼는 기쁨은 오히려 엄청나다. 어떤 이들은 하느님이라고 하고, 다른 이들은 악마라고 부르는, 보이지 않는 전지전능한 적이 우리를 쓰러뜨리려고 덤벼들지만 우리는 물러나지 않고 꼿꼿이 서서 저항하는 것과 같다. 그리하여 겉으로는 힘에 굴복한 패배자처럼 보이지만 내면적으로는 승리자가 될 때마다, 진정한 사나이는 말로는 다 표현할 수 없는 긍지와 기쁨을 느낀다. 그리고 외면적인 불행은, 보다 더 드높고 여간해서는 맛볼 수 없는 행복으로 승화된다.

출처: 니코스 카잔차키스 지음/유재원 옮김(2018), 그리스인 조르바, 문학과지성사, 502~506쪽.

④ 정현종, 「방문객」

방문객

정현종

사람이 온다는 건
실은 어마어마한 일이다

그는

그의 과거와

현재와

그리고

그의 미래와 함께 오기 때문이다

한 사람의 일생이 오기 때문이다

부서지기 쉬운

그래서 부서지기도 했을

마음이 오는 것이다 – 그 갈피를

아마 바람은 더듬어 볼 수 있을

마음,

내 마음이 그런 바람을 흉내 낸다면

필경 환대가 될 것이다

출처: 정현종(2008), 방문객, 광휘의 속삭임, 문학과지성사, 55쪽.

(3) 동좌문도 활동

'동좌문도(同坐問道)'는 우리 대학의 교육철학으로, "스승과 제자가 한자리에 앉아서 정도(正道)가 무엇인지 묻고 답한다"는 뜻이다. 앞에서 제시된 읽기 자료에서 함께 논의하고 싶은 문제를 질문 형식으로 도출하고, 이에 대해 함께 이야기해 보자.

「진심으로 가난한 사람들을 환대할 수 있을까」 첫 번째 문단을 다시 읽어 보자. "도로시 데이에게는 자신의 삶을 꾸리는 방식이 그 무엇보다 중요했다. 수많은 책과 사상에도 관심을 가졌지만, 삶에 대한 평가 기준은 그 삶의 일상의 도덕적 짜임새, 즉 하루하루 주어진 시간으로 그 사람이 무엇을 하는가이다. 교육 수준이 높고 안락한 중산층 사람들이 계획하기에는 가장 쉽지 않을 삶을 그녀는 자유의지로 선택했다."

도로시 데이가 함께한 '환대의 집'은 여느 구제소와는 다르다. 그곳에서는 일하는 사람과 찾아오는 사람이 함께 산다. 그녀도 거의 반세기에 걸쳐 도시 빈민과 더불어 살았다. 그러니까 '환대의 집'에서는 그곳의 목표가 일하는 사람과 찾아오는 사람 사이에 차이나 구분이 없이, 그야말로 서로 동화되는 것이다.

이러한 도로시 데이의 삶을 좀 더 조사해 보고, '공동체'와 '환대'의 의미와 의의에 대해 이야기를 나누어 보자. 그리고 그녀가 자신의 삶에 대한 평가 기준을 "그 삶의 일상의 도덕적 짜임새"라고 했는데 여기서 '도덕적 짜임새'가 무엇인지 의견을 나누어 보자.

다음으로 각자 '자신의 삶을 꾸리는 방식'과 '삶에 대한 평가 기준'에 대해 말해 보자. 아울러 자신이 바라는 공동체의 삶에 대해 발표해 보자.

우리가 몸담고 사는 터에 대한 인식은 곧 우리 삶의 가치를 구현하는 인식과 맞닿아 있다. 이런 점에서 생태학은 우리의 현재를 반성하게 하고 미래를 내다보게 하는 지혜를 준다. 인간의 이기심으로 생태계가 그야말로 위기에 처한 가슴 아픈 이즈음, 깊이 있는 시사점을 주는 사람이 아르네 네스이다. 왜냐하면 그가 제시한 심층생태학이 설득력이 대단해서이다. "모든 살아 있는 존재는 궁극적으로 하나다."라는 기치 아래 인간 중심적인 세계관에서 생태 중심적인 세계관으로 온전히 바꾸어야 한다는 것이 심층생태학이다.

네스가 제안한 심층생태학을 어떻게 생각하는지, 자신의 생각을 정리해 보자. 그리고 그가 제안한 '생태적 자기(ecological self)'와 '생의 기쁨과 의미'에 대해 이야기를 나누어 보자. 다음으로 "살고 살도록 한다(live and let live)." 원칙을 설명해 보자. 마지막으로, 앞에서 답한 몇 가지 질문들에 대한 내용들을 정리해서, 실은 글의 제목인 '자기실현, 이 세상에 살기 위한 하나의 생태적 접근법'으로 발표를 해 보자.

▎『그리스인 조르바』는 자유를 키워드로 작중 화자에게 환대와 공존의 의미를 불러일으킨 명작 가운데 으뜸이다. 영화로 만들어지기도 해서 수많은 사람들에게 '그리스의 크레타 섬 가보기'를 버킷 리스트로 삼게 한 작품이기도 하다. 그리고 작중 화자와 조르바가 춘 춤을 따라 하는 데 많은 이들이 공을 들이고, 플래시몹(flash mob)까지 심심찮게 이루어지고 있기도 하다.

작중 화자와 조르바가 춤을 추는 장면 전체를 조망하면서, 실은 글 가운데 "하늘과 바다의 깊은 곳에서 춤추는 그를 보고 있노라니 그가 마치 늙은 대천사 반란군같이 보였다. 왜냐하면 조르바가 추는 춤은 도전과 신념과 반항으로 가득 차 있었기 때문이었다." 부분에 대해 개인적으로 든 생각과 느낀 점을 말해 보자. 다음 문단에 언급된 "인간의 경탄할 만한 반항"도 함께 말해 보자.

작가 니코스 카잔차키스의 묘비문에는 다음과 같은 글이 적혀 있다. "나는 아무것도 바라지 않는다. 나는 아무것도 두려워하지 않는다. 나는 자유다." 작품에서 언급된 '자유'를 설명해 보고, 자신의 삶과 연관시켜 '자유'를 주제로 발표해 보자. 아울러 자신의 묘비명도 작성해 보자.

2) 더 나은 세상을 위하여

(1) 자료 해제: 『유토피아』, 『희망, 살아 있는 자의 의무』, 『고도를 기다리며』

앞서 살펴본 '환대와 공존'은 결국 '더 나은 세상을' 맞이하기 위한 징검다리이다. 이때 '더 나은 세상'은 진보의 개념을 내포하고 있다. 진보란 과연 어떤 의미인가.

『유토피아』는 영국의 작가이자 정치가인 토마스 모어가 '디스토피아'와 함께 끊임없이 인간의 욕망을 가늠하는 '유토피아'를 그린 책이다. 두루 알려진 대로 유토피아는 '이 세상에 없는 곳'이기도 하고 '이상 사회'이기도 하다(Utopia에서 'U'가 '없다'라는 뜻과 '좋다'라는 뜻을 동시에 품고 있다). 작가 모어는 대화의 형식으로 현실 비판(1권)과 대안 제시(2권)라는 내용으로 '유토피아'를 꾸렸다. 여기서 유토피아 사회는 평등과 쾌락을 추구한다. 쾌락의 공유와 평등, 다시 말하면 이 세상에 존재하는 즐겁고 기쁜 일을 함께 나누고 누리는 것이 유토피아가 꿈꾸는 이상이다. 마키아벨리의 『군주론』과 비슷한 시기에 출간되어 비교 대조되기도 했다. 여기서는 유토피아를 그리는 부분인 '도덕적 철학'을 옮겨 실었다.

『희망, 살아 있는 자의 의무』는 우리 시대의 첨예한 문제들을 생산적으로 비판하는 지식인 가운데 한 명으로 알려진 지그문트 바우만과 2009년부터 2013년까지 인터뷰한 내용들을 담고 있다. 이 책은 소비사회, 불평등, 인간관계 들 우리 시대의 민감한 사안들을 배경으로 하면서, 제목에서도 짐작할 수 있듯이 '희망'을 키워드로 삼고 있다. 바우만은 새로운 세계가 불가능해지는 지점이 오직 우리가 희망하는 것을 멈출 때뿐이라고 말한다. 아울러 혁명적인 배움과 삶의 기술을 체득하여 닿을 수 있는 미래를 향한 희망을 멈추지 말아야 한다고 소리 높인다. 나아가 우리는 우리 스스로 희망을 가질 의무가 있다고 주장한다. 여기서는 1부 1장 '공동선과 새로운 윤리' 가운데 「행복들 하십니까?」 부분을 옮겨 와 실었다.

『고도를 기다리며』는 사뮈엘 베케트가 쓴 희곡으로, 전통적인 연극의 형식을 깬 부조리극으로 유명하다. 2막으로 되어 있는 이 작품에는 특별한 줄거리가 없다. 오로지 끝없는 기다림의 연속만이 있을 뿐이다. 덩그렇게 서 있는 한 그루 나무를 배경으로 두 방랑자, 블라디미르와 에스트라공이 등장한다. 그들이 하는 일이라곤 고도를 기다리는 일뿐이다. 그러나 작품 처음에서 끝까지 고도가 누구인지 드러나지 않는다(이 작품을 쓴 작가조차 고도가 누구인지 모른다고 말한 일화는 유명하다). 다만, 블라디미르와 에스트라공이 오랜 세월에 걸쳐 기다리는 존재가 고도라는 것만을 알 수 있을 따름이다. 그들은 자신들이 왜 고도라는 인물을 기다리는지, 그에게 무엇을 원하는지도 모른다. 심지어 그들은 고도가 실제 존재하는지조차 확신하지 못한다. 그러나 그들은 고도를 기다리고 또 기다린다. 끊임없이 기다린다. 그래서 오로지 살려고 쉼 없이 구르는 돌을 하염없이 들어 올려야만 하는 시시포스의 신화가 연상되는 작품이다.

기다림밖에 기대할 것이 없는 현실. 그러나 이러한 기다림으로 우리는 인간 존재 또는 인간 삶의 의미와 무의미에 대해 문제를 제기한다. 나아가 우리가 바라는 더 나은 세상의 모습도.

(2) 읽기 자료

① 토마스 모어, 『유토피아』

도덕적 철학

하늘에는 온갖 별들이 빛나고 있음에도 불구하고 그 별빛보다 희미한 작은 돌조각에 매혹되고, 또 질이 좋은 양털로 짠 옷을 입었다고 해서 유토피아인들보다 더 잘났다고 뽐내는 사람들을 유토피아인들은 도무지 이해할 수 없었습니다. 아무리 좋은 양털 옷이라고 하더라도, 그 양털 옷을 처음 입고 있던 것은 양인데, 좋은 양털 옷을 입었다고 해서 그 양보다 더 훌륭해질 수는 없습니다.

또한 유토피아인들은 현재 세계 곳곳에서 금과 같은 전혀 쓸모없는 물건을 인간 자신보다 더 소중하게 여기는 까닭을 이해하지 못합니다. 그 결과 납덩어리나 나무토막만한 지능밖에 갖지 못한 저능아가, 또 행실마저 바르지 못한 자가 단지 금화를 많이 가졌다는 이유만으로 자기보다 훨씬 우수하고 선량하고 현명한 사람들을 마음대로 부리게 되는 것입니다.

(중략)

유토피아인들이 이러한 사상을 갖게 된 원인 중 하나는 이러한 어리석은 제도와는 정반대의 사회제도 밑에서 양육되었다는 데 있으며, 또 하나는 그들의 독서와 교육입니다. 이미 말한 바와 같이 어릴 때부터 특별한 재능과 뛰어난 지혜, 그리고 각별한 학구열을 가졌다고 인정된 각 도시의 소수 사람들을 제외하고는, 하루 종일 학문에만 전념할 수는 없습니다. 그러나 모든 어린이들은 일반적인 교육을 받으며, 또한 대부분의 남녀는 이미 말한 바와 같이 평생 동안 여가를 이용하여 독서를 계속하고 있습니다.

(중략)

윤리학 분야에서는 우리와 똑같은 문제를 논의하고 있습니다. 선을 심리적·생리적·환경적 세 유형으로 구분한 다음, 선이라는 용어를 엄밀한 입장에서 세 유형 전부에 적용시킬 수 있는지, 또는 오직 심리적인 것에만 적용시킬 수 있는지를 문제로 삼습니다.

그들은 또한 덕과 쾌락에 대해서도 논의합니다. 그러나 그들의 주요한 토론 주제는 인간의 행복의 본질이 무엇이며, 행복의 요인은 한 가지인가 또는 여러 요인이 있는가 하는 것입니다. 이 점에서 그들은 쾌락주의적 경향이 짙은 것 같습니다. 그들의 견해에 따르면 인간의 행복은 전적으로 쾌락에 있다고 하기 때문입니다. 매우 놀랍게도 그들은 이러한 이론을 종교(보통은 비록 음울한 금욕주의는 아니라 하더라도 더욱 심각한 인생관과 결부되어 있는 종교)적인 근거에 의해 옹호합니다. 행복을 논할 때, 그들은 이성적 논리를 보충하기 위해 종교적 원리에 근거를 두는데, 그렇게 하지 않으면 참된 행복을 찾아내기에는 부족하다고 생각하는 것입니다.

(중략)

남에게 친절하라고 명령하면서, 자기 자신에게는 잔인해야 한다고 명령할 수는 없는 일입니다. 그러므로 유토피아인들은 삶의 향락, 곧 쾌락을 인간의 온갖 노력의 자연적인 목표라고 생각하며, 자연에 순응하는 것이 곧 덕이라고 생각합니다.

자연은 즐거운 생활을 하는 데 있어서 서로 돕기를 바라고 있습니다. 어떠한 사람도 자연의 사랑을 독점할 수는 없기 때문입니다. 자연은 인류 각자의 행복에 대해 균등하게 작용한다고 그들은 믿습니다. 그러므로 자연은 다른 사람의 이익을 희생시키면서까지 자기 자신의 이익을 추구해서는 안 된다고 명령을 내립니다.

(중략)

다른 사람으로부터 한 가지 쾌락을 빼앗아 자신이 향락하는 것은 옳지 못하지만, 자기 자신의 쾌락을 줄여서 다른 사람의 향락에 보태 주는 박애정신의 발로이며, 이러한 행위는 잃은 것보다 더 많은 보상을 받게 됩니다. 첫째로 이러한 친절은 보통 똑같은 보답을 받습니다. 둘째로 보답은 받지 못한다 하더라도 남에게 친절을 베풀어서 그에게 즐거움을 주었다는 생각만으로도 물질적인 만족의 상실을 보상하고도 남을 만큼의 정신적인 만족을 얻게 됩니다.

그리고 종교적인 사람이 흔히 갖는 신념이지만, 신이 조그마한 일시적인 쾌락을 희생한 보상으로 영원하고 완전한 즐거움을 줄 것입니다. 따라서 결과적으로 가장 덕이 있는 행위를 할 때에도, 누구든지 쾌락을 궁극적인 행복으로 여긴다고 유토피아인들은 말합니다.

그들은 쾌락을 자연적으로 즐길 수 있는 육체적 또는 정신적 활동 상태라고 정의합니다. 여기서 가장 중요한 말은 '자연적'이라는 말입니다. 그들의 주장에 의하면, 우리는 남을 해롭게 하거나 보다 큰 쾌락을 없애 버리거나, 또는 불유쾌한 후회를 남기지 않는 한, 이성과 본능에 의해 쾌락을 향유하도록 이끌어진다는 것입니다.

그러나 우리 인간은 자연적으로는 결코 누릴 수 없는 것을 쾌락이라고 부름으로써 어리석은 잘못을 범해 왔습니다. 유토피아인들은 이러한 쾌락은 행복을 주기는커녕 행복을 감소시켜 버린다고 확신합니다. 이러한 쾌락에 젖어 버리면 진정한 쾌락을 누리는 모든 능력을 상실하고, 오직 사이비 쾌락에 빠져 버리게 됩니다. 이러한 사이비 쾌락은 전혀 즐거움이 없으며 대부분은 불쾌한 것입니다. 그런데 이러한 변태적인 유혹에 빠진 자들은 사이비 쾌락을 생의 가장 중요한 쾌락으로 여길 뿐 아니라, 살아가는 주요 목표로 생각하기도 합니다.

(중략)

유토피아인들은 아름다움, 힘, 민첩성 같은 자연의 은총에 큰 가치를 부여하고 있습니다. 또한 그들은 보고 듣고 냄새를 맡는 쾌락에 민감합니다. 이것은 인간에게만 주어진 것입니다. 다른 동물들은 세상의 아름다움을 찬양하거나, 어떤 종류의 향기를 즐기거나(음식물을 가려내는 방법으로 쓰이기는 하지만) 화음과 불협화음을 구별하지 못하기 때문입니다. 유토피아인들은 보고 듣고 냄새를 맡는 일이 삶의 일종인 맛있는 양념 구실을 해 준다고 말합니다.

그러나 이러한 경우에 있어서도 유토피아인들은 작은 쾌락이 큰 쾌락을 방해해서는 안 되며, 쾌락이 고통을 불러일으켜서는 안 된다는 규칙을 잘 지킵니다. 그들은 만일 쾌락이 부도덕한 경우에는 반드시 괴로움이 따른다고 생각합니다. 그러나 그들은 자신의 아름다움을 무시하거나, 힘을 혹사하거나, 민첩성을 나태하게 만들거나, 음식을 먹지 않아서 건강을 해치거나, 기타 자연의 은총을 손상시키는 일은 상상조차 하지 않습니다. 보다 큰 쾌락을 하느님으로부터 보상받게 되기를 바라면서 다른 사람이나 사회를 위해서 그와 같이 하는 경우는 있습니다.

출처: 토마스 모어 지음/원창엽 옮김(2009),
유토피아, 홍신문화사, 108, 109, 111~112, 114, 115~116, 123쪽.

② 지그문트 바우만, 『희망, 살아 있는 자의 의무』

"행복들 하십니까?"

인디고 그렇다면 이렇게 제3의 영역으로의 실천적 초월의 필요성을 어떻게 사람들에게 촉발시킬 수 있을까요? 또 어떻게 하면 사람들에게 도덕적으로 사는 것이 훨씬 행복하고 의미 있을 수 있다는 메시지를 전달할 수 있을까요?

바우만 저에게는 아주 오랜 신념이 있습니다. 저는 체제나 이념이 극명하게 다른 나라들에서 살았었고, 그러한 경험 속에서 다양한 인간의 삶을 배우고 탐구했습니다. 그러면서 인류학, 역사, 사회학, 철학 등 국가나 인간에 대해 쓴 많은 책들을 읽었지요. 그러고 나서 한 가지 깨달은 것이 있습니다. 아무리 오랜 세월이 흐르고, 동서남북 사방 천지를 돌아보아도 인류에게 있어 변하지 않는 한 가지는 바로 **행복하게 사는 것**의 어려움이라는 것입니다. 행복한 삶을 사는 것이 지금보다 우리의 선조들에게 더 어려웠다고 생각지 않습니다. 우리는 살면서 다양한 어려운 일들을 겪습니다만, 이 어려움들이 우리에게 주는 삶의 무게에는 변함이 없지요.

이전 사회를 보면, 그들에게 행복은 마치 사냥의 기술을 향상시키는 것과 비슷했습니다. 이를테면 더 큰 동물을 사냥하는 것이죠. 그렇게 사냥한 동물을 기세등등하게 마을로 가져오면, 서로 나누어 먹고, 춤추고, 노래하면서 축제를 즐기는 겁니다. 이것이 그들의 행복이었지요. 그런데 지금 우리 사회를 볼까요. 동물을 사냥하지는 않지만, 우리도 다른 무언가를 얻기 위해 사냥합니다. 좋은 직업이나 결혼, 혹은 하룻밤 데이트의 쾌락 등을 쫓지요. 하지만 이 또한 다른 여타의 쾌락들과 마찬가지로 일견 허황된 것입니다. 이러한 쾌락조차도 지금 시대에는 극소수의 사람만이 충족할 수 있게 되었습니다. 많은 사람들은 충분한 자원도 돈도 없습니다. 예를 들자면, 그들은 여행도 마음대로 하지 못합니다. 돈이 없거나 신용이 없다는 이유로 국경에서 제지를 당하기도 하지요. 많은 이들이 이렇게 국경을 넘어 가지도 못합니다. 이렇듯 사회적 구조에는 우리가 행복을 추구하는 데 있어 어려움들이 복병처럼 숨어 있습니다. 행복 추구라는 것이 이처럼 행복한 사람과 불행한 사람으로 구별 짓고 경계를 만들기도 한다는 것이죠. 이런 점에서 우리가 사는 세계는 예전에 비해 그다지 바뀌지 않았다고 할 수 있습니다.

또한 행복은 사람에 있어서의 구별뿐만 아니라 삶의 여러 시기에 있어 행복한 순간과 그렇지 않은 순간으로 구분된다고 생각합니다. 저는 행복에 관해 이야기할 때면, 늘 독일의 위대한 낭만주의 시인이었던 괴테의 말을 인용하곤 합니다. 그가 지금의 제 나이와 비슷한 81세가 되었을 때, **"당신은 행복합니까?"**라는 질문을 받았다고 합니다. 이에 괴테는 "나는 행복한 삶을 살았다. 하지만 행복하기만 한 나날을 보낸 적은 단 한 주도 없었다."라고 답했다고 해요. 말하자면 삶을 전체성의 관점에서 바라본 것이죠. 우리는 행복한 상태에 영원히 머물러 있을 수 없습니다. 행복이란 역경이나 불안 등 어려운 도전을 극복할 때 주어지는 것이죠. 순간적으로 경험되는 것입니다. 행복한 삶이란 행복한 나날들이 주야장천 반복되는 것을 뜻하지 않아요.

그래서 결코 믿어서는 안 되는 광고가 있습니다. 바로 하나같이 우리에게 영원한 행복을 약속한다고 말하는 것들 말입니다. 쇼핑을 하러 가거나, 원하는 상품을 얻는다면 어떤 경우에서든 행복할 수 있다고 떠들어대는 광고들 말이죠. 이건 말도 안 되는 거짓말입니다. 절대 불가능한 것입니다. 인간은 생물학적으로 지속적인 행복의 상태에서만 살아갈 수 없도록 구조화되어 있어요. 프로이트가 말했듯 행복은 극도로 억제되어 있던 욕구가 갑자기 충족되면서 발생하는 것이고, 이것은 엄밀히 말해 일시적인 만족감을 줄 뿐이죠.

괴테는 자신의 시에서 **"화창한 날이 계속되는 것만큼 견디기 어려운 것은 없다."**라고 말한 적이 있습니다. 행복한 나날이 연속으로 이어진다면 우리는 금세 지루해지고, 짜증이 절로 나며 절망에 빠질 것입니다. 바로 이러한 것들이 우리를 괴롭히는 환상이고, 이것을 극복할 수 있는 방법은 제가 **'삶의 기술'**이라고 부른 능력을 함양하는 것이 될 것입니다.

출처: 인디고 연구소(2014), 희망, 살아 있는 자의 의무, 궁리, 98~101쪽.

③ 사뮈엘 베케트, 『고도를 기다리며』

에스트라공은 찡그리면서 일어서더니 왼쪽으로 가서 멈추어 서서 멀리 바라보다가 손을 들어, 눈을 가리고는 오른쪽으로 가더니 멀리 바라본다. 블라디미르가 눈으로 그를 지켜보다가 신발을 주워 들고 그 속을 쳐다보고는 급히 떨군다.

블라디미르 제기랄! (그는 땅에 침을 뱉는다)

에스트라공은 무대 한가운데에 다시 오더니 안쪽을 들여다본다.

에스트라공 아름다운 곳이로군. (다시 돌아서서 난간 있는 데까지 와서 관중을 본다) 아름다운 경치이거든. (블라디미를 향하여) 떠나자구.

블라디미르 그럴 수 없어.

에스트라공 왜!!!?

블라디미르 고도를 기다리니까.

에스트라공 참, 그렇군. (잠시 후에) 확실히 여긴가?

블라디미르 무엇이?

에스트라공 기다려야 될 곳이.

블라디미르 그가 말하길 나무 앞이라고 했거든. (둘이서 나무를 쳐다본다)
다른 나무가 보이나?

에스트라공 이건 무엇이지?

블라디미르 버드나무 같군.

에스트라공 잎이 어디 있지?

블라디미르 나무가 죽은 게 틀림없어.

에스트라공 가지가 더 축 늘어지지 않는군.

블라디미르 제철이 아니니라 그런지도 모르지.

에스트라공 내게는 관목 같아 보이는군.

블라디미르 작은 관목이야.

에스트라공 그냥 관목 같은데.

블라디미르 허나, (말을 다시 꺼낸다) 자네 무슨 말을 하려 했지?
여기가 그 자리가 아니라고.

에스트라공 저기 같은데.

블라디미르 그가 꼭 온다고는 안 했거든.

에스트라공 오지 않는다면?

블라디미르 내일 다시 오지.

에스트라공 그리고 모레도 다시 오고.

블라디미르 그럴지도 모르지.

에스트라공 그래서 매일같이 계속해서 말이군.

블라디미르 무슨 말인지.

에스트라공 올 때까지란 말이지.

블라디미르 자넨 잔인하군.

에스트라공 우린 이미 어제 오지 않았소.

블라디미르 아니야, 자네 거짓말하는군.

에스트라공 그럼 어제 우리가 무얼 했지.

블라디미르 어제 무엇을 했나?

에스트라공 응.

블라디미르 글쎄 …… (화를 내며)

자네가 대답해 보게나.

에스트라공 내 생각엔 우리가 이곳에 왔었는데.

블라디미르 (한 바퀴 둘러보더니) 이 장소를 알아보겠어?

에스트라공 그런 건 아니고.

블라디미르 그렇다면?

에스트라공 그건 상관없어.

블라디미르 어찌 됐든 …… 저 나무만은 ……

(관중을 향해서) …… 이 늪만 있으면 되니까.

에스트라공 오늘 저녁이 확실한가?

블라디미르 무엇이?

에스트라공 기다려야 되는 것이.

블라디미르 토요일이라고 그가 말했지. (잠시 후에) 나도 그렇다고 믿어.

에스트라공 일을 끝낸 후에란 말이지.

블라디미르 틀림없이 적어 놓았을 거야. (여러 가지 지저분한 잡동사니로 뒤범벅이 된 호주머니를 뒤적인다.)

에스트라공 무슨 토요일이란 말이지. 오늘이 토요일이던가, 일요일이던가?

월요일이던가, 아니면 금요일?

블라디미르 (당황해서 마치 날짜가 경치 속에 쓰여져 있기나 하듯이 주위를 돌아본다) 이럴 수가 없는데.

에스트라공 아니면 목요일.

블라디미르 어떻게 할까?

에스트라공 만약 어제 저녁에 그가 와서 허탕을 쳤다면 당신도 짐작하겠지만 그는 오늘 다시 오지 않을걸.

블라디미르 헌데 자넨 어제 우리가 왔었다고 하지 않았어?

에스트라공 나도 실수할 수 있지. (잠시 후에) 자, 잠깐 아무 말도 말기로 하지, 어때?

블라디미르 (낮은 소리로) 좋소. (에스트라공이 다시 땅 위에 앉는다. 블라디미르는 무대 위를 종종걸음으로 왔다 갔다 하다가 멀리 지평선을 바라보려고 걸음을 멈추는 것이었다. 에스트라공은 잠이 든다. 블라디미르가 에스트라공 앞에 선다)

출처: 사무엘 베케트 지음/임성희 옮김(1997), 고도를 기다리며, 청목, 12~14쪽.

④ 정호승, 「슬픔이 기쁨에게」

슬픔이 기쁨에게

정호승

나는 이제 너에게도 슬픔을 주겠다.
사랑보다 소중한 슬픔을 주겠다.
겨울밤 거리에서 귤 몇 개 놓고
살아온 추위와 떨고 있는 할머니에게
귤 값을 깎으면서 기뻐하던 너를 위하여

나는 슬픔의 평등한 얼굴을 보여 주겠다.
내가 어둠 속에서 너를 부를 때
단 한 번도 평등하게 웃어 주질 않은
가마니에 덮인 동사자가 다시 얼어 죽을 때
가마니 한 장조차 덮어 주지 않은
무관심한 너의 사랑을 위해
흘릴 줄 모르는 너의 눈물을 위해
나는 이제 너에게도 기다림을 주겠다.
이 세상에 내리던 함박눈을 멈추겠다.
보리밭에 내리던 봄눈들을 데리고
추워 떠는 사람들의 슬픔에게 다녀와서
눈 그친 눈길을 너와 함께 걷겠다.
슬픔의 힘에 대한 이야기를 하며
기다림의 슬픔까지 걸어가겠다.

출처: 정호승(1979), 슬픔이 기쁨에게, 슬픔이 기쁨에게, 창작과비평사, 12~13쪽.

(3) 동좌문도 활동

'동좌문도(同坐問道)'는 우리 대학의 교육철학으로, "스승과 제자가 한자리에 앉아서 정도(正道)가 무엇인지 묻고 답한다"는 뜻이다. 앞에서 제시된 읽기 자료에서 함께 논의하고 싶은 문제를 질문 형식으로 도출하고, 이에 대해 함께 이야기해 보자.

유토피아는 사람들이 너무 많이 부려 쓴 탓에 진부한 단어이면서 동시에 우리가 바라는 이상향을 새록새록 끊임없이 환기한다는 점에서 싱그러운 단어이다. 오랫동안 그리고 지금도 여전히 사람들이 유토피아에 관심을 가지는 이유 가운데 하나는 행복의 본질이 무엇이고 또 그 요인이 무엇인가이다.

실은 글 가운데 "유토피아인들은 현재 세계 곳곳에서 금과 같은 전혀 쓸모없는 물건을 인간 자신보다 더 소중하게 여기는 까닭을 이해하지 못합니다."라는 부분에 대해 생각해 보자. 그리고 행복을 무엇이라고 생각하는지 말해 보자. 그리고 (최근 또는 이전에) 행복하다고 여겼던 상황을 이야기해 보자.

유토피아인을 만났다고 가정하고 유토피아인과 인터뷰를 한다면 어떤 질문을 하고 싶은지, 질문 서너 개를 만들어 보자. 만든 질문들을 발표하고, 왜 그러한 질문들을 만들었는지 이유를 설명해 보자. 아울러, 유토피아인들이 생각하는 '덕'과 '쾌락' 개념을 중심으로, 실은 글 소제목이 왜 '도덕적 철학'인지 의견을 나누어 보자.

마지막으로 자신이 그리는 유토피아를 만들어 보고 발표해 보자.

『희망, 살아 있는 자의 의무』를 쓴 지그문트 바우만은 폴란드 출신의 이름난 사회학자이다. 그의 관심사는 세계화, 근대성, 포스트모더니티, 소비주의 그리고 윤리학 들이다. 『희망, 살아 있는 자의 의무』 또한 그의 관심사를 잘 나타낸 책으로, 희망과 관련해서 행복의 면면들을 설득력 있게 펼치고 있다. 특히 4차 산업혁명 시대에 놓여 가치의 혼란을 겪고 있는 우리들에게 유난히 설득력 있게 다가오기도 한다.

행복하게 사는 것이 정말 어려운 것일까? 실은 글의 소제목이 "행복들 하십니까?"이다. '행복하게 사는 것이 어렵다'고 저자는 말한다. 우리는 2번 답안에서 행복에 대해 개인적인 생각을 정리하였다. 이를 토대로 자신이 행복하게 사는 것을 방해하는 요인들이 무엇인지 정리해 보자.

독일의 대문호인 괴테는 "나는 행복하게 살았다. 하지만 행복하기만 한 나날을 보낸 적은 단 한 주도 없었다."라고 답했다 한다. 이러한 대답을 한 괴테는 삶을 전체성의 관점에서 바라본 것이다. 여러분은 어떠한가? 영원한 행복이 가능하다고 보는가, 그렇지 않은가? 이에 대해 자신의 생각을 말해 보자. 아울러, 책 제목이기도 한 '희망, 살아 있는 자의 의무'라는 제목으로 발표해 보자.

『고도를 기다리며』는 기다림의 의미와 의의를 헤아리는 사람들에게는 금쪽같은 책이다. 이 작품은 희곡인데, 왜 이 작품이 희곡일 수밖에 없는지, 한 번이라도 읽어 본 사람들은 금세 고개를 끄덕일 것이다. 전통적인 연극의 형식을 깬 부조리극으로 줄거리가 없고 오로지 기다림이 있을 뿐인 『고도를 기다리며』.

우리를 더욱 기다림으로 이끄는 것은 고도의 존재이다. 도대체 '고도'가 누구인지, 또 그것이 무엇인지 작품에는 전혀 나타나 있지 않다. 심지어는 이 책을 쓴 사뮈엘 베케트도 고도가 누구인지 모른다고 말했다 한다. 그래서 고도가 누구인지 해명하는 일은 오로지 독자나 관객의 몫.

소설과 희곡의 공통점과 차이점에 대해 이야기해 보고, 『고도를 기다리며』가 지닌 내용과 형식의 특징을 설명해 보자. 그리고 '고도'가 누구인지 또는 무엇인지, 자신에게 '고도'가 누구인지 또는 무엇인지 이야기해 보자. 아울러 진보 개념을 설명하고, 조금 전 이야기한 고도의 개념을 염두에 두고 여러분이 생각하는 '더 나은 세상'을 그려 발표해 보자.

연구 윤리는 어떻게 준수하는가

누군가에 보이는 글의 경우 자신이 쓴 것이 아닐 경우에는 누구의 것을 가져왔는지를 밝혀야 한다. 그것이 윤리이며, 특히 학술적 글쓰기에서는 이것이 매우 중요한 사안이다. 따라서 타인의 글을 참조, 인용할 때는 각주와 참고문헌을 표기한다. 앞서 예시했던 학술적 글쓰기 중 이 각주와 참고문헌은 통상 ① 논문과 ② 보고서에만 하며 학술에세이에서는 하지 않으며 문장 중에 누구의 글 또는 말인지를 언급한다. 그러나 통상 그 분량이 적기 때문에 누군가의 글이나 말을 인용할 만한 분량이 되지 않으며 자신의 의견을 담는 경우가 예사이다.

1. 연구 윤리의 개념

연구 윤리란 연구자가 연구를 함에 있어 부정행위를 하지 않고 정직하고 책임 있는 연구를 수행하도록 하기 위한 윤리적 지침을 의미한다. 학술적 글은 타인의 글이나 생각을 자신의 그것과 상호적으로 교섭시키는 과정을 통해서 완성된다. 사실 타인의 글을 전혀 참고하지 않은 완벽한 새 글을 작성하기란 어렵다. 그렇기 때문에 남의 글을 참고했다면 그것을 일정한 형식에 맞게 정확히 표시해야 하는 의무가 있다. 그러나 이를 위반하면 타인의 '지식재산권'을 침해하여 연구윤리를 위배하는 행위가 된다. 그렇기 때문에 전문적인 연구자뿐만 아니라 학술적 글쓰기를 하는 대학생이라면 누구나 연구 윤리에 위배되지 않도록 해야 한다.

2. 표절과 인용의 차이

최근 표절로 인한 문제가 빈번하게 발생하면서 표절에 대한 사회적 관심도 고조되고 있는 실정이다. 그러므로 표절 문제는 학문적 활동을 주로 하는 대학생들이 반드시 숙지하고 있어야 할 중요한 부분이다.

표절과 인용의 차이는 주석의 유무에 있다. 표절(剽竊)은 '일반적 지식이 아닌 타인의 독창적인 아이디어 또는 창작물을 적절한 출처표시 없이 활용함으로써, 제3자에게 자신의 창작물인 것처럼 인식하게 하는 행위'를 말한다. 반면 누구의 글을 참고했는가를 '일정한 형식'에 맞게 정확히 밝혀 주면 그것은 인용(引用)이 된다.

3. 표절의 범위와 기준

2008년 2월 교육인적자원부(현 교육부)에서 마련한 논문표절 가이드라인 모형에 따르면, 여섯 단어 이상의 연쇄 표현이 일치하는 경우, 생각의 단위가 되는 명제 또는 데이터가 동일하거나 본질적으로 유사한 경우, 다른 사람의 창작물을 자신의 것처럼 이용하는 경우 등을 표절로 규정하고 있다.

어떤 글이 다른 글을 표절했다고 판명하는 것은 다음과 같은 기준에 따른다. 의도하지 않은 실수에 의한 행동이라도 다음의 기준에 해당하면 표절이라는 범죄가 성립된다.

- 구성 표절 : 출처와 다른 단어, 표현을 썼더라도 글의 구조, 전개 방식을 본뜨면서 출처를 밝히지 않으면 표절
- 내용 표절 : 부분 혹은 전체 내용을 자신의 글처럼 가져온 경우
- 요약 표절 : 전체 내용을 요약해서 표절한 경우

- 문장 표절 : 6개 이상의 단어가 연속적으로 나열되는 경우
- 단어 표절 : 출처를 밝히고 원 저자의 주장을 요약하는 축약문을 썼더라도 다른 사람이 독창적으로 사용한 용어(표현 일부)를 빌려 올 경우 인용 부호가 없으면 표절

연구윤리 확보를 위한 지침

교육부 훈령 제263호(2018.7.17. 일부개정)

제1조(목적) 이 지침은 「학술진흥법」 제15조에서 위임한 사항을 정함으로써, 연구자 및 대학 등의 연구윤리를 확보하는 데 필요한 역할과 책임에 관하여 기본적인 원칙과 방향을 제시하고, 연구부정행위를 방지하기 위한 사항을 정함을 목적으로 한다.

(중략)

제12조(연구부정행위의 범위) ① 연구부정행위는 연구개발 과제의 제안, 수행, 결과 보고 및 발표 등에서 이루어진 다음 각 호를 말한다.

1. "위조"는 존재하지 않는 연구 원자료 또는 연구자료, 연구결과 등을 허위로 만들거나 기록 또는 보고하는 행위
2. "변조"는 연구 재료 · 장비 · 과정 등을 인위적으로 조작하거나 연구 원자료 또는 연구자료를 임의로 변형 · 삭제함으로써 연구 내용 또는 결과를 왜곡하는 행위
3. "표절"은 다음 각 목과 같이 일반적 지식이 아닌 타인의 독창적인 아이디어 또는 창작물을 적절한 출처표시 없이 활용함으로써, 제3자에게 자신의 창작물인 것처럼 인식하게 하는 행위

   가. 타인의 연구내용 전부 또는 일부를 출처를 표시하지 않고 그대로 활용하는 경우

   나. 타인의 저작물의 단어 · 문장구조를 일부 변형하여 사용하면서 출처표시를 하지 않는 경우

   다. 타인의 독창적인 생각 등을 활용하면서 출처를 표시하지 않은 경우

   라. 타인의 저작물을 번역하여 활용하면서 출처를 표시하지 않은 경우

4. 인용 및 참고문헌

인용은 논지 전개를 위해 해당 분야의 전문가나 이와 긴밀하게 관련된 이의 주장을 빌려와 쓰는 행위이다. 정확한 자료와 전문가의 권위에 기대는 인용은 자신의 입장을 뒷받침하거나 다른 주장을 반박하기 위해 폭넓게 사용된다.

인용 방식은 직접 인용과 간접 인용으로 나뉘는데, 전자가 원문을 그대로 가져오는 방식이라면 후자는 인용자가 원문의 표현을 바꾸거나 상황에 맞게 요약, 압축, 재구성하여 원문과 다른 표현을 사용하는 것이다. 직접 인용을 할 때, 인용의 대상이 되는 단어나 구는 보통 작은따옴표(‘ ’)를 써서 옮기고, 절이나 문장은 큰따옴표(“ ”)를 써서 옮긴다. 그러나 직접 인용이든 간접 인용이든 인용한 자료는 그 출처를 밝혀야 하므로 주석을 달고 참고문헌을 기재하는 법을 숙지해야 한다.

1) 주석

주석은 기준에 따라 다른 명칭들로 분류되는데 이를 정리하면 다음의 표와 같다.

주석의 기준에 따른 분류

<table>
<tr><th>기준</th><th colspan="2">명칭</th></tr>
<tr><td rowspan="2">성격</td><td colspan="2">참조주(인용주)</td></tr>
<tr><td colspan="2">내용주</td></tr>
<tr><td rowspan="3">위치</td><td rowspan="2">각주</td><td>외각주(각주)</td></tr>
<tr><td>내각주(내주)</td></tr>
<tr><td colspan="2">미주(후주)</td></tr>
<tr><td rowspan="2">형식</td><td colspan="2">완전 각주</td></tr>
<tr><td colspan="2">약식 각주</td></tr>
</table>

먼저, 주석은 성격에 따라 참조주와 내용주로 구분된다. 참조주란 인용하거나 참고한 자료의 출처를 밝히기 위한 것이다. 이 참조주를 통해서 인용의 출처와 원래 주장자를 명백히 하고, 필요에 따라 독자의 확인을 가능하게 하며, 원저자에 대한 예의를 표시할 수 있다. 이 참조주가 제대로 되어 있지 않으면 표절이 된다. 내용주란 본문 중의 내용을 부연하거나 부차적인 내용(기술적인 논의, 부수적인 비판, 추론 자료, 부대 설명, 참고 자료, 도표 등)을 처리할 때 사용된다. 본문에 꼭 들어가야 할 정도로 중요하지는 않지만 독자가 논지를 이해하는 데에 참고할 만한 내용들을 기술하는 것이기에 본문 중에 삽입시키면 본문의 흐름이 단절되거나 어색해지므로 본문 밖(외각주)에 기술한다.

예시_ 참조주와 내용주

학술적인 글에는 다양한 구성 요건이 필요하다. 특히 내용적 구성 요건으로는 윤리성, 객관성,[1] 논리성과 체계성, 창의성 등이 강조된다. 이 가운데 윤리성은 최근 사회적 이슈가 되고 있다. 홍길동에 의하면 외국의 한 유명 인터넷 사이트에는 한국을 소개하는 내용 가운데 표절을 뜻하는 영어 단어 'plagiarism'이 등장한다고 한다.[2] 이는 우리 사회에 표절 문제의 심각성을 알리는 중요한 메시지라 할 수 있다. 따라서 우리는 대한민국의 국가적 위상을 위해서라도 표절 문제를 더 이상 방치하면 안 될 것이다.

---

1) 여기서 말하는 객관성은 특히 '자료의 객관성'을 의미한다. 학술적인 글은 객관적인 자료를 바탕으로 작성되어야 하기 때문에 주관적인 자료나 출처가 불명확한 자료를 사용하면 안 된다.

2) 홍길동(2014), 한국 사회의 표절 문제, 한국출판사, 120쪽.

주석은 위치에 따라 외각주(外脚註), 내각주(內脚註), 미주(尾註)로 나뉜다. 외각주는 주석을 필요로 하는 쪽의 하단에 주석이 위치하는 것이고, 내각주는 글의 본문 가운데에 주석이 위치하는 것을 말하며, 미주는 모든 주석이 책의 맨 끝 부분이나 각 장의 마지막 쪽에 묶어서 한꺼번에 모아서 처리하는 주를 말한다.

예시_ 내각주

저출산 문제는 단순히 아이를 적게 낳는다는 문제에 국한되지 않는다. 저출산은 경제, 교육, 문화 등 사회 전반의 영역에 다양한 영향을 미친다. 한 연구에 따르면 작년 한 해 취학 아동 부족으로 폐교가 된 초등학교가 100여 개나 된다고 한다(김철수, 2013:38). 더욱 안타까운 것은 이 같은 추세는 당분간 지속될 것으로 전망된다는 점이다.

예시_ 외각주

저출산 문제는 단순히 아이를 적게 낳는다는 문제에 국한되지 않는다. 저출산은 경제, 교육, 문화 등 사회 전반의 영역에 다양한 영향을 미친다. 한 연구에 따르면 작년 한 해 취학 아동 부족으로 폐교가 된 초등학교가 100여 개나 된다고 한다.[1] 더욱 안타까운 것은 이 같은 추세는 당분간 지속될 것으로 전망된다는 점이다.

1) 김철수(2013), 저출산과 교육 문제, 한국교육사회연구 13집, 한국교육사회학회, 38쪽.

한편, 주석은 형식에 따라 완전 각주와 약식 각주로 나눈다. 완전 각주는 어떤 자료가 처음 인용될 때 그 문헌을 식별하는 데 충분한 여러 사항을 모두 기록하는 것이고, 약식 각주는 완전 각주에서 소개된 자료를 반복해서 각주를 달 때 일정한 부호나 생략된 방식으로 주석을 다는 것을 말한다. 약식 각주는 바로 앞의 자료를 인용할 경우와 건너뛴 자료를 또 인용할 경우로 나뉘어 다르게 표기한다.

예시_ 완전 각주와 약식 각주

1) 김철수(2013), 저출산과 교육 문제, 한국교육사회연구 13집, 한국교육사회학회, 38쪽.

2) 위의 책, 34쪽. ➡ 바로 앞의 자료를 또 인용할 경우[위의 책(위의 논문), 인용 면수.]

3) 홍길동, 앞의 책, 55쪽. ➡ 한 번 건너뛴 자료를 또 인용할 경우[저자명, 앞의 책(앞의 논문), 인용 면수.]

주석을 기재하는 방식은 학교, 학회, 계열, 전공별로 조금씩 다를 수 있다. 하지만 주석에 포함되는 핵심 요소들은 대부분 동일하므로 대표적인 양식을 익혀 둔다면 다른 양식의 주석을 달 때도 도움이 될 것이다. 다음에 제시한 주석 및 참고문헌 기재 방식은 인문계열에서 주로 사용하는 방식이므로 잘 익혀서 학술적 글쓰기에 적극 활용할 수 있도록 한다.

(1) 단행본

저자(연도), 논저명, 출판사, 인용 면수.

예 홍길동(2012), 한국 사회의 저출산 문제, 한국출판사, 104쪽.

(2) 학술지 논문

저자(연도), 논문명, 학술지 권호수, 학회명, 인용 면수.

예 홍길동(2012), 다문화 시대의 인권 문제에 대한 연구, 한국학보 35권 2호, 한국학회, 320쪽.

TIP_ 전자 저널을 활용하여 주석을 달 때는 컴퓨터 모니터상의 면수가 아니라 논문 자체의 면수를 기입해야 한다.

(3) 학위 논문

저자(연도), 논문명, 학교명 학위명, 인용 면수.

예 이몽룡(2015), 한국 대학생들의 동아리 활동과 취업의 연관성에 관한 연구, 한국대학교 석사학위논문, 103~105쪽.

(4) 재인용을 할 경우

원자료에 대한 주석.[참고한 자료에 대한 주석에서 재인용]

예 홍길동(2012), 한국 사회의 저출산 문제, 한국출판사, 104쪽.[성춘향(2013), 한국의 사회갈등과 문제, 한국사회문제연구 34권, 한국학연구학회, 34쪽에서 재인용]

TIP_ 재인용을 할 때 유의할 점은, 앞의 주석이 원래의 자료이고 뒤의 주석이 글 쓰는 이가 참고한 자료임을 명심해야 한다. 즉, 위의 예시에서는 글 쓰는 이가 직접 참고한 논문은 성춘향(2013)의 논문이고, 성춘향의 논문 가운데 홍길동(2012)의 논문을 참고한 부분을 인용했을 경우를 가정한 것이다.

(5) 동일 저자 · 동일 연도의 다른 자료를 인용할 때

저자명(연도알파벳), 인용 면수.

예 홍길동(2012a), 345쪽.

(6) 저자가 다수인 자료를 인용할 때

저자명 · 저자명(연도), 논저명, 출판사명, 인용 면수.

예 홍길동 · 성춘향(2013), 대학 교육의 본질, 한국출판사, 68쪽.

TIP_ 만약 저자가 세 명 이상일 경우, 저자명 부분에 '대표자명 외 인'이라고 해도 된다. 예를 들어 저자가 홍길동, 성춘향, 박문수, 이방자 등 총 네 명일 때는 아래와 같이 표기할 수도 있다.
예 홍길동 외 3인(2013), 대학 교육의 본질, 대학출판사, 314쪽.

(7) 번역서를 인용할 때

저자명 지음/번역자명 옮김(연도), 변역서명, 출판사명, 인용 면수.

예 찰스 다윈 지음/홍길동 옮김(2012), 진화의 거울, 대학출판사, 345쪽.

TIP_ 번역서를 인용할 때는 저자명을 영문으로 작성하기도 한다.
예 Charles Darwin/홍길동 옮김(2012), 진화의 거울, 대학출판사, 345쪽.

(8) 외국 자료를 원전 그대로 인용할 때

저자명(연도), 논저명, 지역 : 출판사명, 연도, p. 인용 면수.

예 G. Lawrence(1978), The Populist Moment : A short History of the Agrarian Revolt in America, New York : Oxford University Press, p. 98.

(9) 신문 기사를 인용할 때

기사명, 신문명, 년.월.일.

예 한국 사회의 안전 문제, 이대로 좋은가!, ○○일보, 2015.08.10.

(10) 인터넷 자료를 인용할 때

콘텐츠명, 최종 사이트 주소, (검색일자)

예 대한민국의 고령화 문제, https://ko.wikipedia.org/wiki/%EB%8C%80%ED%95%9C%EB%AF%BC%EA%B5%AD%EC%9D%98_%EA%B3%A0%EB%A0%B9%ED%99%94_%EB%AC%B8%EC%A0%9C, (2015.10.08.)

예시_ 각주

한국 사회의 저출산 문제는 너무나 심각하다. 최근 한 연구에 의하면 우리나라의 평균 출산율은 1.24명으로[1] 전 세계에서도 최하위에 속한다고 한다.[2] 그렇다면 한국 사회는 왜 아이를 낳지 않을까? 첫째, 경제적 부담이 크기 때문이다.[3] 아이를 낳고 기르는 데 필요한 비용이 너무나 높기 때문에 쉽게 아이를 낳지 못하는 것이다. 둘째, 보육시설의 부족이다.[4] 아이를 낳더라도 아이들을 안정적으로 맡기고 기를 수 있는 시설이 턱없이 부족한 것이 현실이다. 셋째, 여성들의 사회진출 증가이다.[5] 많은 여성들이 사회에 진출했기 때문에 아이를 낳아 기를 수 있는 가정적 환경이 조성되지 않고 있다. 넷째, 가족관 및 결혼관의 변화이다.[6] 결혼을 했지만 아이를 낳지 않는 부부들이나 연애만 하고 결혼을 하지 않는 남녀들이 증가하고 있다. 다섯째, 불임의 증가이다.[7] 현재 스트레스, 환경 호르몬, 급격한 다이어트, 음주 및 흡

연 등으로 임신이 잘 되지 않는 부부들이 상당히 많다.[8]

---

1) 홍길동(2012a), 한국 사회의 저출산 문제, 한국출판사, 104쪽.

2) 위의 책, 116쪽.

3) 김철수 외 4인(2011), 한국의 고령화와 노인 인권, 서울출판사, 68쪽.

4) 찰스 다윈 지음/홍길동 옮김(2012), 진화의 거울, 대학출판사, 345쪽.

5) 홍길동(2012b), 다문화 시대의 인권문제에 대한 연구, 한국학보 35권 2호, 한국학회, 320쪽.

6) G. Lawrence(1978), The Populist Moment : A short History of the Agrarian Revolt in America, New York : Oxford University Press, p. 98.

7) 한국 사회의 안전 문제, 이대로 좋은가!, 대한일보, 2015.08.10.

8) 홍길동(2012a), 앞의 책, 130쪽.

2) 참고문헌

참고문헌은 학술적 글을 작성함에 있어 참고 자료로 삼은 문서나 자료를 의미한다. 하나의 글이 완성될 때까지는 다양한 자료들의 도움이 필요하다. 그러므로 글을 완성하는 데 도움을 받은 자료들의 서지 사항(글이나 논문에 대한 기초 정보, 즉 저자, 책이나 논문의 제목, 출판사, 발행연도 등을 의미한다.)을 정확하게 기록하여 그것을 참고하였다는 것을 밝혀야 한다.

또한 참고문헌은 자신이 작성한 글에 직간접적으로 도움을 준 글에 대하여 감사의 뜻을 밝힘과 동시에 자신의 글을 읽는 사람들이 좀 더 폭넓게 공부하고자 할 경우 참고할 수 있도록 안내해 준다는 의미에서 글쓰기의 중요한 부분이라 할 수 있다.

일반적으로 참고문헌은 학술적 글의 가장 마지막에 작성한다. 기재 방식은 다양하나, 같은 글에서는 하나의 방식으로 통일해야 한다. 참고문헌 기재 방식은 인용 면수를 제시하지 않는다는 것 외에는 주석의 기재하는 방식과 유사하다.

(1) 단행본

저자(연도), 논저명, 출판사.

예 홍길동(2012), 한국 사회의 저출산 문제, 한국출판사.

(2) 학술지 논문

저자(연도), 논문명, 학술지 권호수, 학회명.

예 홍길동(2012), 다문화 시대의 인권 문제에 대한 연구, 한국학보 35권 2호, 한국학회, 24~57쪽.

TIP_ 논문집에 실린 논문을 참고했을 경우, 해당 논문의 게재 면수를 기입하는 것이 일반적이다. 앞의 예시에서 '24~57쪽.'이라고 기재한 것은 인용 면수가 아니라 논문집에 게재된 해당 논문의 전체 면수를 의미한다.

(3) 학위 논문

저자(연도), 논문명, 학교명 전공명 학위명.

예 이몽룡(2015), 한국 대학생들의 동아리 활동과 취업의 연관성에 관한 연구, 한국대학교 한국학과 석사학위논문.

이와 같이, 참고문헌은 쪽수를 기입하지 않는 것 외에는 주석 기재 방식과 동일하다. 참고문헌을 제시할 때는 국내외 자료를 구분하여 저자의 이름을 기준으로 국내의 경우에는 '가나다' 순으로 국외의 경우에는 '알파벳' 순(서양 자료의 경우, 저자 이름은 '성+이름'의 순서로 적는 것이 일반적임)으로 정렬하는 것이 일반적이다. 또한 참고문헌은 국내 논저, 국외 논저, 기타(신문 기사, 인터넷 자료 등) 등의 순으로 기재하는 것이 일반적이다.

예시_ 참고문헌

김철수 · 홍길동 · 박찬호(2011), 한국의 고령화와 노인 인권, 서울출판사.

박문수(2004), 핵융합의 과정에 산출되는 에너지의 총량, 핵개발연구 34권 5호, 한국핵에너지학회, 56~94쪽.

사고와표현학회 편(2009), 대학생의 글쓰기와 말하기, 대학출판사.

성길환(2015), 치아 근관 세척용 마이크로 기포 세정시스템 개발 및 성능평가, 서울과학기술대학교 석사학위논문.

전영국 · 허희옥(2000), 교육공학에 적용된 컴퓨터 과학의 영향, 교육공학연구 16권 3호, 한국교육공학회, 155~176쪽.

찰스 다윈 지음/홍길동 옮김(2012), 진화의 거울, 대학출판사.

홍길동(2012a), 한국 사회의 저출산 문제, 한국출판사.

홍길동(2012b), 다문화 시대의 인권 문제에 대한 연구, 한국학보 35권 2호, 한국학회, 311~330쪽.

홍길동 편저(2013), 우리는 왜 차별에 수긍하는가?, 조선출판사.

황미경(2012), 다문화가족지원센터 인력의 다문화 역량과 서비스 질에 관한 연구, 다문화교육연구 5권 2호, 한국다문화교육학회, 115~145쪽.

Lawrence G.(1978), The Populist Moment : A short History of the Agrarian Revolt in America, New York : Oxford University Press.

한국 사회의 안전 문제, 이대로 좋은가!, ○○일보, 2015.08.10.

대한민국의 고령화 문제, https://ko.wikipedia.org/wiki/%EB%8C%80%ED%95%9C%EB%AF%BC%EA%B5%AD%EC%9D%98_%EA%B3%A0%EB%A0%B9%ED%99%94_%EB%AC%B8%EC%A0%9C, (2015.10.08)

2부

세상과 소통하는 학술적 글쓰기

2부

세상과 소통하는 학술적 글쓰기

개인이 추구하는 목적은 제각각일지 몰라도 대학은 배움을 위한 곳이다. 사회의 여타 공동체와는 달리 대학만큼은 순수한 학문의 진리를 탐구하는 데 맘껏 논리성과 창조성을 발휘할 수 있는 곳이기도 하다. 그러나 대학이 진리탐구의 상아탑이라는 말은 옛말이 돼 버린 지 오래다. 취업에 더 열을 올리는 대학생들에게 학문보다는 스펙을 따는 일이 더 중요한 것이 돼 버렸기 때문이다. 그러나 취업걱정을 하는 많은 대학생들이 간과하는 스펙이 하나 있다. 그것이 바로 글쓰기 실력이다. 사회생활에서 이뤄지는 대부분 일은 글로 진행된다. 이메일부터 보고서, 기획서, 제안서 등 말하기보다 글쓰기가 8할을 차지할 정도로 글쓰기는 중요한 업무 역량이다. 그렇기에 글을 잘 쓰는 능력은 최고의 스펙이 될 수 있다. 사실 누구나 글을 쓸 수는 있어도 잘 쓰는 사람은 드물다. 그러니 글쓰기 실력이야말로 가장 변별력 있는 스펙인 것이다.

글쓰기가 대학생에게 꼭 필요한 또 다른 이유는 '글쓰기란 하나의 지적 표현수단'이며, '자신의 인성을 계발'하는 데 많은 도움이 되기 때문이다. 우리가 글을 쓰는 목적은 조금 더 자신의 생각을 명료하게 하고 자신이 원하는 바를 다른 사람에게 잘 전달하여 원하는 목표를 얻기 위해서이다. 이는 글쓰기가 단순한 의사소통 수단이 아니라 자기 생각을 외부세계와 소통하는 행위라는 점을 증명한다. 그리고 글쓰기는 삶의 태도와 연결되어 있다. 그렇기에 글쓰기를 통해 내가 누구이고, 무엇을 원하는지와 같은 질문에 대한 답을 찾고 삶을 변화시키는 선순환을 가져오는 것이 글쓰기인 셈이다.

미국 유명 대학에서는 대학생들의 글쓰기 교육에 치중한다. 왜냐하면 사회적 리더가 되려면 논리력과 표현력이 중요한데 이것을 키워 주는 가장 효과적인 방법이 글쓰기 공부라고 생각하기 때문이다. 반면에 국내 대학생 평균 글쓰기 실력이 '낙제점'이라는 말이 어제 오늘 이야기가 아닐 정도로, 맞춤법이나 어휘력 부족은 물론 글의 논리적 구성력도 많이 부족한 실정이다. 그러므로 2부에서는 1부 읽기 자료를 충분히 읽고 학생들의 관점을 세우게 한 뒤, 학생들이 쓰는 글의 주장을 뒷받침할 수 있는 논거를 찾도록 읽기와 토론을 하게 한 다음 글을 쓰도록 유도할 것이다.

'나는 글쓰기를 싫어하는 편이다.', '첫 문장을 시작하기도 어렵다.'고 말하는 대학생들이 많다. 이런 학생들의 글쓰기 실력을 키우기 위해서는 결과보다 과정을 중시하는 전략이 무엇보다 필요하다. 처음부터 완벽한 초고를 쓰려 하기보다는 글쓰기 과정 자체를 일련의 목표 지향적 활동으로 파악하는 것이 글쓰기에 성공하는 지름길이기 때문이다. 그러므로 여기에서는 글쓰기에 대한 거부감을 줄이면서 자신의 주장을 제대로 표현해 내는 연습을 하기 위해 학술적 글쓰기 중 비교적 적은 분량(5단락)의 글인 학술에세이를 완성하는 데 목표를 둔다.

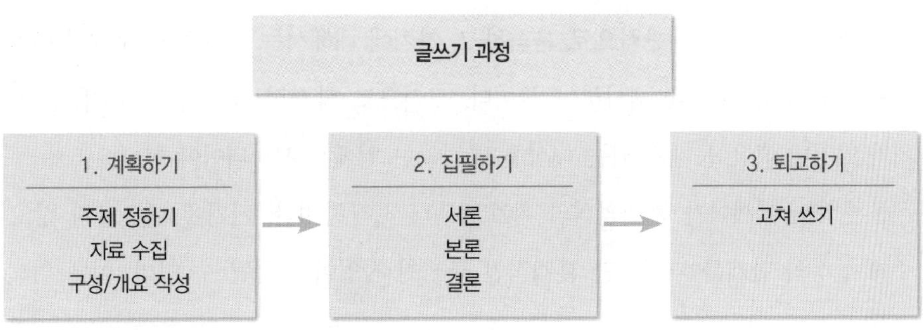

1. 계획, 글을 설계하다

세상의 모든 작업은 행동으로 옮기기 전에 생각부터 먼저 이뤄진다. 그러나 생각에 앞서 무턱대고 행동으로 옮기다 보면 시행착오를 겪을 확률이 높다. 이렇듯 학술에세이 또한 본격적인 집필 활동을 하기 전에 생각을 구상하는 일이 먼저 이뤄져야 실패할 확률이 낮다.

그러나 글쓰기 과정의 첫 번째 단추인 계획하기는 글쓰기 경험이 익숙하지 않은 사람에게는 글 쓰는 활동만큼이나 어려운 작업이다. 특히 학술에세이의 경우 주제에 대한 개인적 관점을 논리정연하게 펼쳐 설득력 있게 작성해야 하다 보니 더 많은 고민과 시간이 요구된다. 그렇다면 글을 설계하는 계획하기 단계에서 주제는 어떻게 정하고, 자료를 수집하고 정리하는 일은 어떻게 하며, 개요는 어떻게 짜는지에 대해 알아보고자 한다.

1) 주제는 어떻게 정하는가

글쓰기가 두렵다는 사람들은 흔히 뭘 써야 좋을지 모르겠다고 말한다. 멋진 글을 쓰고 싶지만 무엇에 대해, 어떻게 접근해야 하는지 알 수 없다고 한다. 글쓰기의 시작 단계에서 처음으로 고민하는 그 '무엇'인 주제를 결정하는 일은 글쓰기의 성패를 결정하는 중요한 작업이기에 대충할 수도 없는 노릇이다. 그렇다면 학술에세이의 주제는 어떻게 정해야 하는 것일까?

학술에세이란 어떤 대상에서 가치 혹은 문제를 발견하여 그것이 왜 가치 있는지 혹은 왜 문제인지를 객관적으로 분석하고, 가치에 대해서는 홍보하고 문제에 대해서는 책임 있는 대안을 제시하는 글이다. 그러므로 학술적 글쓰기의 첫걸음은 가치가 있거나 혹은 문제가 되는 대상을 발견하는 일에서 시작되어야 한다.

물론 학술에세이가 문제의식의 확보로부터 시작하지만, 거기에 머무르지 않고 주제 설정의 단계를 거쳐야만 본격적인 글쓰기 작업이 진척될 수 있다. 이를 위해서 문제의식을 일정한 답을 요구하는 질문의 형식으로 바꾸고, 그 질문에 대한 대답을 학술에세이의 주제로 활용한다면 좋은 주제에 접근할 수 있다. 즉 주제 설정이란 무엇에 관해 쓸 것인가를 생각하는 데 그치지 않고, 자신의 관심과 능력에 맞춰 방향과 범위를 한정하고, 자신의 견해를 분명히 드러낼 수 있는 것을 고르는 데까지 나아가야 한다.

- 관심 있는 주제를 선택해야 한다.
- 주제는 새로운 것이어야 한다.
- 주제는 구체적인 것이어야 한다.
- 주제는 논의할 만한 가치가 있는 것이어야 한다.
- 주제는 근거 자료로 뒷받침되어야 한다.
- 근거 자료는 글 쓰는 이의 능력으로 다룰 수 있을 만한 것이어야 한다.

(1) 주제 정하는 법

① 글감 찾기

학술에세이는 자신의 입장을 확보하고 생각을 구조화해서 문제의식을 드러내는 글쓰기다. 그렇기에 주제를 정하는 첫 번째 과정은 읽기 자료를 통한 배경 지식 습득과 경험을 바탕으로 자신만의 관심 분야에 대한 글감을 선정하는 일이다.

예를 들어, 읽기 자료로 "7대 도시 고령 인구 비중 부산 1위… 2022년 초고령 사회 진입"이라는 제목을 가진 신문기사를 읽고, 이에 대한 문제 인식(문제 제기)과 함께 더 알아봐야 할 가치를 느꼈다면, 학술에세이 글감으로 '고령화사회'를 선정할 수 있다.

② 주제 정하기

관심 분야에 해당하는 글감은 핵심어 수준으로 그 범위가 막연하다. 그럼에도 불구하고 글감을 주제로 착각하여 글을 쓰면, 써야 할 내용의 범위가 너무 넓어 자신의 생각을 구체화하기 불가능해 글을 이어나갈 수 없는 일이 발생한다. 만약 학술에세이의 주제로 '고령화사회'를 선정했다면, 이에 대한 글은 '고령화사회 문제가 심각하다. 그러므로 이에 대한 대책이 필요하다.' 정도 외에 더 이상 언급할 수 있는 내용이 없다. 그러므로 글감을 선정하였으면 글감 안에서 올바른 주제를 찾아내기 위한 다음 작업들이 이어져야 한다.

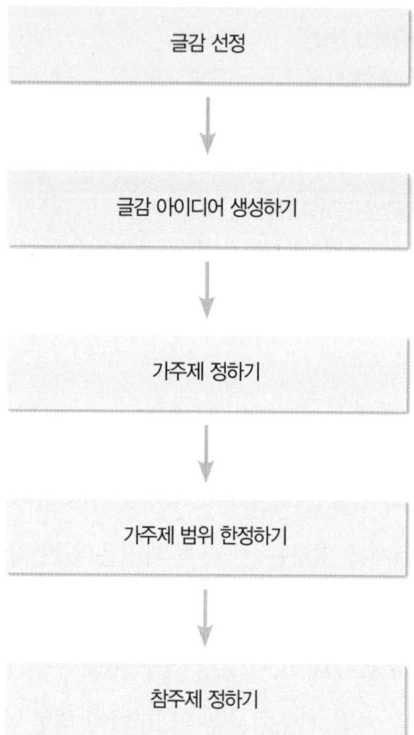

글감이 선정되면, 다음으로 글감과 관련된 여러 가지 아이디어를 생각하고 정리하는 작업이 이어져야 한다. 이때 최대한 많은 아이디어를 모으는 것이 관건이다. 마인드맵을 그리거나 브레인스토밍을 하는 것이 도움이 될 수 있다.

예를 들어, 글감 '고령화사회'와 관련하여 아이디어를 확장한다면 다음과 같이 정리해 볼 수 있다.

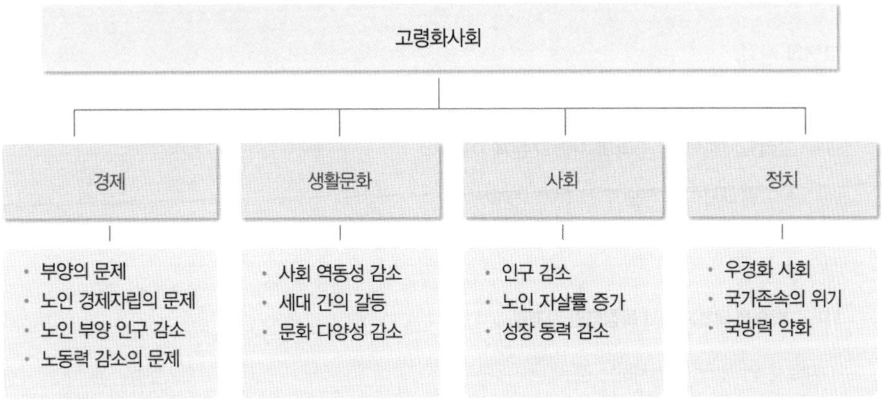

이러한 글감에 대한 아이디어 생성하기로 '고령화사회'에 관련해 경제, 사회, 생활 문화, 정치 등 다양한 면에서의 논의가 가능해졌다. 그리고 경제, 사회, 생활문화, 정치에서도 보다 더 구체적으로 접근할 수 있는 요소들도 가려졌다. 이를 통해 '고령화사회'와 관련된 항목 중에서 경제 문제에 대한 논의의 필요성을 염두에 두고 가주제로 '고령사회와 경제 문제'를 선정할 수 있다.

그러나 선정한 '고령사회와 경제 문제' 또한 그 범위가 여전히 넓다. 그러므로 앞 단계에서 나온 아이디어들 중 좋은 것을 선택하여 가주제의 범위를 한정하는 단계가 이어져야 한다. 앞서 제시한 주제 선정 시 고려해야 하는 요건들을 검토한 결과, 고령사회의 경제 문제 중에서 '고령화사회와 노인 경제 자립의 문제'로 범위를 한정할 수 있다. 이와 관련하여 좀 더 구체적인 주제까지 생각해 본다면 고령화사회를 해결할 수 있는 방안 중 하나인 '정년 연장'과 관련해 논의할 수 있게 된다. 그 결과, '고령화사회의 정년 연장 문제'라는 한정된 범위의 참주제를 설정할 수 있다.

글감 '고령화사회'와 관련한 학술에세이 주제를 정하는 일련의 과정을 거친 결과를 정리해 보면 다음과 같다.

고령화 사회

➡ 고령화사회와 경제 문제 (가주제)

➡➡ 고령화사회의 노인 경제 자립의 문제 (가주제)

➡➡➡ 고령화사회의 정년 연장 문제 (참주제)

TIP_ 학술적 글쓰기에서 독창적인 주제란

- 새로운 연구방법을 제시하는 경우
- 새로운 자료를 내놓는 경우
- 새로운 관점을 제시하는 경우

③ 주제문 만들기

학술에세이 주제로 '고령화사회의 정년 연장 문제'가 정해졌다. 그러나 이 주제만으로 글쓴이의 생각을 명확하게 알 수가 없다. '정년 연장에 문제가 있다.'는 것을 말하려는 것인지 아니면 '정년 연장을 해야 한다.' 혹은 '정년 연장을 해서는 안 된다.'는 것을 말하려는 것인지 알 수 없다. 그러므로 글쓴이의 주장을 명확하게 제시하는 명제문의 형태로 주제문을 작성해야 한다.

주제문을 제시하는 명제문의 형식에는 '사실명제, 가치명제, 정책명제'가 있다. 사실명제란 분명한 사실을 토대로 그 사실에 대한 옳고 그름의 판단을 제시하는 문장으로, 주로 '-이다, -하다' 등의 문장으로 드러난다. 가치명제란 사건이나 문제에 대해 좋고 나쁨의 정도를 따져 그 가치에 대한 판단을 제시하는 문장으로, 주로 '~좋다, ~나쁘다' 등의 서술어로 표현된다. 그리고 정책명제란 문제에 대해 적절함이나 부적절함을 따져 옳고 그름을 밝히고 당위적인 판단을 제시하여 주장을 펼치는 문장이다. 주로 '-해야 한다, 하자' 등의 문장으로 나타난다. 그러므로 자신의 주장이 사실에 대한 판단을 제시할 것인지, 가치 판단을 제시할 것인지, 당위적 판단을 제시할 것인지를 고려하여 주제문을 작성해야 한다.

이와 함께 주제문을 제시할 때는 다음의 4가지 요건을 고려하여 문장을 작성해야 한다.

■ 완결된 문장 쓰기

주제문은 주어와 서술어를 갖춘 하나의 완전한 문장이어야 한다. 아래의 예시처럼 '고령화사회 노년층의 경제문제에 대해서'로 완전한 문장 형태로 작성하지 않으면, 무엇에 대해 말하려는지 명확히 드러나지 않으므로 주제문은 완결된 형식의 문장으로 반드시 작성해야 한다.

고령화사회 노년층의 경제문제에 대해서
➡ 한국 노인의 삶의 질을 향상시키기 위해 노년층의 경제 활동 참여 기회를 늘려야 한다.

■ 평서문으로 쓰기

주제문을 작성할 때에는 의문문이나 부정문이 아닌 평서문으로 작성해야 한다. 의문문이나 부정문으로 작성하게 되면 주장하는 바를 정확히 알 수가 없기 때문이다.

고령화사회에 대비하여 노년층의 경제활동 기회를 늘리는 것이 바람직할까?
➡ 한국 노인의 삶의 질을 향상시키기 위해 노년층의 경제 활동 참여 기회를 늘려야 한다.

■ 하나의 생각을 담은 문장으로 쓰기

주제문에는 하나의 논의점만 담아야 한다. 주제에 담긴 논의점이 많으면 많을수록 이야기하고자 하는 바가 분산되고 주장을 뚜렷하게 전달하기 어려워지기 때문이다.

- 논점이 두 개인 주제문

  ➡ 고령화사회로 인한 노년층의 경제 자립도 문제와 사회 소외 현상은 시급히 개선해야 하는 국가적 문제이다.

- 논점이 한 개인 주제문

  ➡ 고령화사회로 인한 사회 변화를 고려하여 노년층의 경제 활동 기회를 늘려야 한다.

■ 주장이 명료하게 드러난 문장 쓰기

주제문은 글의 핵심을 다루는 상징적인 문장이기 때문에, 의미의 구현과 문장의 표현에 주의를 기울여야 한다. 주제는 모호하지 않고, 내용이 분명하고 명쾌한 것이어야 한다. 그러므로 비유적 표현이 아닌 직설적인 표현으로 진술되어야 한다.

고령화로 인한 사회문제는 흐지부지 처리되어서는 안 된다.

➡ 고령화로 인한 사회문제는 법적 제도의 강화를 통해 개선해야 한다.

그 외 주제문을 작성할 때에는 글쓴이의 관점, 태도, 주장이 명확하게 진술되어야 하며, 글의 목적과 독자의 수준, 계획된 분량에 알맞게 작성할 수 있도록 유념해야 한다.

(2) 주제 정하기

▎주제 정하는 방법을 참고하여 자신의 글감에 맞는 주제문을 작성해 보자.

글감 정하기	
글감 아이디어 생성하기	

<table>
<tr><td colspan="3">가주제
정하기</td><td colspan="2"></td></tr>
<tr><td colspan="3">가주제 범위
한정하기</td><td colspan="2"></td></tr>
<tr><td colspan="3">참주제
정하기</td><td colspan="2"></td></tr>
<tr><td colspan="3">주제문
만들기</td><td colspan="2"></td></tr>
<tr><td rowspan="7">점검</td><td colspan="2" rowspan="3">주제</td><td>주제가 구체적인가</td><td></td></tr>
<tr><td>주제가 참신한가</td><td></td></tr>
<tr><td>문제의식이 포함된 주제인가</td><td></td></tr>
<tr><td rowspan="4">주제문</td><td rowspan="2">형식</td><td>하나의 완결된 문장인가</td><td></td></tr>
<tr><td>의문형, 부정형이 아닌 평서형 문장인가</td><td></td></tr>
<tr><td rowspan="2">내용</td><td>하나의 주장이 담긴 문장인가</td><td></td></tr>
<tr><td>관점, 태도, 주장이 명확하게 드러난 문장인가</td><td></td></tr>
</table>

2) 자료 수집과 정리는 어떻게 하는가

학술에세이에 무엇을 쓸 것인가가 명확해졌으면 다음 과정은 이 무엇에 대해 어떤 내용을 담아내야 할지를 고민해야 한다. 학술에세이는 자신의 생각만을 피상적으로 기술하는 글이 아니라 주장의 타당성을 입증하는 글이기 때문에 주장의 객관성을 확보하기 위해 주장을 뒷받침할 만한 내용들을 제시해야만 한다.

그러나 많은 대학생들은 인터넷 보급률 1위 국가답게 절대적으로 인터넷을 이용하여 손쉽게 자료를 수집하고 무분별하게 베껴 쓰고 있다. 인터넷 정보는 신뢰할 수 없는 정보이거나 객관적으로 검증이 되지 않은 정보가 많기 때문에 문제의 소지가 있을 뿐만 아니라 인터넷 자료를 아무렇지 않게 사용하다 보면 표절에 무감각해져 연구 윤리를 위배하는 행위를 자주 범하기도 한다. 이를 방지하기 위해서는 어디서 어떻게 자료 수집을 해야 하며, 이를 어떻게 분석하고, 활용해야 할지에 대해 알아야 한다.

(1) 자료 수집하는 법

자신의 생각을 새롭게 전개하기 위해서는 내 안의 지식만으로는 부족하다. 그리고 학술에세이에서 주장의 근거로 나만의 생각만 든다면 지극히 주관적인 글이라는 공격을 받는다. 이런 글은 다른 이들을 설득하기 힘들다. 그러므로 독자들이 수긍할 수 있게 객관성을 확보하기 위해서는 다양한 자료들을 수집해야 한다. 또한, 좋은 자료를 얻기 위해서는 인터넷 자료 이전에 도서관이나 서점에서 직접 문헌 자료를 찾아보기도 하고, 현장조사나 인터뷰, 설문조사 등을 통해 자료를 확보하려는 적극적인 자세가 필요하다. 아래에서는 학술에세이 작성 시 주로 이용되는 문헌자료와 멀티미디어자료를 어떻게 수집해야 하는지 알아본다.

① 문헌자료

학술에세이 작성 시 가장 많이 활용하는 자료는 문헌자료다. 이에는 책, 논문,

정기간행물(잡지, 신문, 사보), 통계자료 등이 포함된다. 옛날에는 직접 발로 뛰면서 자료를 수집했지만 최근에는 디지털화가 되면서 굳이 도서관이 아니어도 정보를 인터넷에서 검색할 수 있을 정도로 편리해졌다. 특히 학위논문이나 학회논문 자료들을 디지털화하면서 학교도서관이나 학술논문을 데이터베이스화해 놓은 통합 사이트를 통해 자료를 손쉽게 수집하는 것이 가능해졌다. 이와 함께 문헌자료에 해당하는 신문의 경우 인터넷을 통해 과거 신문의 원문까지도 검색할 수 있는 서비스를 제공하고 있다.

TIP_ 자료 수집을 위한 참고사이트

- 각 대학의 도서관 홈페이지
- 한국연구정보서비스(RISS), http://www.riss.kr
- 국립중앙도서관, http://www.nl.go.kr
- 국회도서관, http://www.nanet.go.kr
- DBPIA, http://www.dbpia.co.kr
- 교보문고 스콜라, http://scholar.dkyobobook.cokr
- 한국학술정보, http://kiss.kstudy.com
- 국가과학기술정보센터, http://www.ndsl.kr
- 국립국어원, https://www.korean.go.kr

문헌자료 중 도움이 되는 자료에는 통계자료도 있다. 국가기관에서 시행한 통계자료는 자료집의 형태로 배부하거나, 기관 홈페이지를 통해 제공한다. 통계자료는 가장 최신 자료에 높은 신뢰성을 부여하기 때문에 통계자료가 필요한 경우, 시행 날짜를 고려하여 자료를 수집하고 2차, 3차 기관에서 인용한 자료가 아닌 원문을 제시하고 있는 국가기관의 자료를 이용해야 한다.

② 멀티미디어자료(시청각자료)

음반(CD)과 영상(DVD)이 필요한 경우 인터넷에서 구할 수 있지만 저작권 문제가 생길 수 있다. 학교 도서관이나 국공립도서관에서도 음반과 영상 등의 멀티미디어 자료 제공 서비스를 하므로 이들을 이용할 필요가 있다. 가장 많은 자료를 보유하고 있는 곳은 국립중앙도서관(서울 서초동)이므로, 때에 따라서는 직접 방문하는 것도 좋은 방법이다. 특정 분야 관련 멀티미디어자료들은 그 분야와 관련한 국가기관에 자료실을 갖추고 있고, 이를 열람할 수 있다. 무엇보다 최근에는 유튜브(Youtube)가 영상 자료를 찾기에 좋은 플랫폼이기도 하다. 다만 유튜브에서 영상을 찾을 때 출처를 잘 살펴야 하며, 자신의 글에 인용할 때는 그 출처를 밝혀야 한다.

TIP_ 논문/보고서에 이용되는 설문조사 자료

- 비교적 객관적이고, 솔직하고, 정확한 정보를 입수하기 위해 실시
- 설문문항 작성 요건
  - 주제와 관련해 꼭 필요한 문항인가?
  - 설문문항의 개수가 적절한가?
  - 설문대상이 응답을 정확히 할 수 있는 질문인가?
  - 한 문항으로 충분한가? 필요할 경우 복수의 문항으로 질문할 것인가?
  - 응답을 하는 데 노력이 많이 들지 않는가?
  - 응답자가 기꺼이 정보를 제공할까?
  - 질문형식을 개방형으로 할까? 폐쇄형으로 할까?
  - 질문형식이 폐쇄형의 경우 선택형, 등급형, 순위형 중 어떠한 양식의 질문을 할까?
  - 질문이 간결하고 명확한가?
- 설문문항의 배열 요령
  - 설문의 의도와 내용이 담긴 질문부터 먼저 배열하기
  - 가장 흥미 있는 문항을 앞부분에 배열하기
  - 어렵고 지루한 질문은 설문의 가운데 부분에 배열하기
  - 질문내용이 심각하거나 민감한 내용은 뒷부분에 배열하기
  - 질문내용의 범위가 넓은 질문에서 범위가 좁은 질문 순으로 배열하기
  - 다음 문항에 미칠 영향을 고려하여 배열순서 정하기

(2) 자료 정리 및 분석하는 법

한 편의 글을 쓰는 데는 몇 배의 자료가 필요하다. 처음부터 자료가 얼마나 있는지 예측을 할 수 없는 경우가 많으므로 가능한 한 자료를 모으다 보면 상당히 많은 자료가 모인다. 그래서 가장 먼저 해야 할 것이 필요한 자료와 불필요한 자료로 구분하는 것이다. 모은 모든 자료를 읽으면 좋겠지만 취합 자료량이 많다면 발췌 읽기를 통해 참고할 만한지만 가려낸다.

현장답사나 인터뷰, 조사 등을 통해 얻어진 자료는 1차 수집 자료의 정밀한 점검을 통해 정리해야 한다. 숫자로 표현되는 것들은 그 숫자를 시각적으로 표현할 수 있는 도표나 그래프를 그리고, 과정으로 표현되는 것들은 도표를 통해 그 시각화로 정리해 둔다면 글을 쓰는 과정에서 요긴하게 쓰인다.

어느 정도 글을 쓰는 데 필요하다 생각되는 자료들이 한정된다면 그것을 읽으며 소화해야 한다. 그 소화하는 방식으로 ① 메모/요약하기, ② 분석하기, ③ 질문하기, ④ 발제하기(문제제기와 자기주장) 등이 있다. 자료를 읽고 단순히 머릿속으로 이해하는 것을 '소극적 읽기'라 말한다면 위의 방식은 '적극적 읽기'라 말할 수 있다.

① 메모/요약하기

수집한 자료를 읽고 정리하는 활동으로 가장 많이 하는 행위는 자료에서 중요한 내용을 메모/요약하는 일이다. 보통 자료를 읽을 때 밑줄을 치거나 핵심어에 동그라미를 하는 행위를 하곤 하는데, 이것을 조금 더 발전시켜 문서화한다면 시간이 흘러도 기억을 되살리기에 용이하다. 아울러 여러 자료들 간의 내용 혼동도 피하면서, 그 내용의 비교 등도 쉽게 할 수 있다.

자료 요약의 방법

항목	작성 내용
자료 제목	'꼭 알고 가기: 학습적 글쓰기란 무엇인가'의 참고문헌 표기 관련 내용을 참조하여 자료의 제목을 표기한다.
핵심 요약	한 문장 정도로 자료의 핵심 내용을 정리한다.
필요 사항	차후 집필 단계에서 필요할 만한 사항들을 자유롭게 적는다.
한 단락 요약	한 단락으로 자료 내용을 요약한다.

메모/요약하기의 방법은 개인적 취향에 가까워 무엇이 표준이라고 말하기 힘들다. 자신이 쓰고자 하는 글에 필요한 부분을 기록에 남기면 되기 때문이다. 취향이 다양하더라도 결국 자료의 메모/요약은 장차 쓰고자 하는 글의 성격, 그리고 그 글에 해당 자료는 어떻게 이용될지에 따라 달라진다. 그리고 자료에서 언급되는 핵심어(keyword)와 중심문장을 파악하는 것이 핵심이다.

■ '설명하는 글' 요약하기

'설명하는 글'의 요약은 핵심어와 중심문장을 찾아내는 것이 중요하다. 다음의 글은 '4차산업혁명'에 관한 글이다.

> 제4차 산업혁명으로 창출되는 직업은 과거의 산업혁명으로 인해 발생한 직업의 수보다 분명히 적다. 기술과 고용에 관한 옥스퍼드 마틴 프로그램(Oxford Martin Programme on Technology and Employment)의 분석에 따르면, 이전 세기에는 존재하지 않았던 산업 분야에 고용된 미국의 노동인구는 고작 0.5퍼센트다. 이는 새로운 산업 분야가 창출한 일자리로 흘러간 노동력이 1980년대에는 8퍼센트, 1990년대에는 4.5퍼센트였던 것에 비해 낮은 수치다.

이는 최근 진행된 미국 경제총조사(US Economic Census)에서도 사실로 확인되며, 기술혁신과 실업 사이에 흥미로운 관계가 성립됨을 보여준다. 정보기술 및 여러 파괴적 기술의 혁신으로 생산성이 상승된 이유가 노동력을 많이 필요로 하는 재화의 등장 때문이 아니라, 기존의 노동자를 대체하는 데서 비롯된다는 사실을 확인할 수 있기 때문이다.

옥스퍼드 마틴 스쿨 연구원인 경제학자 카를 베네딕트 프레이(Carl Benedikt Frey)와 기계학습전문가인 마이클 오스본(Michael Osborne)은 자동화가 될 확률이 높은 702가지의 직업에 순위를 매겨, 과학기술 혁신이 실업에 미칠 잠재적 영향력을 수치화했다. 자동화의 위험에 가장 민감하지 않은 직종('0'은 자동화 저위험 직군이다)과 자동화의 위험에 가장 민감한 직종('1'은 컴퓨터와 같은 기술 때문에 자동화로 대체될 위험이 높은 직군이다)을 수치로 표현했다. 다음의 표에서는 자동화될 확률이 가장 높은 직업과 그렇지 않은 직업을 소개한다.

고위험 직업군		저위험 직업군	
가능성	직업	가능성	직업
0.99	텔레마케터	0.0031	정신 건강 및 약물남용치료 사회복지사
0.99	세무대리인	0.004	안무가
0.98	보험조정인	0.0042	내과 · 외과 의사
0.98	스포츠 심판	0.0043	심리학자
0.98	법률비서	0.0055	HR 매니저
0.97	레스토랑, 커피숍의 종업원	0.0065	컴퓨터 시스템 분석가
0.97	부동산업자(부동산중개업자)	0.0077	인류학자, 고고학자
0.97	외국인노동자 농장 계약자	0.01	선박기관사, 조선기사
0.96	비서직(법률 · 의학 · 경영 임원의 비서직 제외)	0.013	세일즈매니저
0.64	배달직	0.015	전문 경영인

출처: 클라우스 슈밥 지음/송경진 옮김(2016), 클라우스 슈밥의 제4차 산업혁명, 새로운현재, 68~70쪽.

위 글은 현재 전 세계는 '4차산업'에 대한 관심이 뜨겁고, 향후 우리의 삶에 변화가 크게 일어날 것이라 예견한다. 그중 '직업의 변화'에 대해 말하고 있다. AI, 로봇, 빅데이터 등이 발전됨에 따라 그것에 대체되는 직업과 그럼에도 불구하고 살아남을 직업들을 설명하고 있다. 만약 쓰는 글이 '4차산업혁명과 그에 따른 사회변화'라는 글이라고 가정하면 이 자료에서는 '노동시장 위축과 직업군의 변화'라는 정보를 취할 수 있다.

예시_『클라우스 슈밥의 제4차 산업혁명』 자료 요약

자료 제목	클라우스 슈밥 지음/송경진 옮김(2016), 클라우스 슈밥의 제4차 산업혁명, 새로운현재, 68~70쪽.
핵심 요약	4차산업혁명으로 인하여 인간의 일자리가 줄어들고, 사라질 직업들이 많다.
필요 사항	• 현상: 4차산업혁명으로 인하여 일자리가 줄어들고 있음. • 근거 1: 기술과 고용에 관한 옥스퍼드 마틴 프로그램 분석(Oxford Martin Programme on Technology and Employment) • 근거 2: 미국 경제총조사(US Economic Census) 내용 • 전망: 대체될 직업과 살아남을 직업 – 대체직업: 텔레마케터, 세무대리인, 보험조정인, 스포츠심판 등 – 존속직업: 사회복지사, 안무가, 의사, 심리학자 등
한 단락 요약	4차산업혁명은 우리 삶에 편리함을 제공하지만, 역으로 우리에게서 직업을 빼앗는 결과를 초래한다. 이는 옥스퍼드 마틴 프로그램 분석이나 미국 경제총조사에서 드러나고 있는 사실이다. 한편 '자동화'로 대변되는 4차산업혁명으로 인하여 텔레마케터, 세무대리인, 보험조정인 등은 사라질 위기에 처한 직업으로 언급되며, 사회복지사, 안무가, 의사, 심리학자들은 상대적으로 존속 가능성이 높은 것으로 연구되었다.

■ '주장하는 글' 요약하기

'주장하는 글'의 요약 또한 '설명하는 글'과 다르지 않다. 핵심어와 중심문장을 찾아내면 된다. 다만 '설명하는 글'의 경우 중심문장은 어떤 사실들을 전달해 주는 문장이라면 '주장하는 글'에서는 주장과 그에 대한 근거가 주요 문장이 된다.

혹자는 이렇게 물을지도 모르겠다. 왜 우리가 감정의 차원을 발굴해야 하는가? "감정"은 지극히 주관적이고 눈에 보이지 않고 개인적인 경험인데, 그런 데에 초점을 맞추면 사회학(지금까지 주로 객관적인 규칙성, 패턴화된 행동, 광범위한 제도를 다루어 온 학문)의 근거가 약화되지 않겠는가? 바꾸어 말해서, 지금까지 사회학은 그런 범주 없이 잘해 왔었는데, 왜 공연히 쓸데없는 짓인가? 하지만 내가 감정의 차원을 발굴해야 한다고 생각하는 데는 몇 가지 이유가 있다.

감정은 온전한 의미의 행동은 아니다. 그러나 감정은 우리로 하여금 행동으로 나아가게 하는 내적인 에너지, 행동에 특별한 "기분" 또는 "색조"를 부여하는 어떤 것이다. 따라서 감정이란 행동의 한 측면, 곧 "에너지가 실린" 측면으로 정의될 수 있다(여기서 말하는 에너지는 인지, 정서, 판단, 욕구, 육체 등을 모두 함축하는 것으로 이해된다). 감정은 사회 이전(pre-social), 문화 이전(pre-cultural)의 어떤 것이 아니라, 극도로 압축되어 있는 문화 의미들과 사회관계들 바로 그것이다. 감정이 행동에 에너지를 불어넣을 수 있는 이유는 이렇게 압축되어 있기 때문이다.

감정은 어떻게 이러한 "에너지"를 보유할 수 있을까? 그것은 감정이 언제나 자아의 감정이요, 자아와 타자들(문화적으로 자리매김 되어 있는 타자들) 사이의 관계와 관련된 감정이기 때문이다. 누군가 나에게 "또 늦었구나."라고 말했을 때, 내가 수치를 느끼느냐 분노를 느끼느냐 죄의식을 느끼느냐 하는 것은 거의 전적으로 내가 그 사람과 어떤 관계냐에 달려 있다. 그 사람이 내 상사라면 나는 수치를 느낄 것이고, 그 사람이 내 동료라면 나는 분노를 느낄 것이며, 그 사람이 방과 후에 나를 기다리는 내 아이라면 나는 죄의식을 느낄 것이다.

감정이 심리 단위라는 것은 분명하다. 하지만 그에 못지않게 아니 어쩌면 그 이상으로, 감정은 문화 단위이자 사회 단위이다. 곧 감정이 표현되는 장소는 구체적·즉각적 관계이되 항상 문화적·사회적으로 규정되어 있는 관계이며, 이로써 우리는 감정을 통해서 인간됨(personhood)의 문화 규정들을 구현(enactment)하게 된다.

요약해보자면, 감정이란 극도로 압축되어 있는 문화 의미들과 사회관계들이며, 감정이 에너지를 보유할 수 있는 것은 이렇게 고도로 압축되어 있는 덕분이다[감정이 에너지를 보유하고 있다는 것은 감정이 반성 이전(pre-reflexive) 상태, 때로 반의식(semi-conscious) 상태에 있음을 뜻한다]. 감정이 행동의 여러 측면 중에 고도로 내면화되어 있고 비반성적인 측면인 이유는, 감정에 문화와 사회가 충분히 포함되어 있지 않기 때문이 아니라 오히려 너무 많이 포함되어 있기 때문이다.

그렇기 때문에, 사회적 행동을 "안"으로부터 이해하고자 하는 해석학적 사회학은 행동의 감정적 색조에, 그리고 실제로 무엇이 행동을 추동하는가에 주목해야 한다. 감정이 사회학에서 중요한 개념인 첫 번째 이유는 여기까지이다.

출처: 에바 일루즈 지음/김정아 옮김(2010), 감정 자본주의, 돌베개, 14~16쪽.

예시_『감정 자본주의』 자료 요약

자료 제목	에바 일루즈 지음/김정아 옮김(2010), 감정 자본주의, 돌베개, 14~16쪽.
핵심 요약	감정이란 극도로 압축되어 있는 문화 의미들과 사회관계들이다.
핵심어	감정, 에너지, 심리 단위
필요사항	• 감정은 개인 차원의 기분 문제가 아니다. • '사회학' 측면에서 감정을 이야기할 수 있다. • 감정은 심리 단위, 더 나아가 문화 단위, 사회 단위 예 "또 늦었구나."라는 말을 들었을 때의 기분은 그 말을 들었을 상황 내지는 장소, 그 사람과의 관계에 따라 달라짐

한 단락 요약	감정은 개인의 감정이면서 타인들과의 관계에서 형성되는 것이다. 바로 이 지점에서 감정은 개인 측면을 넘어서며 이로 인하여 사회 측면에서 해석될 수 있다.

앞서의 '설명하는 글', '주장하는 글'은 자료의 성격일 뿐 내가 쓰는 글이 '설명하는 글'일 때는 '설명하는 글'만을, '주장하는 글'일 때는 '주장하는 글'만을 이용하지는 않는다. 예를 들면, 『클라우스 슈밥의 제4차 산업혁명』의 글은 4차산업혁명에 따른 인간의 노동시장 변화에 대한 정보를 알려 주는 글이기도 하지만, 또 한편으로는 이를 논쟁으로 삼을 만도 하다. 이를테면 노등시장의 현황을 양적으로만 설명할 수 없다는 문제제기를 통해 이 글의 내용을 비판할 수도 있다.

또 『감정 자본주의』의 글은 개인적인 것으로만 알고 있는 '감정'이 '사회적' 의미를 가질 수 있음을 설명할 수 있는 자료가 된다. 그러면서 우리 사회에 노출되는 '감정'의 문제들을 끄집어내는 문제의식으로 삼을 수도 있다. 이를테면 감정노동자라든가, 체면중시의 한국문화, 관종과 일베 등도 이러한 사회적인 '감정'을 논의할 수 있는 소재가 된다. 결국 그 어떤 자료이든 자신이 쓰고자 하는 글의 성격에 따라 그 내용을 취하면 된다. 그래서 앞서 제시한 예시는 예시일 뿐 본인이 쓰고자 하는 글을 위한 메모를 하면 된다.

② 분석하기

분석은 나누어 해석한다는 의미이다. 글은 건축물과 같다. 하나의 건물이지만 그것을 구성하는 부분들이 존재한다. 집을 예로 든다면 지붕, 기둥, 벽면, 바닥 등 다양한 요소들이 결합하여 하나의 완결된 건축물을 구성한다. 글 또한 이런 요소들 간의 조합들로 이루어지는데, 어떤 요소들이 있는지 나누어 보고, 각 요소들이 어떻게 결합되는지를 파악하는 것을 분석하기라 말할 수 있다. 예를 들어, 한 편의 '주장하는 글'을 읽고 '글에서 주장하는 바가 무엇이며, 그 주장을 뒷받침하기 위하여 몇 가지의 근거들을 제시하고 있다'라고 파악하는 것은 곧 그 글을 분석하고 있다는 것이다.

앞서 '요약하기'는 주로 글쓴이의 의도를 파악하는 데 중점을 둔다. 그래서 '글쓴이가 말하고자 하는 바가 무엇이다'를 밝힌다. 그러나 분석하기는 여기에서 한 발 더 들어가서 '글쓴이가 왜 그렇게 말하고 있는지', 이른바 맥락(context)를 파악한다. 또 때로는 글에서 드러나지 않은 사항에 대해서 '유추'해 내는 것도 글을 분석적으로 읽기에 가능해진다.

■ 분석하기의 예

다음 글은 「진화의 늪에 빠진 한국」이라는 제목의 신문 칼럼이다. 이 글에서는 현재 직면하고 있는 한국의 문제점이 초고령화사회임을 꼬집고 있다. 이 글의 배경이 된 것은 2019년 7월 일본 정부가 시행한 수출규제이다. 필자는 규제에도 불구하고 한국이 빠르게 극복하는 모습을 통해 예전만 못한 일본의 장기 침체 원인을 생각했다. 그것이 바로 고령화사회와 청년층의 도전의식 부재였다. 그러나 이 문제는 비단 일본만의 것이 아니라 우리 한국사회에 곧 도래할 문제라 보고 있고, 이에 대한 대책이 시급함을 말하고 있다. 여기까지가 요약이다. 그럼 여기서 한 발짝 더 나아가 깊이 있는 읽기를 해 보자.

넉 달 전 일본이 반도체 제조에 쓰이는 몇 개의 물질에 대해 수출규제를 해 왔을 때 걱정하는 사람이 많았다. 일부 언론과 정치계를 중심으로 일본에 고개를 드는 것은 위험하니 잘못을 빌어야 한다고 주장하는 이도 있었다. 그러나 당초의 우려와는 달리 우리 경제가 잘 견뎌내고 있을 뿐만 아니라 오히려 더 큰 타격은 일본이 보고 있다는 중간계산서가 나오고 있다.

게다가 일본상품에 대한 불매운동이 기대 이상으로 효과를 내면서 전황은 우리에게 결코 불리하지 않은 형태로 진행되고 있는 모습이다. 무엇보다 언론들의 호들갑이 많이 사라진 것이 그러한 상황전개의 반증이다. 그러면서 일본경제에 무슨 일이 있었는지 과거보다 더 깊이 들여다보게 되었다.

잃어버린 10년에서 숫자가 자꾸 늘어나 잃어버린 30년까지 연장된 일본의 경제에 정말 무슨 문제가 있었을까. 일차적으로 많은 사람들은 일본과 한국의 기업에 주목하면서 기술강국이라는 생각에 안주한 일본기업이 결국 돌파력을 가진 한국의 기업한테 추월을 허용했다는 것으로 결론을 내고 있다.

맞는 얘기다. 그렇지만 정작 중요한 전제를 우리는 너무 가볍게 보고 있다. 바로 인구구조이다. 일본의 고령화는 세계에서 유례가 없는 속도와 규모로 진행되어 왔다. 나이가 많은 사람들이 인구의 다수를 점하는 사회는 안타깝지만 활력이 떨어진다. 게다가 일찍 선진국이 되면서 일본의 젊은이들도 도전정신을 많이 잃었다.

일본과 한국을 비교하는 글들을 보면서 놀라는 것은 우리에게 곧 닥칠 일에 대해 제대로 얘기하지 않는다는 것이다. 우리의 성취에 너무 취해 있는 것일까. 사실 지금 한국은 전성기다. 최근 우리 정부는 세계무역기구(WTO)에 개발도상국 지위를 더 이상 주장하지 않겠다고 하였다. 이미 국내총생산(GDP) 규모 세계 12위, 수출 세계 6위, 국민소득 3만 달러 등 경제수치들은 선진국 수준에 올라있다. 이러한 상태에서 우리가 계속 개발도상국으로 인정해달라고 요구하기는 어렵다. 게다가 문화적 영향력도 날로 높아지고 있다. BTS의 인기가 비틀즈에 견주어지고 한국의 음악을 듣고 영화와 드라마를 보는 세계의 사람들이 하루가 다르게 늘어나고 있다.

그러나 이러한 번영을 언제까지 가져갈 수 있을지는 아무도 장담할 수 없다. 지금 우리의 고령화와 저출산 추세는 일본보다 더 빠르게 진행되고 있다. 통계청이 추계한 인구를 보면 1960년 3%였던 65세 이상 인구는 2050년에는 40%가 된다. 30년 후면 열 명의 인구 가운데 4명이 65세 이상이 되는 것이다. 게다가 출산율은 세계에서 가장 낮을 뿐만 아니라 거의 재앙에 가까운 수준이다.

다행하게도 생산가능인구는 가파른 고령화와 저출산 추세 속에서도 아직까지는 미세하지만 증가하고 있다. 전체 인구에서 생산가능인구가 점하는 비중도 정점을 약간 지나긴 했지만 여전히 인구구조로 볼 때 가장 높은 단계에 있다. 지금 한국이 여러 분야에서 활기가 넘치고 자신감이 있는 것은 이러한 인구구조의 덕이 크다고 할 것이다.

여력이 있는 지금 그 무엇보다 인구문제 해결에 모든 힘을 경주하여야 한다. 그런데 저출산 극복을 위해 많은 돈을 투입하였음에도 불구하고 효과는 거의 없다고 한숨이다. 어쩌면 지금 한국은 진화의 늪에 빠져 있는 것 같다. 세대를 재생산하는 것은 한 사회의 유지를 위해 가장 필요한 것인데, 그 조건의 창출에 한국은 실패하고 있는 것이다.

몇 달 전 찰스 다윈의 『종의 기원』 초판이 우리나라에서 새로 번역되어 나왔다. 생전에 6판까지 나왔던 이 책은 진화론을 주장한 것으로 유명하지만 정작 진화라는 말은 6판에서 처음 사용되었다. 책이 출간되고 나서 나온 사회적 반응에 따라 수정을 하면서 내용과 표현도 진화했던 셈이다. 이 책에서 다윈은 환경에 잘 적응하는 강한 자가 살아남는다고 하였다.

한국은 지금 역사상 아주 강한 나라를 만드는 데 성공하였다. 주변 환경에 완벽하게 적응한 결과이다. 그런데 그렇게 잘 적응하고 강한 나라를 만든 결과가 역설적이지만 세대의 재생산을 어렵게 하고 있다. 일자리와 집을 마련하는 것이 어렵고 아이 키우는 것이 너무 힘들고 돈이 많이 드는 것이 근본적인 이유임에 분명하지만 그것만으로 설명하기는 어렵다.

생존의 절박함이 예전과는 달라졌고, 결혼과 출산도 선택할 수 있게 되면서 삶의 목적도 많이 달라졌다. 저출산을 극복하고 지속가능한 국가를 만들기 위한 과제의 수립과 실행이 그 무엇보다 우선되어야 한다. 진화의 늪에 빠진 한국의 성공적 진화를 위한 특별 위원회를 만들고 해법을 두고 치열한 논쟁을 벌여야 한다.

일본과의 경제전쟁에 일희일비할 때가 아니다. 저출산을 극복하지 못하면 머지않아 한국은 지금의 일본보다 더 심각한 침체에 빠지게 될 수도 있다. 강한 자가 살아남을 확률이 높은 것이 사실이지만, 지금 우리는 역으로 살아남는 것이 강한 또 다른 진화의 한가운데에 서 있다.

출처: 진화의 늪에 빠진 한국, 부산일보, 2019.11.07.

이 글에서 한국사회의 문제점으로 제시한 '고령화사회 또는 저출산국가'는 시비할 수 없는 참이다. 일본의 장기적인 경제 침체의 이유는 다양할 텐데, 어차피 이 글이 '고령화사회 또는 저출산국가'에 맞춰져 있으므로 이 부분만 언급한 것은 이해 가능하다. 여기서 시비할만한 것은 대책 없는 촉구에서 글이 끝났다는 점이다. '고령화사회' 문제이다. 그럼 어떻게 풀 것인가? 다양한 대책이 필요한데, '인구문제 해결'이라는 원론적인 주장을 하고 있다. 어떤 면에서 단순히 문제를 부각시키고, 이에 대한 각계각층의 노력이 필요함을 제기하는 데서 그치고 말았다. 문제제기는 쉽다. 다만 그것을 푸는 묘수는 쉽게 세우기 힘들다. 우리 사회에 진정으로 필요한 것은 문제제기보다는 실행 가능한 대책과 실천이다. 바로 여기까지가 분석을 통한 비판하기이다.

■ 수치 또는 통계 분석하기의 예

우리가 접하는 자료 중에 다음처럼 수치나 통계로 표현되는 자료가 있다. 고용노동부가 발표한 2019년 9월 근로자 1인 임금총액이 3,745,000원이라는 내용이다.[1] 그러나 실제 이렇게 받는 노동자보다는 그렇지 않은 경우가 더 많다. 그야말

1 2019년 10월 사업체노동력조사, 고용노동부 보도자료, http://www.moel.go.kr/news/, (2019.12.01.)

로 '통계는 통계일 뿐'이다. 이것을 제대로 활용하기 위해서는 해석이 필요하다. 분석적으로 이 자료를 접하면, '3,745,000원'이라는 금액을 사실로 받아들이지 않는다. 저 숫자의 허구가 보인다. 왜냐하면 임금의 격차에는 정규직과 비정규직의 차이가 포함되어야 하기 때문이다. 공기업, 대기업, 중소기업이라는 기업규모에 따라서도 차이가 있다. 무엇보다 상위 몇 % 노동자의 임금이 월등하게 높기 때문에 평균 자체가 올라간다. 이렇게 여러 요인들을 떠올려 보면 '3,745,000원'이라는 숫자는 집합된 통계수치이지만, 세부요소를 고려하지 않은 통계임을 알 수 있다.

'19.9월 상용근로자 1인 이상 사업체의 전체 근로자 1인당 임금총액은 3,745천원으로 전년 동월 대비 3.2%(+117천 원) 증가하였음

근로자 1인당 월평균 임금총액 (단위: 천 원, %)

구분	'18.9월	'19.6월	7월	8월	9월
전체 근로자	3,629(4.1)	3,329(3.3)	3,484(2.8)	3,374(4.3)	3,745(3.2)
[계절조정지수, '15.12=100]	[108.7]	[111.2]	[111.6]	[112.8]	[112.8]

주: 임금은 세금공제 전 임금, ( )은 전년 동월 대비 증감률

③ 질문하기

의견이나 주장이 담긴 글을 읽을 때, 그 사람의 주장과 의견을 아는 것에서 그치지 않아야 한다. 단순히 이해의 목적이거나, 정리가 목적이라면 읽는 글의 주장을 정리만 해도 된다. 하지만 그것을 통해 나의 생각을 가다듬을 때는 항상 '비판' 의식을 가지며 자료를 읽는 습관을 들여야 한다. 이런 식의 읽기를 '필자와 겨루듯이 글 읽기'라 말할 수 있다. 필자의 말이 진리가 아니라 하나의 의견이고, 그 의견이

나와 어떻게 같고 다른지 일정한 거리를 유지하며 읽는 것을 말한다. 이때의 형식은 '질문'의 방식을 취한다. 그러나 여기서 '질문'이란 단순히 '모르는 것을 묻는' 질문(1차적 질문)이 아닌, 문제제기 또는 반론의 성격(2차적 질문)이다.

예시_『클라우스 슈밥의 제4차 산업혁명』에 대한 질문

1차적 질문 (궁금한 것 묻기)	· 4차산업혁명이 무엇인가? · 옥스퍼드 마틴 프로그램의 내용은 무엇인가? · 10년 후에 진짜 저 직업들이 사라질까?
2차적 질문 (문제제기)	· 현대는 일자리의 질을 따지는 시대인데, 일자리의 양적 감소만을 문제화할 수 있는가? · 4차산업혁명, 누구를 위한, 무엇을 위한 혁명인가? · 4차산업혁명에 따른 일자리의 변화, 그에 대한 한국 대학은 어떤 대응을 하고 있는가?

③ 발제하기(문제제기와 자기주장)

발제(發題)란 '발제토론회나 연구회 따위에서 어떤 주제를 맡아 조사하고 발표'하는 것을 의미한다. 대학에서 무엇인가를 조사하여 발표하는 것도 발제라 할 수 있다. 그러나 그 경우 어떤 대상의 사실 측면을 정리 요약하는 데서 그치고 만다. '발제'라고 한다면 거기서 한발 더 들어가기를 요구한다. 핵심 내용에 대해 시비를 하고, 자신의 생각들을 드러내는 것이 중심이다. 일반적으로 발제는 다음의 요소들을 담는다.

발제의 요소

요소	내용
정리	자료의 내용 요약: 직·간접 인용보다는 자신의 문장으로 요약한다.
문제제기	요약된 내용 시비: 논쟁/토론 거리를 찾는다.
자기주장	앞의 시빗거리 중 한 주제에 집중하여 자신의 주장을 쓴다.

문제제기는 글쓴이의 주장에 대한 자기 견해가 있을 때 가능하다. 글쓴이가 전달하는 내용을 그대로 받아들이는 소비적 글 읽기로는 문제제기를 할 수 없다. 해당 주제로 글을 쓰려는 생산자 입장에서 자료를 읽어야 한다.

■ 발제의 예

다음의 글은 생물학자 최재천과 신화학자 도정일의 대화이다. 이 둘의 대화는 『대담: 인문학과 자연과학이 만나다』라는 책으로 출판되었는데 인용된 부분은 '신화'에 대한 두 사람의 인식 차이를 보여 주고 있다.

최재천 저는 생물이란 절대로 만들어진(제조된) 것이 아니라고 확신하는 과학자입니다. 절대적으로 자연발생된 것이라고 생각하죠. 그런데 그게 사실은 설명하기가 무척 어려운 부분입니다. 이론도 있고, 누군가는 실험도 해봤고요. 저는 학교에서 일반생물학 강의를 하면 생명의 기원에 관한 장은 빼버립니다. 학생들한테 솔직하게 말하죠. "나는 이것에 대해 아는 바가 없다. 현재까지 나와 있는 이론 중 그 어느 것에도 완벽한 확신을 가질 수 없다. 여러분이 혼자 읽고 나름대로 생각해보기 바란다." 그러면서 그냥 넘어갑니다. 우리가 지금 알고 있는 사실은 어떤 화학 물질들이 우연히 생명의 늪에서 돌아다니다가 방전 에너지를 받았고, 어찌하다가 DNA라는 자기 복제를 할 줄 아는 묘한 화학물질이 생겼다는 것이죠. 화학자들에 의해 생명의 기원에 관한 상당히 정교한 모델이 제시되어 있지만 저는 여전히 고개를 갸우뚱거리고 있습니다.

이 이야기를 잘못하면 우주물리학이나 화학을 전공하는 제 동료 과학자들이 무척 섭섭해할 거라서 영 조심스럽습니다. 그분들의 연구에 의해 우리는 우주의 나이는 물론, 그동안 변화해온 과정에 대해 상당히 많은 걸 정확하게 알고 있죠. 그럼에도 불구하고 이 '무식한' 진화생물학자는 아직도 뒤통수를 긁적이고 있습니다. 그렇지만 한가지 분명한 것은 결코 설계된 것은 아닐 거라는 확신입니다.

도정일 창조주의 다른 이름은 '설계자'입니다. 창조론적 신화들은 세계와 인간을 설계하고 만들어낸 '외부 지성'을 상정합니다. 인간이 제 손으로 자기를 만들고 세계를 만든 것은 아니다. 인간을 만든 존재는 세계 바깥에 따로 있다는 생각이 창조신화의 상상력이고 사유방식이죠. 요즘은 '창조론(creationism)'이라는 구식 명칭 대신 '지적 설계(intelligent design)'라는 새로운 이름이 등장했습니다. 인간을 포함해서 세계는 아주 정교하게 설계되어 있다. 이런 설계가 우연의 산물일 수 없다는 것이 지적 설계론의 주장입니다.

그러나 생물학자, 특히 진화론자라면 이런 설계이론을 결코 받아들일 수 없겠죠. 리처드 도킨스를 보세요. "나는 이 우주의 모든 생명체, 모든 지성, 모든 창조성, 모든 설계가 다윈이 말한 자연선택의 직접적 산물이거나 간접적 산물이라 생각한다. 설계는 진화를 선행하지 않는다. 우주의 근원에 처음부터 설계가 있었다고 말할 수 없다"라고 그는 말합니다. 설계가 먼저 있었고 그다음에 진화가 온 것이 아니라 그 반대라는 거죠.

(중략)

나는 도킨스나 자크 모노의 이런 소리에 박수를 보냅니다. 적어도 그건 '확심범'들의 발언이니까요. 그러나 생물학자들이 신화와 과학적 서술을 혼동할 때는 박수를 칠 수가 없어요. 수메르 신화를 보면 신들은 노동하기 싫어서 인간이라는 존재를 만듭니다. 신들도 먹고살아야 하니까 농사짓고 고기도 잡으러 다니느라 허리가 아파요. 그래서 인간이라는 종자를 만들자고 하게 된 거거든요. 말하자면 신들을 위한 '노예'로 만들어진 것이 수메르 신화의 '인간'입니다. 이건 인간 기원에 대한 과학적 진술일 수 없어요. 그러나 다른 층위에서 보면 당시 사회의 인간관과 권력관계, 세계관을 말해주는 아주 강력한 이야기입니다. 지금도 그렇고요.

출처: 도정일·최재천(2005), 대담: 인문학과 자연과학이 만나다, 휴머니스트, 209~211쪽.

이 글을 읽고 발제를 한다면 다음과 같이 할 수 있다. 먼저 읽은 부분의 내용을 요약한다. 이 글을 읽지 않은 사람들에게 대략적인 내용을 이해시키기 위한 것이므로 간결하고, 핵심적인 요약이 필요하다. 다음 예시에서는 지면 관계상 서술형이 아닌 개조식으로 작성하였지만, 통상 발제문에서는 서술형으로 작성한다.

정리된 내용에서 심화하는 것이 다음 문제이다. 심화는 보통 다음과 같은 형식으로 표현할 수 있다.

심화의 형식

형식	내용
비판	• 이런 주장을 하였는데, 근거가 미약하다. 그 이유는 무엇이다. • 이런 주장을 하였는데, 이는 이해가 부족한 부분이다. 다르게 해석될 수 있지 않을까?
보충	• 주장의 근거로 무엇 무엇을 들었는데, 또 다른 근거로 이런 것들이 있다.
팩트 체크	• 주장의 근거로 이용한 자료는 부정확한 것이다.
논점 전환 혹은 아이디어	• 이 자료는 또 다른 주제에 어떤 식으로도 사용될 수 있다.

다음에서는 시비(是非)의 제목만을 제시했는데, 실제 발제문에서는 그에 대한 내용을 서술한다. 시비가 끝나면 자신이 제기한 문제 중 가장 대표적인 한 가지를 잡고서 그에 대한 자신의 주장들을 담는다. 곧, 발제란 어떤 글을 읽고서 '부족한 부분이 이것이었으니, 내가 새롭게 이에 대한 글을 쓰면 이렇게 될 것이다'를 보여 주는 것이다. 단순히 내가 읽은 자료가 이런 내용이라고 해설하는 것이나, 자신이 이해하지 못한 것을 질문하는 것은 발제가 아니다.

예시_『대담: 인문학과 자연과학이 만나다』에 대한 발제

정리	• 생물학자 최재천 – 생물의 자연발생과 진화를 믿는다. – 천지 및 인간의 창조들을 담고 있는 신화는 허무맹랑한 것이다. • 신화학자 도정일 – 신화와 과학적 서술을 구별해야 한다. – 신화는 '사실'이 아니므로, 그것이 비과학적이라 비난할 필요 없다. – 신화의 진술은 상상력이고 사유방식으로 이해해야 한다.
문제제기	• 신화를 어떻게 읽어야 할 것인가? • 신화가 우리 삶에 왜 필요한가? • 자연과학과 인문학은 별개의 학문인가?
자기주장	• 신화 해석의 다양성을 인정하자. – 신화는 누가 읽느냐 또는 그것을 어떻게 받아들이느냐에 차이가 있다. – 이는 틀림이 아닌 다름의 차이이며, 서로를 이해하는 방향으로 가야한다. • 신화를 믿는 사람들 – 실제 한 종교의 신앙인들은 그들 신화를 믿는다. 대표적으로 기독교의 창세기 천지창조가 있다. – 종교인들은 자신들의 신화는 진리이지, 독서가들의 가십이 아니라고 믿는다. • 신화를 의심하는 사람들 – 신화, 종교는 모두 인간이 만들어낸 문화의 일종이다. – 따라서 신화를 분석하면 이 문화를 만들어 낸 인간의 상상체계를 분석할 수 있다. – 심지어 진화론자는 허무맹랑하며, 거짓이라 주장한다.

그러나 발제의 형식이 반드시 반론과 자기주장일 필요는 없다. 더욱이 읽은 자료가 논증적 성격의 글이 아닌 '설명하는 글', '문학'일 때는 더더욱 그러하다. 그래서 이때는 '자기주장' 부분에 '착상'이라고 해서, 이 글을 활용할 만한 다양한 아이디어를 제시할 수 있다.

글이란 생각의 마중물이다. 우리의 생각을 확장하고, 전환하게 만들어 주는 계기가 글이다. 그러나 지금까지 우리는 그 글 자체를 이해하는 것에서 머물러 왔다. 자신의 글을 쓰기 위해서는 다른 사람의 말과 글에만 머물러 있으면 안 되고, 자신

의 말과 글로 가져가야 한다. 그러기 위해서는 '생각'이 필요하다. 그 생각을 우리는 '질문', '비판', '해석', '분석', 때로는 '상상' 등 다양하게 부르는 것이다.

3) 개요는 어떻게 작성하는가

글쓰기 계획하기 과정에서 개요 작성을 설명할 때 누군가는 건축물의 설계도에 누군가는 요리의 레시피에 비유하곤 한다. 이처럼 개요는 주장하는 바가 일관성 있고 체계적으로 잘 드러나도록 하기 위해 작성하는 글의 구조도이다. 그러나 막상 개요를 짜려고 하면, '맨 처음 어떤 이야기를 꺼내야 할까?', '무엇을 먼저 말하고 무엇을 그 다음에 말해야 할까?', '핵심적으로 강조해야 하는 것은 무얼일까' 등 많은 것을 고민하게 된다. 그나마 다행인 것은 기본적인 글의 구성이 '서론-본론-결론'의 3단계로 이뤄져 있다는 점이다. 여기에서 본론을 얼마나 입체적으로 구성하느냐에 따라 '3단 구성, 4단 구성, 5단 구성'으로 확대할 수 있다.

앞서 지속적으로 끌고 온 주제인 '고령화사회'에 대한 문제 제기로 글을 쓴다면, 다음과 같은 글의 구성을 예상해 볼 수 있다. 그러나 학술에세이는 최소 4단락에서 5단락으로 구성되어야 논의가 어느 정도 이뤄질 수 있기 때문에 3단 구성보다는 4단이나 5단 구성을 추천한다.

예시_'고령화사회의 문제'에 대한 글의 구성

<table>
<tr><th>3단계 구성</th><th>4단계 구성</th><th>5단계 구성</th></tr>
<tr><td>서론: 고령화사회의 현상</td><td>서론: 고령화사회의 현상</td><td>서론: 고령화사회의 현상</td></tr>
<tr><td rowspan="3">본론: 고령화사회 문제와 대책</td><td>본론 1: 고령화사회의 문제</td><td>본론 1: 고령화사회의 원인</td></tr>
<tr><td rowspan="2">본론 2: 고령화사회의 대책</td><td>본론 2: 고령화사회의 문제점</td></tr>
<tr><td>본론 3: 고령화사회 해결방안</td></tr>
<tr><td>결론: 해결방안 시급</td><td>결론: 해결방안 시급</td><td>결론: 해결방안 시급</td></tr>
</table>

(1) 개요 작성하는 법

① 글의 구성 선택하기

학술에세이는 주장하는 글쓰기다. 이러한 글의 특성에 맞춰 개요를 작성하기 위해서는 먼저 글의 틀을 잡아야 한다. 그 틀에는 크게 '문제해결식 구성'과 '논증식 구성'이 있다. 문제해결식 구성은 문제의 원인과 문제점을 제시하고, 그것의 해결방법을 모색하는 방식으로 글을 진행하는 것이고, 논증식 구성은 타당한 근거를 들어 주장을 펼치는 방식으로 글을 진행하는 것이다. 논증식 구성은 또 다시 두 가지로 나뉘는데, '찬반식 글쓰기'와 '반론식 글쓰기'가 바로 그것이다. '찬반식 글쓰기'는 찬성 또는 반대 중 자신의 주장과 그에 대한 근거를 제시하는 방식으로 글을 구성하는 것으로, 자신의 주장만을 강조하는 것에 주력하는 글쓰기다. 반면에 '반론식 글쓰기'는 자신의 주장에 대해 예상되는 반론까지 언급하고 동시에 그에 대한 방어논리를 첨가함으로써 주장의 타당성을 강화하면서 글을 쓰는 방식이다.

글쓰기 방식에 따른 개요 작성법

구성	문제해결식 글쓰기	논증식 글쓰기	
		찬반식 글쓰기	반론식 글쓰기
서론	흥미로운 도입(현상, 이슈)+문제제기+주장(입장)		
본론	원인	논거 1(이유 1+근거 1)	논거 1(이유+근거)
본론	문제점	논거 2(이유 2+근거 2)	논거 2(이유+근거)
	해결방안	논거 3(이유 3+근거 3)	예상 반론+대응
결론	요약 + 주장 강조 + 마무리(제언, 전망, 앞으로의 과제)		

학술에세이를 문제해결식으로 쓸지, 논증식으로 쓸지 결정하는 것은 주장의 성격에 따라 달라진다. 문제해결식은 공통적으로 인식하는 문제를 제기하고, 해결방법을 설명하는 방식으로, 문제를 드러내고, 자신의 주장을 밝히는 것보다는 그 문제를 해결하고자 하는 '대안제시'에 초점을 둘 때 유용한 글쓰기 방식이다. 이에 반해 논증식 글쓰기는 찬반이 명확한 쟁점에서 자신의 주장을 드러낼 때 유용하다.

예시_ 찬반식 글쓰기의 개요

주제문		노인 삶의 질을 향상시키기 위해 정년을 연장해야 한다.
구성		내용
서론		1. 고령화사회 양상과 문제
본론	논기 1	2. 양질의 노동력 낭비 1) 개인의 행복 추구권 박탈 2) 고령 노동자들의 풍부한 경험과 노하우
	논거 2	3. 나이에 대한 차별 1) 나이와 노동 간 비연관성 2) 고령자의 뛰어난 성과 분야 존재
	논거 3	4. 정년연장을 통한 노인지원정책 보완 1) 국민연금이 고갈 2) 젊은 층의 노인 부양 부담
결론		5. 정년연장을 통한 노인 삶의 질 향상

예시_ 반론식 글쓰기의 개요

<table>
<tr><td>주제문</td><td colspan="2">노인 삶의 질을 향상시키기 위해 정부는 노인 일자리 창출과 복지정책을 더 확충해야 한다.</td></tr>
<tr><td colspan="2">구성</td><td>내용</td></tr>
<tr><td colspan="2">서론</td><td>1. 고령화 사회와 노인 삶의 질</td></tr>
<tr><td rowspan="3">본론</td><td>논거 1</td><td>2. 노인 일자리 정책의 필요성
1) 취업 교육 및 기회 제공
2) 계속고용제: 정년 연장, 퇴직자 재고용</td></tr>
<tr><td>논거 2</td><td>3. 노인 복지 정책의 필요성
1) 노인 생활비 지원 확대
2) 노인 전문 병원 및 노인 복지 시설 확충</td></tr>
<tr><td>예상 반론 및 대응</td><td>4. 정년 연장과 청년 실업
1) 반론: 청년 실업 야기와 세대 간의 갈등 유발
2) 대응: 임금 피크제 실시</td></tr>
<tr><td colspan="2">결론</td><td>5. 사회 공동문제로서 노인 삶의 질 향상</td></tr>
</table>

② 진술 방식 선택하기

학술에세이에 담아낼 주장이 무엇이냐에 따라 글의 구성 방식이 정해지면, 그 다음 고려해야 할 부분이 바로 개요의 '진술방식'을 선택하는 일이다. 개요는 진술방식에 따라 '화제 개요'와 '문장 개요'로 나뉜다. 화제 개요는 몇 개의 단어로 된 짧은 문구로 개요를 진술하는 형식이고, 문장 개요는 완전한 문장으로 개요를 진술하는 형식이다. 화제 개요는 개요가 잘 짜여 졌는가를 한눈에 검토하는 데 편리한 장점도 있지만 이를 바탕으로 글을 구체적으로 전개하는 데에 어려움이 따른다. 반면에 문장개요는 개요를 한 눈에 파악하기에는 어려움이 있으나 문장 개요에 작성된 문장들이 글의 중심문장으로 되므로 글을 작성하는 데 편리하다.

예시_‘고령화사회의 문제’에 대한 글의 개요

주제문	노인의 삶의 질을 향상시키기 위한 사회적 해결방안이 마련되어야 한다.
화제 개요	**문장 개요**
1. 서론: 고령화사회의 현상	1. 서론: 고령화사회가 빠르게 진행되면서 노인들의 삶이 피폐해지고 있다.
2. 고령화사회의 원인 1) 수명 연장 2) 저출산	2. 고령화사회의 원인 1) 의료기술과 생활수준의 향상으로 수명이 연장되었다. 2) 저출산으로 노인들의 인구 비중이 상대적으로 증가하였다.
3. 고령화사회의 문제점 1) 인구구조 변화: 젊은 층 부담 증가 2) 국가 경쟁력 약화: 산업 인력 부족 3) 노인 삶의 질 악영향	3. 고령화사회의 문제점 1) 인구구조의 변화로 젊은 층의 부담이 가중된다. 2) 산업인력 부족으로 국가 경쟁력이 약화된다. 3) 경제능력이 없는 노인들 삶의 질에도 악영향을 미친다.
4. 고령화사회 문제의 해결방안 모색 1) 저출산 문제 해결 2) 노인 삶의 질 향상 (1) 노인 일자리 만들기: 일자리 제공, 취업 교육, 정년연장 (2) 노인 복지 정책 마련: 생활비 지원, 노인전문병원과 노인복지시설 확충	4. 고령화사회 문제의 해결방안 모색 1) 보조금 지원이나 사회제도 개선으로 저출산 문제를 근본적으로 해결하면 3.1) 3.2)는 자연스럽게 해결된다. 2) 사회적인 정책으로 노인 삶의 질을 향상해야 한다. (1) 노인 일자리 창출이나 정년을 연장한다. ① 일할 수 있는 능력이 있는 노인들에게 일자리를 제공한다. ② 취업 교육을 실시한다. ③ 정년을 연장한다. (2) 실질적으로 도움이 되는 노인 복지 정책을 마련한다. ① 노인 생계 최저 생활비를 늘려 지원한다. ② 노인전문 병원이나 노인 복지시설 확충한다.
5. 결론: 노인 삶의 질을 향상시키기 위한 사회적 해결방안 마련	5. 결론: 노인 삶의 질 향상을 위한 해결방안이 시급하게 강구되어야 한다.

③ 나열 방식 선택하기

글의 구성과 개요의 진술방식이 정해지면 마지막으로 개요의 나열방식을 선택해야 한다. 나열방식은 글의 논리적인 전개 순서를 돕기 위해 내용 목록을 단계화하는 과정으로, '장, 절, 항, 목'의 순서로 나타낸다. 장, 절, 항, 목은 그 앞에 기호를 통해 구분한다. 학술에세이에서는 통상적으로 'Ⅰ. - 1. - 1) - (1) - ①'의 순서로 로마자나 숫자를 사용하여 그 항목을 구분한다.

예시_ 차례

1. 서론

2. 고령화사회의 원인

   1) 수명 연장
   2) 저출산

3. 고령화사회의 문제점

   1) 인구구조 변화
   2) 국가 경쟁력 약화
   3) 노인 삶의 질 악영향

4. 결론

(2) 개요 작성하기

▎주제를 정한 후 글쓰기 방식에 맞게 개요를 작성해 보자.

주제문	
구성	**내용**
서론	
본론	
결론	

2. 집필, 체계적이고 명료하게 전달하다

쓰고 싶은 주제를 정하고, 이를 잘 전달할 체계적인 개요를 작성하면 글을 쓸 수 있을 것만 같다. 그러나 개요가 아무리 잘 작성되었다고 하더라도 막상 글을 쓰려고 하면 산 넘어 산이다. 무슨 말을 어떻게 시작해야 할지 막막하다. 글 첫머리가 중요하다고 하니 첫 문장 쓰기는 더욱 어렵게 느껴진다. 또 하고 싶은 이야기를 본론에 다 했는데, 마무리는 어떻게 써야 할지 부담스럽다. 이에 결론이 꼭 필요한가라는 생각에 글쓰기가 어렵다는 생각만 가중된다. 그러면 어떻게 글을 써 나가야 할까?

학술에세이란 엄격한 체계와 형식을 갖추어 연구 절차와 내용을 상세히 기술해야 하는 학술 논문 또는 학술 보고서에 비해 상대적으로 유연하고 자유로운 글이다. 그렇다고 해서 학술에세이가 수필처럼 자신의 경험을 지나치게 일반화하거나 인상 평을 기술하는 데 머무른다거나 자신의 생각을 논리적 분석 과정 없이 피상적으로 기술하거나 일정한 자료를 요점 정리하는 데 목표를 두는 글쓰기는 아니다. 학술에세이는 객관적인 분석에 입각하여 독창적이고 주체적인 관점을 세우고, 자신의 주장이 독자에게 잘 전달될 수 있도록 형식적, 내용적 차원에서 논리와 체계를 잘 갖추어 주장의 타당성을 입증하는 글쓰기 양식이다.

학술에세이의 특성이 잘 드러나도록 하기 위해서는 서론, 본론, 결론이 독립성을 가지면서 유기적으로 연결되도록 신경 써야 한다. 그리고 서론, 본론, 결론이 독립적이면서 유기적으로 연결되기 위해서는 단락마다의 중심생각을 명확히 표현하고 매개문장을 통해 단락과 단락의 연결을 자연스럽게 이끌어 내야 한다. 이러한 점들을 고려하여 서론, 본론, 결론의 작성 방법을 이해하고, 제목을 다는 방법에 대해서도 알아보고자 한다.

TIP_ 단락이란

- 단락의 정의 : 하나의 중심생각이 담긴 짧은 이야기 도막
- 단락의 구성 : 소주제문장 + 뒷받침문장 + (보충문장)
- 단락의 표현 방법 : 정의, 비교, 대조, 분류, 구분, 분석, 유추, 인과
- 단락의 형식 : 들여쓰기와 행 바꿈
  ➡ 내용적인 단락 구분과 형식적인 단락 구분 일치

1) 서론은 어떻게 쓰는가

첫인상이 좋은 사람에게 호감이 생기듯 글의 시작이 흥미로워야 독자의 시선을 끌 수 있다. 글이란 읽어주는 사람이 있어야 그 가치가 부여되기에 읽고 싶게 만드는 글을 써야 한다. 하지만 글의 첫인상을 좌우하는 서론을 쓰는 것은 생각처럼 쉽지 않다. 그렇다고 독자가 논의할 주제를 받아들일 준비도 되지 않았는데 무턱대고 주장을 시작해 버릴 수는 없지 않은가.

학술에세이에서 서론은 주제와 연관되는 흥미로운 내용의 도입 문장을 시작으로, 논의대상이 지닌 문젯거리를 제시하며 글쓴이가 본론에서 다룰 논의 중심의 방향을 제시함으로써 독자의 관심을 사로잡는 역할도 한다. 이러한 서론의 역할을 수행할 수 있도록 다음의 세 가지 구성 요소를 순차적으로 기술해야 한다.

- 주제와 연관되는 흥미로운 내용으로 글을 시작한다.
- 논의할 문젯거리를 제시한다.
- 논의대상에 대한 입장을 밝힌다.

(1) 서론의 구성 요소

① 도입 문장 쓰기

글의 도입은 뒤이어 제시할 내용이나 성격에 영향을 미치므로 가독성 있게 써야 하며, 독자의 관심을 끌 수 있게 흥미롭게 시작해야 한다. 글의 첫머리를 시작하는 방법은 다양하지만 자신의 주장을 내세우는 학술에세이의 경우는 '경험이나 일화 소개, 인용, 개념 정의, 일반적인 배경 진술, 사회적인 사건이나 이슈'를 제시하며 시작하는 것이 독자의 흥미를 끌기에 유리하고, 본론을 이끌어 가는 데도 편리하다.

■ 경험이나 일화를 소개하며

도입을 경험이나 일화 소개로 시작하는 글은 독자의 관심이나 흥미를 끌 수 있는 가장 쉬운 방법이다. 일반적으로 자신의 경험을 이야기할 때 주의 사람들이 솔깃해 하듯이 자신이 겪은 일화를 제시하면서 글을 시작하면 독자의 시선을 모으기 유리하다. 이때 추상적이거나 거대한 담론을 장황하게 제시하는 것보다 일상적인 사건을 중심으로 작성하는 편이 좋다. 다만 서술하는 경험이나 일화는 글의 내용이나 주제와 관련이 있어야 한다.

> [경험 도입] 2017년 여름, 그 여느 때보다 길고 무더웠다. 이에 거리 곳곳의 상점이나 큰 회사에서는 손님을 끌기 위해 문을 열어놓은 채 에어컨을 펑펑 틀어 두었다. 하지만 일반 가정에서는 누진세로 전기요금 폭탄을 맞을까 두려워 쉽게 에어컨을 틀지도 못했다. 누진세는 전기를 많이 쓸수록 요금 단가가 높아지는 세금이다. [문제 제기] 분명 많이 쓰는 곳에 높은 세금을 부과하는 제도인데, '왜 일반 가정에서 누진세 때문에 떨고 있는 것일까?' 아이러니하다.

■ 인용을 하며

격언, 속담, 제시되는 문구, 역사적 사실, 통계 자료 등을 제시하면서 시작하는 방법이다. 글의 주제와 밀접한 속담이나 역사적 사실을 적절하게 인용하면 독자의 이해는 물론 글의 주제를 참신하게 부각시킬 수 있다

[인용 도입] 세계보건기구(WHO)는 고령화를 '조용하게, 거의 눈에 띄지 않게 진행되지만 점차 속도가 붙어 윤곽이 분명해질 사회 혁명'이라고 하였다. 이는 고령화가 혁명에 비견할 정도로 중요한 문제라는 이야기다. 무엇보다 노동력의 고령화는 경제적 측면에서 실제 경제 활동을 하면서 일상생활을 할 수 있는 노인 인구수를 감소시켜 노인들 삶의 질을 점점 떨어뜨린다는 것이다. [문제 제기] 이에 정부에서는 안정적인 노후를 위해 정년연장이라는 정책을 내세웠으나 그 실효성에 대해서는 아직 논란이 되고 있다.

■ 개념을 정의하며

글을 선개할 때 개념이 추상적이거나 용어의 의미를 한정할 필요가 있을 때 쓰는 방법이다. 필자가 자신의 생각을 설득력 있게 제시하기 위해 기존의 개념과는 다른 의미로 사용되거나 독자에게 익숙하지 않은 내용을 쓸 때 주로 사용한다.

[정의 도입] 일본에서는 '우선석', 대만에서는 '박애석', 영미권에서는 '배려석(reserved seating)'. 이것은 한국에서는 '교통약자석'으로 불리는 각 나라들의 용어들이다. '교통약자석'이란 '노인뿐만 아니라 장애인, 만 12세 이하 어린이, 임산부 및 아이를 안은 어머니, 환자와 부상자 등 각종 교통약자들이 앉을 수 있게 배려하는 좌석'을 일컫는다. [문제 제기] 그런데 교통약자석이 노인들에게 '경로우대석'이라는 개념으로 인식되면서 또 다른 교통약자들과 언쟁을 벌이는 일들이 빈번하게 발생하고 있어 뜨거운 논란거리로 떠오르고 있다. [입장] 그러므로 초고령사회의 진입을 앞둔 지금 교통약자석에 대한 노인들의 인식 변화가 필요한 시점이다.

■ 일반적인 배경 진술을 하며

하나의 사안에 대한 일반적인 통념을 진술하면서 시작하는 도입으로, 현상이나 사실에 대한 문제점과 그 대안을 제시하는 글에서 주로 사용한다.

[일반적 배경 진술 도입] 청소년 문제는 과거부터 지속적으로 대두되어 온 사회 문제 중 하나이다. 그러나 최근 들어 청소년 비행 발생건수가 상대적으로 크게 증가하고 있으며, 범죄로 전이되는 양상을 보이고 있다. 단적인 예로, 청소년들의 흡연율이 높아지고 있으며, 가출하는 청소년도 증가하고 있다. 심지어는 학교나 가정생활에 적응하지 못해 자살을 선택하는 경우도 있다. 그뿐만 아니라 학생들 간의 폭력과 절도 등의 범죄도 심각한 수준에 달하였다. 이와 같이 청소년 범죄 문제는 '열악한 가정환경'이나 '인성교육의 부재' 등으로 터부시할 수 있는 범위를 벗어났다. [입장] 그러므로 범사회적 차원에서 건전한 청소년 육성을 위한 의지의 확산과 더불어 관련 법제도 개선이 시급한 실정이다.

■ 사회적인 사건이나 이슈를 제시하며

독자에게 내용에 대한 환기는 물론 흥미를 유발하는 데 효과적인 방법이다. 사회적인 사건이나 이슈를 제시하면서 글을 시작하면 글쓴이가 말하고자 하는 바가 과장되지 않고 실제 발생했던 현장의 생생함과 사실성을 표현할 수 있어 독자들의 관심을 끌 수 있다. 사회 현상이나 사실에 대한 문제점을 발견하고 이에 대한 해결 방법을 제시하는 글에서 주로 사용하는 방법이다.

[사회적인 사건이나 이슈 도입] 최근 어금니 아빠 이영학의 잔혹한 범죄가 전 국민의 분노를 자아내고 있다. 이처럼 잔인한 범죄 행위에 대해서 대다수의 국민들은 사형을 해야 한다고 생각한다. 그런데 우리나라는 1997년부터 사형을 집행하지 않아 실

질적으로 사형이 폐지된 국가이다. [문제제기] 이에 대부분의 사람들이 흉악 범죄자들의 형이 충분한 죗값을 치르는 데 턱없이 부족하다고 여기고 있다. [입장] 무엇보다 하지만 점차 증가하고 있는 흉악범죄를 좌시만 하고 있을 수는 없다.

② 문제제기 문장 쓰기

자신의 의견을 내세우는 글에서는 독자의 흥미를 끄는 도입을 제시한 후 글의 주제와 관련한 문제의식을 밝히는 것이 중요하다. 이러한 문제제기는 학술에세이의 목적이며, 기본이다. 이때 자신이 주장하게 된 결정적인 문제의식과 함께 본론에 어떤 내용이 담길 것이라는 것을 짐작할 수 있는 문제제기 문장을 제시해야 서론이 본론의 지침서 역할을 하는 데 기여할 수 있다.

[사회적인 사건이나 이슈 도입] 지난 3월 31일 교육과학기술부는 '대학 알리미'를 통해 전국 190개 4년제 대학의 성적을 분석한 결과를 발표하였다. 그 결과에 따르면 B학점 이상이 90%를 넘을 정도로 학점 인플레이션 문제가 심각했다. [문제제기] 과거 상대평가 이전에는 교수 재량에 의해 학점 인플레이션이 일어났다면 현재는 재수강, 성적이의신청 제도 등을 통해 소위 '학점세탁'이 일어나고 있다. 이로 인하여 학점의 변별성을 사라지고 있으며, 제도가 엄격한 대학과 그렇지 않은 대학 간 형평성 문제도 제기되고 있다.

위 글은 "학점 인플레이션을 막기 위해 학점 관리 시스템을 재정비해야 한다."라는 주장을 하기 위해 교육과학기술부(현 교육부)의 발표를 인용하면서 독자의 흥미를 끌고 있다. 아울러 대학생들이 학점세탁을 위해 낮은 성적이 아닌데도 불구하고 재수강하는 사례가 늘고 있어 학점 인플레이션 현상이 심화되고 있다는 문제를 제기하고 있다.

③ 입장표명 문장 쓰기

학술에세이 중 논증적 글쓰기에서 자주 쓰이는 방식으로 현안에 대한 글쓴이의 생각을 명시하는 방법이다. 이때 마무리 문장은 평서형 문장과 의문형 문장으로 구현할 수 있다. 평서형 문장으로 입장을 내세울 경우는 글쓴이가 말하고자 하는 바를 구체적이고 명료하게 제시해야 한다. 반면 의문형 문장으로 입장을 나타내는 경우는 글쓴이가 말하고자 하는 바를 추측할 수 있거나 본론에서 다룰 논의 중심 방향이 암묵적으로 드러날 수 있게 쓰는 것이 바람직하다.

(가) [사회적인 사건이나 이슈 도입] 개와 고양이는 더 이상 장난감과 같은 존재가 아니다. '애완'동물이라는 표현 대신 이제는 가족의 일원임을 의미하는 '반려' 동물로 불리고 있다. 이와 맞물려 반려동물과 관련한 경제들도 매년 활성화 되고 있다. [문제제기] 그럼에도 불구하고 여전히 한 해에 버려지는 반려동물이 8만여 마리에 달하며, 유기보호소에서 주인을 만나지 못해 안락사를 당하는 동물도 2만여 마리나 되는 것이 현실이다. 가족 구성원으로 생각하는 반려동물을 유기하는 것은 동물을 굶기거나 신체적 고통을 주는 등의 단순한 학대의 범위를 넘어, 죽음을 방치하는 행위로 그 문제 심각성이 있다. [입장] <u>그러나 반려동물 유기에 대해서는 여전히 정확한 법적 제도가 만들어지지 않고 있고 솜방망이 처벌에 그치고 있는 실정이다. 이에 정부는 동물학대에 대한 처벌 규정을 보다 강화해야 할 필요가 있다.</u>

(나) [사회적인 사건이나 이슈 도입] 얼마 전, 가수이자 배우인 설리가 악성댓글에 시달리다 목숨을 저버리는 안타까운 사건이 있었다. 고인이 생전 〈악플의 밤〉이라는 프로그램에 나와 각종 악성댓글에 시달리고 있음을 알리고 그에 대한 감정을 고백한 터라 대중들에게 설리의 자살은 더욱 큰 충격으로 다가왔다.

[문제제기] 악성댓글로 인한 피해는 우리 사회에 자주 목격된다. 하나의 사건처럼 그 피해가 드러날 때면 자성의 목소리, 대책 등이 논의되지만 여전히 그 문제가 감소되진 않았다. [입장] 인터넷의 자정작용으로 악성댓글을 해결할 수 없음은 명확하다. 그렇다면 제도적으로 이에 대한 해결책이 적극 시행되어야 하지 않을까?

(가)는 증가한 반려동물의 수만큼 늘어나는 유기동물의 현황에 대해 제시하면서 '반려동물 유기'의 문제점을 제기하는 글이다. 반려동물 유기에 대해 글쓴이는 보다 강력한 법적 처벌 규정의 필요성을 주장하고 있다. 본인의 입장을 표명하는 동시에 평서형 서술을 활용하여 주장을 견고히 한다. (나)는 연예인 자살 사건을 통해 악성댓글의 문제점을 고발하는 글이다. 악플러에 대한 처벌을 강화해야 한다는 주장을 '악성댓글을 더 이상 간과해서는 안 된다.'는 표현으로 자신의 입장을 강조하고 있다. 특히 '제도적으로 이에 대한 해결책이 적극 시행되어야 하지 않을까?'라는 의문형 문장을 제시하면서 본론에서 악성댓글 해결책에 대한 내용을 논의할 것이라고 암묵적으로 표현하고 있다.

TIP_ 학술적 논문/보고서 서론 구성 요소

구성요소	내용
연구 필요성 연구 목적	• 논의의 가치와 필요성을 언급한다. • 기존의 이론과 학설에 대한 새로운 시각을 제시한다.
연구 대상 연구 방법 연구 내용	• 논의의 구체성을 획득할 수 있도록 대상을 제한한다. • 제한과 한정에는 근거와 이유가 제시되어야 한다. • 자신만의 시각으로 접근한다. • 사고의 정련과 심화를 통해 관점을 정립한다. • 본론에서 제시할 내용을 간략하게 순차적으로 서술한다.

(2) 서론 쓰기

❙ 주제와 개요에 맞게 도입을 흥미롭게 시작하면서 서론을 써 보자.

주제	

2) 본론은 어떻게 쓰는가

본론은 글의 뼈대가 되는 부분이다. 서론이 글의 방향성을 제시하고, 결론이 본론의 내용을 요약하는 것이라면, 본론은 핵심 내용을 다루는 부분이기에 그 중요성 또한 크다. 본론 작성 시 우선적으로 고려해야 하는 부분은 내용을 통일성이 있게 제시해야 한다는 것이다(통일성). 또한 각 단락이 독립적으로 하나의 소주제문에 맞게 일관되어야 한다(일관성). 이때 단락과 단락이 유기적으로 연결되어야 필자가 말하고자 하는 바가 올바르게 전달될 수 있음에 주의해야 한다.

- 단락은 하나의 작은 주제에 맞는 통일성 있는 내용으로 작성한다.
- 단락과 단락을 유기적으로 연결한다.
- 글의 서론과 결론의 내용이 본론과 겹치지 않게 해야 한다.

주장하는 글(또는 문제해결식 글)은 "-에 대해 논하라.", "-에 대한 자신의 생각을 밝혀라.", "-의 문제점을 지적하고 그 대책을 논하라.", "-의 방법이 정당함을 논증하라." 등의 주제에 대해 자신의 생각을 밝히는 글이다. 주장하는 글에는 문제를 발견하여 그 원인과 해결방안을 제시하는 '문제해결식 주장글'이 있고, 자신의 주장이 옳고 그름을 타당한 논거를 들어 제시하는 '논증적인 주장글'이 있다. 여기서 특정 주장이 정당하다는 것을 논증하는 글은 다시 '찬반에 따른 논증 방법'과 '반론에 따른 논증 방법'으로 구분할 수 있다.

(1) 문제해결식 글의 본론 구성 요소

문제해결식 글의 본론은 서론에서 제시한 문제의 원인을 제시하고, 이로 인해 발생하는 문제 상황과 그 해결방안을 제시하는 부분이다. '원인-문제점-해결방안'이 개요에 맞게 제시되어야 하며 각 부분은 한 단락씩 독립성 있게 제시한다. 이때 독립된 각 단락은 의미상 유기성을 가지고 서술되어야 하며, 각 문장은 문법적 요소 뿐만 아니라 의미상의 통일성도 고려하여 작성해야 한다.

① 원인 단락 쓰기

글을 쓰기 위해 사회적 이슈나 화제를 찾는 것은 어렵고 번거롭다. 사회적 이슈와 화제는 그 현상만으로 논의되어서는 안 되고, 그 속의 원인을 살펴 문제 상황을 분석할 수 있는 시선이 필요하기 때문이다. 이때 원인은 다양한 시선으로 분석하여 제시하되, 객관적이고 논증적인 근거를 바탕으로 논의해야 한다. 그리고 원인 단락을 서술할 때는 중요도의 우선순위에 따라 순차적으로 서술하도록 한다.

> 고령화 현상의 가장 큰 원인은 경제 성장에 따른 생활수준의 향상과 의학 발달로 인한 수명 연장이다. 무엇보다 보건 의료 기술의 발전은 노인을 포함한 국민 모두의 평균 수명을 비약적으로 높였다. [원인 1] 이에 반해 여성들의 사회진출 비율이 높아지고, 경제적인 이유로 아이를 낳지 않거나 한 명만 낳는 저출산이 이어지고 있다. 이로 인하여 인구 구성비에서 상노인 인구 비중이 상대적으로 증가하고 있다. [원인 2]

위 글은 고령화사회의 발생 원인으로 ⓐ 의료기술 발전과 생활수준 향상, ⓑ 저출산으로 인한 노인 인구의 상대적 증가를 꼽고 있다. 이 중 노인 인구의 증가는 의료기술 발달로 평균 수명이 길어졌기 때문이라는 근거를 우선 제시하고 있다.

② 문제점 단락 쓰기

여러 가지 원인에 의해 다양한 문제점이 발생하기 마련이다. 이러한 문제점을 지적할 때는 겉으로 드러난 현상적인 문제 이외에도 그 문제가 미칠 파장에 대해 언급해야 한다. 이때 문제점 역시 문제의 중요도에 따라 순차적으로 서술하도록 한다.

이러한 이유로 고령화 현상이 지속된다면 노령화 지수가 높아져 젊은이들이 부양해야 하는 노인 인구는 증가하기 마련이다. 지난해 부산에서 고령자 1명을 부양해야 하는 15~64세까지 생산가능 인구는 4.6명이었으나 2030년에는 2.2명으로 줄고 2040년에는 1.5명으로 급격히 감소해 젊은이 1명이 사실상 노인 1명을 부양하는 지경에 처한다고 한다. 이처럼 젊은 층의 노인부양 부담 증가는 세대 간의 갈등을 유발하여 사회 통합을 저해할 수도 있다. [문제점 1] 나아가 고령화는 생산 가능 인구가 감소, 즉 노동력의 감소를 초래하여 경제 성장 동력의 잠식으로 이어지게 되며, 잠재 성장력을 위축시키게 되어 국가 경쟁력이 약화되는 것은 불을 보듯 뻔한 일이다. [문제점 2] 특히 노인들의 경제활동 능력 부족은 노인 빈곤에 직접적인 영향을 끼치기 때문에 사회적 제도 개선이 시급한 실정이다. [문제점 3] 무엇보다 고령화 사회는 그 자체가 문제라기보다는 그에 대한 대처가 부적절한 것이므로 이대로 관망할 수만은 없는 노릇이다.

위 글은 고령화사회의 지속으로 ⓐ 노동력 감소, ⓑ 노령층의 빈곤, ⓒ 사회적 제도의 미비라는 문제점이 발생하고 있음을 주장하는 글이다. 제시된 문제점 중 우선 언급하고 있는 항목이 '생산 가능 인구의 감소로 인한 노동력 감소'라는 점에서 본 글은 고령화사회의 가장 시급한 문제를 노동력의 부족에 두고 있음을 알 수 있다.

단락과 단락을 연결할 때는 유기성이 가장 중요하다. 단락과 단락을 연결할 때는 어휘로 연결하거나 문장 표현으로 연결할 수 있다. 어휘로 연결할 때는 단락을 시작할 때 지시어나 접속어를 사용하여 연결하고, 문장표현으로 연결할 때는 단락의 마지막에 다음 단락을 예상할 수 있는 맺음 문장으로 제시하면 단락과 단락은 유기적으로 연결된다.

위 글을 보면 지시어 '이러한'을 사용하여 앞의 원인 단락과 이어지는 단락을 자연스럽게 연결하고 있다. 또한 단락의 마무리에서는 "무엇보다 고령사회는 그 자체가 문제라기보다는 그에 대한 대처가 부적절하므로 이대로 관망할 수만은 없는 노릇이다."라고 맺음으로써 다음 단락에 해결방안이 나올 것이라는 것을 예상할 수 있다.

③ 해결방안 단락 쓰기

해결방안을 제시하는 단락은 구체적이고 실현 가능한 내용을 담고 있어야 한다. 겉핥기식의 대안을 제시하는 글은 문제해결식 글로 기능하지 못한다. 이를테면 '바람직한 방향으로 변화해야 한다.', '제도를 강화해야 한다.', '인식을 개선해야 한다.'와 같은 해결방안은 하나마나한 대안이다. '무엇이' 바람직한 방향인지, '어떻게' 제도를 강화할 것인지, '어떠한' 인식 개선이 필요한 것인지에 대한 구체적이고 실질적인 대안을 제시해야 한다.

고령사회의 근본적인 원인에 저출산 문제를 언급하고 있다. 그러나 이 저출산 문제는 노인 삶의 질에 직접적인 영향을 끼치지는 않는다. 하지만 노인을 부양해야 하는 젊은 층에게 영향을 주는 것은 분명하다. 따라서 젊은 층에 부담을 주는 출산이나 육아에 대해 정부가 보조금 지원이나 복지정책을 확대 실시하여 저출산 문제를 해결한다면 노인을 부양해야 하는 젊은 층의 부담을 줄일 수 있을 뿐만 아니라 나아가 산업 인력의 확충으로 국가 경쟁력 또한 높아질 수 있을 것이다. [해결방안 1] 그러나 문제는 이 저출산 문제를 해결한다고 하더라도 노인들의 삶에 직접적으로 영향을 끼치는 것은 아니다. 따라서 노인들의 삶에 영향을 줄 수 있는 경제활동이 가능한 고령노동자 증가가 우선되어야 한다. 이에 정부에서는 일할 수 있는 능력이 있는 노인들에게 우선적으로 일자리를 제공해야 하며, 새로운 일자리에 적응하거나 찾을 수 있게 다양한 취업 교육을 실시하는 것 또한 중요하다. [해결방안 2] 무엇보다 노인들이 경제활동을 하기 위해서는 퇴직을 하지 않고 계속 직장을 다니는 것이 가장 좋은 방법이다. 이를 위해 기업이나 정부에서는 계속고용제를 실시하여 정년을 늘리고, 퇴직한 사람을 재고용하는 시스템을 사용하는 것이 노인들의 삶이 보다 바람직한 방향으로 나아갈 것이다. 그러나 일할 수 없는 노인의 경우는 노인생계 최저생활비를 늘려 지급하여 실질적으로 생활에 도움이 되는 사회복지 정책으로 개선되어야 할 필요가 있다. [해결방안 3] 분명 노인이 되면 외로움을 느끼거나 아파서 병원을 찾는 경우가 많아진다. 이때 찾아갈 곳이 없다든지 병원비 부담으로 치료를 받을 수 없다면 노인들의 삶은 과연 어떻게 되겠는가? 이에 정부나 사회기관에서는 노인 생활에 활력을 줄 수 있는 복지 시설이나 병원비 부담을 덜 수 있는 노인전문 병원 등을 확충하는 것이야 말로 바람직한 복지 정책이라 할 수 있을 것이다.

위 글은 고령화사회의 문제점에 대해 해결방안으로 ⓐ 보조금지원이나 사회복지제도를 개선하여 저출산 문제 해결, ⓑ 경제 활동이 가능한 고령노동자를 증가를 위한 일자리 창출이나 정년연장, ⓒ 최저 생계비지원이나 노인 전문 병원, 복지 시설 확충 등을 들고 있다. 노인의 삶의 질을 향상시키기 위해 일자리 창출을 변화의 바람직한 방향으로 설정하고, 이에 덧붙여 노인 전문 병원 확충과 복지 시설 증대로 인한 복지 정책의 재정비를 대안으로 제시하는 글이다.

(2) 논증적인 글의 본론 구성 요소

논증이란 타당한 근거나 이유를 들어 자신의 주장을 증명하는 것이다. 다른 말로 '입증'이라 한다. 자신의 주장을 내세워 상대방을 설득한다는 의미에서 설명하는 글과는 다르다. 주장하는 글에는 앞서 언급하였듯이 ⓐ 주장을 제시하고 이를 뒷받침해주는 논거를 제시하는 '찬반식'과 ⓑ 자신의 주장을 제시한 후 이에 대한 반론을 예상하고, 반론에 대한 재반론을 제시하는 '반론식' 두 가지가 있다.

① 찬반식: 논거 단락 쓰기

찬반식은 주장에 대한 적절한 논거가 필요하다. 따라서 객관적이고 타당한 논거 단락을 제시하여야 한다. 논거 단락에서는 주장에 대한 이유나 근거 문장을 쓰고 이를 보충해 줄 수 있는 뒷받침문장을 제시해야 한다. 이때 논거와 뒷받침문장만 제시하면 해당 단락의 결론을 예상하기 어려우므로 주장하는 바를 각인시키는 맺음 문장을 쓰는 것이 좋다.

[근거문장] 노인 삶의 질을 향상시키기 위해서는 정년연장을 주장하는 이유 중 하나는 복지정책을 보완하기 위함이다. [뒷받침문장] 현대 사회의 화두는 복지정책의 확대이며, 이 중 가장 중요한 것이 불평등 해소이다. 무엇보다 국민 삶에 있어 관심사는 '소득 불균형'에 관한 것이다. 먹고사는 문제는 인간의 가장 기본권이기 때문이다. 그래서 정책적으로 '경제적 약자'에 대한 지원정책들이 확대되고 있는 실정이다. 그런데 문제는 고령화사회에는 경제적 약자인 노년층이 비약적으로 증가할 것이고, 이에 대한 직접 지원 정책으로는 우리의 재정 여력이 한계에 도달하고 만다는 점이다. 게다가 노인 지원을 위한 재정은 생산력을 지닌 청장년층의 부담과도 직결된다. 따라서 노동이 가능한 노년층에게 그들이 경제적으로 자립할 수 있도록 일자리를 제공해 주는 것이 실현 가능한 대책 중 하나이다. [맺음문장] 무엇보다 정년연장이 노년층 일자리 제공 방식 중 하나라 할 수 있다.

위 글은 노인 삶의 질을 향상시키기 위한 방법으로 정년연장을 들고 있다. 찬성의 근거로 고령화사회의 경제적 약자인 노인층에 대한 지원이 필요하다는 점을 제시하고 있다. 이 지원에 대해 여러 가지 대책이 있을 수 있지만 여전히 노동 여력이 있는 이들에게 일자리를 제공하는 것이 사회적으로 덜 부담이 되는 정책이라고 주장한다.

② 반론식: 반론 단락 쓰기

반론식은 위의 찬반식 글쓰기에 덧붙여 예상되는 반론에 대한 답을 담는 방식이다. 찬반식 글쓰기는 자신의 주장에 대한 근거만을 제시한다면 반론식 글쓰기는 주장에 대한 반론을 예상하고 그 답에 대한 대응을 함으로써 자신 주장의 우위를 내세우는 것이다. 반론식은 예상되는 반론을 정리하고, 그에 대한 나의 대응논리(재반박)를 제시하는 방식으로 서술한다. 대응 논리로는 '상대 논리보다 자신의 논리가 더 중요함을 강조'하거나 '상대 논리의 허점을 공격'하거나 '반론에 대한 구체적인 대안을 제시'하는 방식이 있다.

[예상 반론] 일각에서는 정년연장이 청년 실업의 문제를 더욱 고착화시킬 것이라며 반발한다. 기업의 입장에서는 한정된 인건비에서 인력을 채용하는 만큼 정년이 연장된다면 신규 채용이 불필요하게 된다. 경력직을 선호하는 사회 분위기에서 사회 첫 진출자인 청년층의 진입장벽은 더욱 높아질 것이다. 또한 일자리를 유지하려는 중장년층과 일자리가 필요한 청년들 사이에 감정이 나빠져 계층 간의 불신을 초래할 수 있어 정년연장을 부정적 시각으로 보기도 한다.

[대응논리(재반박)] 하지만 정년연장을 단순히 일자리를 놓고 뺏고 뺏기는 것으로 보지 말아야 한다. 고령화사회 노년층의 문제는 우리 사회가 공통적으로 풀어야 할 과제이지, 한 개인의 문제가 아니다. 소극적인 대응으로 노인복지 예산으로는 폭증하는 노년층 수효를 감당할 수 없으며, 오히려 청장년층의 부담도 같이 올라가게 된다. 따라서 일할 수 있는 노년층은 일할 수 있도록 하여, 경제적 자립을 보장하는 것이 청장년의 부담도, 국가적인 부담도 줄이는 방법이다. 다만 어떻게 일자리를 줄 것인가가 정책적으로 풀어야 할 대안이다. 정년연장을 하더라도 임금 피크제를 실시하면 청년들의 일자리는 물론 장년층의 경제 활동 또한 유지할 수 있어 일석이조다. 물론 경제력이 줄어들어 기존의 생활보다 긴축 재정이 필요하겠지만 전문가인

장년층이 자신의 숙련된 노하우를 신입 사원에게 전수하면 장년층은 회사를 그만두지 않아도 되고, 청년층은 숙련된 기술을 빠르고 쉽게 배울 수 있다. 특히 회사에서는 신입사원에게 회사 업무를 비용과 시간을 따로 들여 가르쳐야 하는 번거로움을 덜 수 있다. 이처럼 임금 피크제를 실시하여 전문가인 장년층의 숙련된 노하우를 신입 사원에게 전수하면 회사, 청년, 장년층이 모두 좋을 것이다. 그러면 당연히 계층 간의 소통도 자연스럽게 이루어져 서로를 존중하는 계기가 될 것이다.

위 글은 노인의 삶의 질을 향상시키기 위해 정년을 연장해야 하는 주장을 담고 있는 논증적 글이다. 이 글은 반박을 통해 자신의 주장을 강조하는 반론식 글쓰기로 청년 일자리 감소에 대한 의견을 반론으로 제시하고, 이에 대한 대응 논리로 임금 피크제라는 대안을 제시하여 정년연장의 가능성을 주장하고 있다. 이러한 반론의 글에서 단락과 단락을 연결할 때 '일각에서는, 물론' 등의 지시어를 사용하여 상대방의 입장을 먼저 수용한 후, 이에 대응하는 접속어 "하지만, 그런데" 등을 사용하면 자신의 주장을 논리적으로 전달할 수 있다.

(3) 본론 쓰기

▎서론과 자연스럽게 이어지는 본론을 개요에 맞게 써 보자.

주제	

3) 결론은 어떻게 쓰는가

글의 시작만큼 글을 잘 마무리하는 것도 중요하다. 그럼에도 결론을 무성의하고 엉성하게 구성하거나 하나의 단락으로 구성해야 하는 결론을 한 문장으로 급하게 마무리하는 우를 자주 범한다. 그러면 그동안 공들인 노력이 다 허사가 돼 버린다. 그러므로 한 편의 글이 온전하게 완성되기 위해서는 차분히 생각을 정리하면서 인상적인 결론을 맺을 수 있게 끝까지 집중력을 유지해야 한다. 특히 독자는 결론을 읽고 난 후, 글 전체의 핵심을 다시 환기하는 경향이 있으므로 독자에게 여운을 주고, 주제가 선명하게 각인될 수 있게 분명한 마무리가 필요하다.

일반적으로 결론은 서론에서 제기한 문제를 환기하면서 본론의 핵심 내용을 간단히 요약하고, 자신이 말하고자 하는 주제를 다시 한 번 강조하고, 강한 인상을 남길 수 있는 마무리로 구성된다. 이는 결론을 구성하는 일반적인 방식으로 자신의 의견을 선명하게 드러내는 주장하는 글에서 그 효과는 배가 될 수 있다.

- 본론의 핵심 내용을 요약한다.
- 주제를 압축하여 강조한다.
- 제언, 전망, 앞으로의 과제 등을 붙여 깔끔하게 마무리한다.

(1) 결론의 구성 요소

① 핵심 내용 요약

결론에서 본론을 요약할 때 본론의 어휘를 반복 사용하는 것은 중언부언의 느낌을 주며 독자의 흥미를 떨어뜨리기 때문에 주의해야 한다. 따라서 결론에 제시되는 요약은 중복 어휘를 사용하지 않고 본론 내용을 일반화시켜 핵심 내용이 명확하게 드러나게 해야 한다. 핵심내용의 요약 방법은 '문제해결식 글'과 '찬반/반론식 글'의 구성에 따라 차이가 난다. 문제해결식 글에서는 문제점을 강조하는 데 초점을 두고, 찬반/반론식 글에서는 본론에서 제시한 논거를 요약하는 데 초점을 둔다.

(가) 고령화사회가 지닌 문제는 단순히 노인만의 문제가 아니라 청년들의 삶의 문제와 함께 국가 경쟁력에 악영향을 끼치고 있다. 이는 한 세대의 문제로 국한되지 않고, 다른 세대와 국가에까지 영향을 끼칠 만큼 하나의 연결고리로 이어져 있어 고령화 사회 문제를 더 이상 좌시하고 있을 수만은 없다.

(나) 우리의 삶은 한 번뿐이다. 생애에서 개인의 잠재력을 최대한 발휘할 수 있도록 하는 사회야말로 이상적인 사회다. 그러나 정년퇴직은 효용 가치가 있는 양질의 노동 잠재력을 낭비하는 시대에 역행하는 일이다.

(가)는 '노인들의 삶의 질을 향상시키기 위한 사회적인 해결방안이 마련되어야 한다.'는 문제해결식 글의 핵심 요약이다. 고령화사회로 발생하는 노인 삶의 문제, 청년들의 경제적 부담 증가, 국가 경쟁력 약화라는 문제점에 초점을 맞추고, 이를 '한 세대의 문제로 국한 되지 않고, 다른 세대와 국가에까지 영향을 끼칠 만큼 하나의 연결고리로 이어져 있어 고령화 사회가 문제'라는 것을 일반화하여 핵심 내용을 요약하고 있다. (나)는 '노인 삶의 질을 향상시키기 위해 정년을 연장해야 한다.'는 찬반식 글의 핵심 내용 요약이다. 양질의 노동력 낭비와 나이에 대한 차별이라는 논거를 정년퇴직이 양질의 노동력 낭비라는 내용으로 일반화시키면서 정년을 연장해야 한다는 주장을 암시하고 있다.

② 주제 재강조와 마무리

결론은 본론의 핵심 내용을 명확하게 드러내면서 자신의 주장을 효과적으로 전달할 수 있게 주장을 강조하면서 작성하는 것이 좋다. 무엇보다 독자에게 강한 인상과 여운을 남길 수 있는 분명한 마무리가 필요하다. 이는 마지막까지 글의 내용에 힘이 있어야 독자를 설득할 수 있기 때문이다. 이러한 마무리를 할 때는 주장에 대한 새로운 견해나 대안 제시(제언), 기대 되는 결과 예상(전망), 미처 풀지 못한 과제 제시(앞으로의 과제) 등의 다양한 방법으로 제시할 수 있다.

■ 제언하며 마무리

(가) 고령화사회가 지닌 문제는 단순히 노인만의 문제가 아니라 청년들의 삶의 문제와 함께 국가 경쟁력에 악영향을 끼치고 있다. 이는 한 세대의 문제로 국한 되지 않고, 다른 세대와 국가에까지 영향을 끼칠 만큼 하나의 연결고리로 이어져 있어 고령화 사회 문제를 더 이상 좌시하고 있을 수만은 없다. [핵심 내용 요약] 따라서 고령화사회에서 노인들의 경제활동 문제는 단순한 개인의 노력만으로 해결될 수 없으므로 국가가 적극적인 관심을 가지고 실질적인 제도 마련에 힘써야 한다. [주제 재강조] 다만 노인들의 일자리 창출은 청년들의 일자리를 뺏는 차원이 아니라 노인 복지 차원에서 제시하는 것이 바람직하다. [제언]

(나) 우리의 삶은 한 번뿐이다. 생애에서 개인의 잠재력을 최대한 발휘 수 있도록 하는 사회야말로 이상적인 사회다. 그러나 정년퇴직은 효용 가치가 있는 양질의 노동 잠재력을 낭비하는 시대에 역행하는 일이다. [핵심 내용 요약] 정년은 개인의 선택권을 방해하는 폭력행위나 다름없으므로 경제적인 필요성, 노동의 선호, 건강상태 등에 따라 새롭게 고려되어야 한다. [주제 재강조] 이런 까닭에 일부 국가들은 이미 정년퇴직제를 현실에 맞게 정비하고 있다. 우리나라도 정년퇴직제를 현실에 맞게 수정해야 한다. [제언]

(가)는 고령화사회가 지닌 문제 중 특히 노인 경제활동 문제는 계속고용제 실시, 실효성 있는 노인복지 정책 마련 등의 국가 정책이 중요하게 작용하므로 이를 한 개인의 문제로 치부할 것이 아니라 범국가적 차원에서 적극적으로 해결해야 한다는 자신의 견해를 집약적인 문장으로 강조하며 제시하고 있다. 무엇보다 노인 일자리 창출은 노인 복지 차원에서 마련되어야 한다는 제언으로 마무리하면서 강한 인상을 남기고 있다.

한편 (나)는 정년퇴직제가 불합리하다는 본론 요약에 이어, 양질의 노동력은 나이와 상관관계가 낮고 정년퇴직은 개인의 행복추구권과 선택권을 박탈하는 폭력 행위라는 주장을 명료하게 제시하면서 주제를 한 번 더 강조하고 있다. 나아가 노령근로자의 노하우가 반영될 수 있는 현실적인 정년퇴직제도 개선이 필요하다는 견해를 덧붙이면서 마무리하고 있다.

■ 전망하며 마무리

고령화사회가 지닌 문제는 단순히 노인만의 문제가 아니라 청년들의 삶의 문제와 함께 국가 경쟁력에 악영향을 끼치고 있다. 이는 한 세대의 문제로 국한 되지 않고, 다른 세대와 국가에까지 영향을 끼칠 만큼 하나의 연결고리로 이어져 있어 고령화 사회 문제를 더 이상 좌시하고 있을 수만은 없다. [핵심 내용 요약] 따라서 고령화 사회에서 노인들의 경제활동 문제는 단순한 개인의 노력만으로 해결될 수 없으므로 국가가 적극적인 관심을 가지고 실질적인 제도 마련에 힘써야 한다. [주제 재강조] 무엇보다 정부의 인력개발 지원과 기업의 과감한 투자가 함께 이루어진다면 경제력 없는 노인 문제는 물론 세대 간의 갈등 또한 해결되어 서로가 화합하고 공존하는 사회가 될 수 있을 것이다. [전망]

위 글은 노인 경제활동 문제는 국가 정책이 중요하므로 한 개인의 문제로 치부할 것이 아니라 범국가적 차원에서 적극적으로 해결해야 한다는 주장을 강조하면서 정부의 인력개발과 기업의 과감한 투자가 없이는 경제력 없는 노인문제를 해결할 수 없으며, 세대 간의 갈등을 야기할 수 있다는 전망을 내세워 정년 연장에 대한 강력한 설득은 물론 글의 완성도 또한 높이고 있다.

■ 앞으로의 과제를 제시하며 마무리

> 고령화사회가 지닌 문제는 단순히 노인만의 문제가 아니라 청년들의 삶의 문제와 함께 국가 경쟁력에 악영향을 끼치고 있다. 이는 한 세대의 문제로 국한 되지 않고, 다른 세대와 국가에까지 영향을 끼칠 만큼 하나의 연결고리로 이어져 있어 고령화사회 문제를 더 이상 좌시하고 있을 수만은 없다. [핵심 내용 요약] 따라서 고령화사회에서 노인들의 경제활동 문제는 단순한 개인의 노력만으로 해결될 수 없으므로 국가가 적극적인 관심을 가지고 실질적인 제도 마련에 힘써야 한다. [주제 재강조] 다만 임금피크제를 임금 수준을 낮추는 편법으로 이용하거나 공기업들에서 자체 노령자 구제 수단으로 악용하는 문제를 해결할 수 있는 방안을 모색해야 하는 것이 마땅하다. 허나 이는 정부의 강력한 규제가 동반되어야 하는 문제이므로 앞으로 우리가 풀어가야 할 과제로 남겨 놓는다. [앞으로의 과제]

위 글은 이미 가족의 노인부양체계가 흔들리고 있고, 노인 사회보장제도가 제구실을 다하고 있지 못하는 현대사회에 고령근로자들에게 경제활동을 할 수 있게 해주는 것이 최선의 방법이므로 국가가 나서야 한다는 것을 재강조하고 있다. 특히 임금피크제 악용에 대한 해결방안을 앞으로의 과제로 남기면서 '노인 경제활동의 심각성'에 대한 강한 여운을 남기고 있다.

(2) 결론 쓰기

| 본론에 이어 자연스럽게 결론을 써 보자. 이때 본론 핵심 내용 요약 문장, 주제 재강조 문장, 마무리 문장을 제시하여 완성도 높은 글을 써 보자.

주제	

4) 제목은 어떻게 다는가

제목은 글의 첫인상이다. 첫인상으로 한 개인을 판단할 수는 없지만 첫인상이 좋아야 관심을 가지듯 글의 제목도 마찬가지다. 특히 현대사회는 글쓰기를 포함한 다양한 콘텐츠가 범람하고, 서로의 생각을 주고받는 개인 브랜딩 시대이니 만큼 자신의 의견이 담긴 글들이 읽혀야 한다. 아무리 자신의 생각을 명료하고 논리적으로 담은 글이라도 읽히지 않으면 아무 소용이 없다. 따라서 독자가 읽고 싶다는 생각이 들게끔 해야 하는데, 이때 독자의 흥미와 관심을 끌 수 있는 수단이 바로 제목이다.

제목의 역할	제목 쓰는 방법	예시
• 흥미 유발 • 글의 이정표	핵심어(keyword) 제시하기 • 문제 현상을 제시 • 문제 정보를 담아내기	• 고령화사회, 우리 사회에 닥친 재앙 • 고령화사회, 일자리에 해답이 있다

무엇보다 제목은 보는 순간 내용을 유추할 수 있는 이정표의 역할을 해야 독자의 흥미를 불러일으킬 수 있다. 특히 학술에세이는 자신의 주장을 담은 글이므로 글의 핵심 내용이 간단명료하게 전달될 수 있는 제목을 선정하는 것이 바람직하다. 지나치게 범위가 넓거나 추상적인 내용, 감정적이거나 독특한 표현의 내용의 제목은 오히려 주제 의미를 전달하는 데 있어 방해가 된다.

따라서 제목을 달 때는 주제의 '핵심어'를 제시하면서 '고령화사회는 우리 사회에 닥친 재앙'이라는 '문제 현상'을 제시하거나 '고령화사회의 문제해결 방법은 일자리'라는 '문제 정보'를 담아내는 표현으로 쓰면 독자의 흥미 유발은 물론 글의 이정표가 될 수 있다. 무엇보다 주제 의미를 잘 반영하기 위해 제목은 글의 주제를 압축하면서 몇 개의 핵심어를 추론하여 '고령화사회, 일자리에 해답이 있다.', '고령화사회, 우리 사회에 닥친 재앙'처럼 짧은 문장이나 몇 개의 구로 재구성할 수 있다. 필요한 경우, 부제목을 활용하여 글의 핵심 내용을 구체적으로 명시할 수 있다. 특히 핵심어를 앞에 내세우면서 중심 내용이나 방향성을 제시하는 '고령화사회, 일자리에 해답이 있다.', '고령화사회, 우리 사회에 닥친 재앙'와 같은 제목으로 독자의 이목을 집중시키는 것도 가능하다. 단, 주제문이 그대로 드러난 제목이나 주제문 자체를 제목으로 쓰는 것은 피하는 편이 좋다.

TIP_ 글 종류의 따른 제목

학술적 글 ('고령화 사회' 주제)	학위 논문	• 고령 근로자의 추락 재해 예방에 관한 연구 • 인구 고령화 시대의 고령노동력 집중 산업 및 직업군 분석 • 사회과에서 저출산 · 고령화 교육의 방향 모색 • 고령화시대 노인의 사회적 자본에 관한 고찰
	학술 서적	• 고령화가 공적연금과 국민경제에 미치는 영향: 한국과 일본 비교 연구 • 고령화가 근속 및 연공임금체계에 미치는 영향과 정책 시사점
	기사	• **저출산 · 고령화 여파**, 2022년부터 15~64세 경제활동인구 감소 • **'저출산 · 고령화 후폭풍'**… 경제활동인구 2022년부터 감소세 • **세계 최악 저출산 고령화**, 2027년 취업자 수 감소세로 돌아선다 • **저출산 · 고령화에**… 10년 내 '구인난 시대' 온다 • **고용노동부**, 경제활동인구 2022년부터 감소 전환… 저출산 · 고령화 영향

• 논문은 글의 내용이 드러나는 '-연구, -고찰, -분석, -대한 문제(실태)와 그 해결방안' 등과 같은 명사구 형태의 제목이 많다.

▎서론, 본론, 결론, 제목 쓰기를 바탕으로 초고를 써 보자.

초고	
제목	

3. 퇴고, 글의 완성도를 높이다

글쓰기 과정에서 중요하게 고려해야 할 부분이 바로 고쳐쓰기임에도 불구하고 이를 등한시는 경향이 있다. 일반적으로 반복해서 수정해야 하는 퇴고를 귀찮게 여기기도 하고, 자신의 글이 나쁘다고 평가받는 기분이 들어 불쾌감을 느끼기도 한다. 그러나 고쳐쓰기는 글의 잘잘못에 대한 평가가 아니라 어떻게 하면 더 좋은 글이 되는지를 고민하는 과정이다. 무엇보다 글을 쓰는 목적은 자신의 생각을 독자에게 전달하는 것이므로 이러한 의도가 잘 반영되었는지를 살피는 것은 매우 중요한 작업이다. 특히 필자가 몰입해서 쓰다보면 미처 발견하지 못한 여러 문제들을 퇴고하는 과정에서 발견하는 경우가 많다. 따라서 이 단계에서는 글을 최대한 객관적 시각에서 비판적으로 살펴보려고 노력해야 한다. 필자는 이 과정에서 보다 적절한 어휘나 표현을 찾을 수도 있고 나아가 자신의 생각을 재점검하여 발전시킬 수도 있다. 아무리 글을 잘 쓰는 사람이라도 초고가 완벽할 수는 없다. 더군다나 초보자의 경우는 글을 써본 경험이 많지 않기 때문에 시간에 쫓겨 글을 쓰다 보면 여러 오류와 문제점들이 드러나기 십상이다. 따라서 시간과 여유를 두고 여러 번 다듬고 수정하는 작업을 통해 더 좋은 글을 만들 수 있도록 노력해야 한다.

1) 퇴고는 어떻게 하는가

글 퇴고하기의 대상은 글의 주제, 구성, 표현으로 전 영역을 아우른다. 무엇보다 퇴고하기 단계에서는 글이 전체적인 맥락에서 논리적인지, 필자가 전달하고자 하는 주제가 유기적으로 연계되어 있는지를 살피는 것이 중요하다. 실제 글을 수정할 때는 주제와 내용이라는 거시적 층위에서 구성과 단락, 표현과 문장이라는 미시적 층위로 살피는 것이 적절하다.

(1) 주제와 내용 수정

퇴고를 할 때 가장 먼저 '주제'를 포함한 내용을 전체적으로 살펴야 한다. 주제가 분명하게 드러났는지, 주제가 일관성 있게 표현되고 있는지, 주제를 벗어난 내용이 없는지, 주제에서 빠진 내용이나 논거가 없는지를 검토한다. 그런 후 필요한 내용은 첨가하고 불필요한 내용은 삭제한다. 이때 내용상 논리에 무리가 없는지도 검점한다. 마지막으로 제목이 주제와 흥미를 반영하고 있는지를 살펴 수정한다.

- 주제가 전체 흐름에서 일관성 있게 표현되고 있는가?
- 주제와 제목이 효율적으로 연계되었는가?
- 글의 내용이 논리적으로 전개되고 있는가?
- 필요하거나 보완되어야 할 내용은 없는가?

(가) 최근 각종 커뮤니티에서 배달원이 주차장 등지에서 배달음식을 몰래 빼먹는 장면이 CCTV에 찍히면서 큰 이슈가 되었다. 배달음식을 빼먹는 배달원 이른바'배달거지'라는 신조어까지 만들어 질 정도였으며 소비자들은 이에 큰 분노를 띄고 있다. 공정거래위원에 따르면 음식배달시장 65조원 중, 지난해 배달 앱으로 거래한 금액이 약 3조원으로 추정된다. 하지만 한국소비자원에 따르면 올1~3월까지 소비자 상담센터에 접수된 배달음식 관련 상담 건수가 지난해보다 20%나 증가하였다. 이는 배달시장의 규모가 커지면서 배달원들의 비양심적인 행동도 증가했고, 소비자들의 불만도 커지고 있다.

(나) 배달원들의 비양심적인 행동의 원인으로는 배달 중 배달음식 취식 시 처벌기준이 명확치 않다는 것이다. 배달음식을 배달하는 순간 음식에 대한 소유권이 소비자로 넘어가기 때문에 처벌하기가 쉽지 않다. 또 배달원의 신분확인이 명확하지 않아 신분을 속이면서 배달을 하는

경우도 많으며, 배달원들의 직업 윤리의식이 낮다는 것도 하나의 원인이다.

(다) 이러한 문제점으로는 배달원들에 대한 법적 규제가 약한 것이 한몫하고 있다. 최근 이슈가 된 배달원의 배달음식 빼먹기는 배달음식이 배달되는 순간에 음식의 소유가 소비자에게 넘어가기 때문에 배달원이 음식을 빼먹어도 그 처벌 기준이 없기 때문에 배달원은 비양심적 행위를 아무런 거리낌 없이 할 수 있는 것이다. 그리고 신분이 명확하지 않다는 것도 문제다. 운전자 A씨는 골목길을 들어가던 중 배달하는 배달원과 부딪쳐 사고가 났다. 명백한 배달원 잘못이었으나 미성년자였던 배달원은 돈이 없다고 배 째라는 식으로 나왔다. 업체에서 성인인줄 알았으나, 고용 할 때 신분확인을 제대로 하지 않아 발생한 일이었다. 또한 소비자들이 점주에게 누가 먹은 흔적이 남겨진 배달음식으로 컴플레인을 걸어도 점수들은 배달 업체에 따질수가 없다. 잘못하다간 배달 대행업체에서 자신들을 의심한다고 보복 심리로 배달을 거부하기 때문이다. 점주들은 따로 배달원을 두면 금전적인 손해가 발생하기 때문에 배달 업체에 따질 수가 없다. 오히려 손해를 감수하는 것이 더 낫기 때문이다.

(라) 이를 해결할 방법으로는 안심 스티커를 붙이는 방법이 있다. 업체가 배달음식에 안심 스티커를 붙여 배달 도중 포장 박스 및 포장지가 뜯어졌는지 소비자가 알수 있겠끔 하는 방법이다. 또 업체 내에서 배달음식을 먹은 배달원에게 강제적으로 일을 일정기간 못하게 하거나, 벌점을 부여하는 식 등 강한 패널티를 부여하는 것도 한 가지 방법이다. 하지만 좀 더 근본적으로 배달 중 취식에 대한 처벌 강화와 배달 중 배달음식에 대한 소유권이 누

(나) 원인 단락

➊ 중요도에 따라 원인 ①과 ②의 순서 재배열

① 처벌 규정 불분명하다.

② 직업윤리 의식이 낮다.
- 배달원은 물론 배달 업체
- 배달원 신분 불분명

➡ 서비스 질이 낮아짐

(다) 문제점 단락

➊ 문제점 ② 내용 첨가

① 배달 업체의 갑질
- 배달 업체와 가게
- 배달 업체와 배달원

② 시민의 안전
- 배달원이 범죄자거나 미성년자

(라) 해결방안 단락

➊ 해결방안 ①②③ 내용 첨가와 순서 재배열

① 소규모 가게
- 특수용기 사용이나 안심스티커 부착

② 배달 업체
- 직원 교육 실시
- 채용 시 신분 확인

③ 정부

구에게 있는지, 누구의 잘못인지에 대한 법적 개선이 필요하다. 또한 배달 노동자들의 직업 분류를 명확하게 나누고, 고용할 때의 신분확인을 제대로 하게끔 법적인 절차를 마련해야 한다.

(마) 배달원이 배달 중 배달음식을 빼먹음으로써 소비자들이 쉽게 접근할수 있었던 배달음식이'비위생적이다'라는 수식어를 달게 되었다. 이러한 수식어를 떼기 위해선 배달음식을 빼먹은 배달원에 대한 처벌과 배달원들에 대한 법적인 개선이 이루어 져야 한다. 그리고 배달 업체에서도 배달원에 대한 교육을 실시하여야 할 것이다. 물론 모든 배달원들이 이렇다는 것이 아니다. 소수의 비양심적인 배달원들로 인해 다수의 배달원들이 의심을 받고 있다. 하지만 이러한 법적 개선을 통하면 배달원과 소비자 간의 신뢰가 생길 것 이며, 배달시장의 상장에도 큰 도움이 될 것이다.

– 학생글

- 식품위생법의 개정
- 처벌 규정 명확히 제시

➡ 배달기사에 대한 직접적인 처벌도 중요하지만 현 배달시장 구조 불합리함을 해결이 시급

(마) 결론 단락

○ 본론 요약 내용 수정, 전망이나 제언 내용 첨가

위 글은 급격하게 확대된 배달서비스의 시장구조에서 발생할 수 있는 '배달노동자로 인한 문제점을 인식하고, 관련 서비스 질을 향상시키기 위한 사회적 해결방안을 마련해야 한다.'라는 주제로 쓴 문제해결식 글이다. (가)는 서론으로 사회적 이슈를 제시하면서 배달직원의 비양심적 행동의 증가로 소비자 불만이 높아지고 있다는 문제를 제기하고 있다. (나)~(라)는 본론으로 (나)는 원인 단락으로 배달직원의 비양심적 행동의 원인으로 약한 처벌 기준, 배달원 채용의 모호한 기준, 직업윤리 의식의 부재를 들고 있다. 그러나 원인에 대한 근거 제시가 불분명하므로 미성년자나 범죄자 채용에 대한 근거를 명확히 제시하여 논거의 타당성을 부여할 필요가 있다. (다)는 (나)에서 제시한 원인으로 생길 수 있는 문제점을 제시하는 단

락이지만 처벌 규정이 약하다는 원인에 대한 논거를 제시하고 있어 글의 논리성을 떨어뜨리고 있다. 따라서 처벌 규정에 대한 내용은 (나) 원인 부분의 근거로 제시하는 것이 적절해 보인다. 이와 더불어 배달 업체의 횡포에 대한 문제와 시민의 안전에 대한 문제가 보충되어야 설득력이 높아진다. (라)는 (다)의 문제점에 대한 해결책을 제시하고 있는데 이를 소규모 가게, 배달 업체, 정부로 구분하면서 해결점을 보다 선명하고 체계적으로 재조정할 필요가 있다. 마지막으로 (마)는 결론으로 글 전체를 요약하면서 주제를 강조해야 하는 부분이다. 그런데 글 전체의 핵심 내용이 아니라 해결방안의 연장선에서 해결책을 제시하고 있어 글의 명료성을 떨어뜨린다. 따라서 심화된 문제의식을 통해 자신의 주장에 힘을 실어 줄 수 있는 본론의 핵심 내용으로 수정되어야 한다. 예컨대 '배달 업체에서도 배달원에 대한 교육을 실시하여야 할 것이다.'가 아니라 '배달원에 대한 직업윤리 교육을 확실히 시켜 자신의 직업에 사명을 가질 수 있도록 한다면 배달원도, 소비자도 win-win 할 수 있는 배달이 될 것이다.'와 같은 내용으로 전환하여 자신의 주장을 보다 설득력 있게 강조할 필요가 있다.

(2) 구성과 단락 수정

주제와 내용 전개가 논리에 무리가 없다면, 단락의 내용이 논리에 맞게 '구성'되었는지를 검토한다. 문제 제기, 논거, 반론, 대안 등의 논리적 요소들이 적절히 단락을 이루고 있으며, 이들이 유기적으로 연결되어 있는지를 검토한 후 단락을 재배치한다. 이때 각 단락의 소주제 문장을 확인하여 그 위치나 표현이 적절한지 살피고, 뒷받침하는 문장과 긴밀하게 연결되어 있는지를 살펴 수정한다.

- 각 단락들의 기능과 배치가 적절한가?
- 각 단락이 글 전체와 균형을 맞추며 구성되어 있는가?
- 각 단락의 연결이 자연스럽게 이루어지고 있는가?
- 각 단락 내의 소주제와 논거들이 논리적으로 연계가 되어 있는가?

(가) 최근 각종 커뮤니티에서 배달원이 주차장 등지에서 배달음식을 몰래 빼먹는 장면이 CCTV에 찍히면서 큰 이슈가 되었다. 배달음식을 빼먹는 배달원 이른바'배달거지'라는 신조어까지 만들어 질 정도였으며 소비자들은 이에 큰 분노를 띄고 있다. 공정거래위원에 따르면 음식 배달시장 65조원 중, 지난해 배달 앱으로 거래한 금액이 약 3조원으로 추정된다. 하지만 한국소비자원에 따르면 올1~3월까지 소비자 상담센터에 접수된 배달음식 관련 상담 건수가 지난해보다 20%나 증가하였다. 이는 배달시장의 규모가 커지면서 배달원들의 비양심적인 행동도 증가했고, 소비자들의 불만도 커지고 있다.

(나) ⓐ배달원들의 비양심적인 행동의 원인으로는 배달 중 배달음식 취식 시 처벌기준이 명확치 않다는 것이다. 배달음식을 배달하는 순간 음식에 대한 소유권이 소비자로 넘어가기 때문에 처벌하기가 쉽지 않다. 또 ⓑ배달원의 신분확인이 명확하지 않아 신분을 속이면서 배달을 하는 경우도 많으며, 배달원들의 직업 윤리의식이 낮다는 것도 하나의 원인이다.

(다)의 ㉠은 (나) 단락 ⓐ의 근거로 제시

(다) ㉠이러한 문제점으로는 배달원들에 대한 법적 규제가 약한 것이 한몫하고 있다. 최근 이슈가 된 배달원의 배달음식 빼먹기는 배달음식이 배달되는 순간에 음식의 소유가 소비자에게 넘어가기 때문에 배달원이 음식을 빼먹어도 그 처벌 기준이 없기 때문에 배달원은 비양심적 행위

(다)의 ㉡은 (나) 단락 ⓑ의 근거로 제시

를 아무런 거리낌 없이 할 수 있는 것이다. 그리고 ㉡신분이 명확하지 않다는 것도 문제다. 운전자 A씨는 골목길을 들어가던 중 배달하는 배달원과 부딪쳐 사고가 났다. 명백한 배달원 잘못이었으나 미성년자였던 배달원은 돈이 없다고 배 째라는 식으로 나왔다. 업체에서 성인인줄 알았으나, 고용 할 때 신분확인을 제대로 하지 않아 발생한 일이었다. 또한 소비자들이 점주에게 누가 먹은 흔적이 남겨진 배달음식으로 컴플레인을 걸어도 점주들은 배달 업체에 따질수가 없다. 잘못하다간 배달 대행업체에서 자신들을 의심한다고 보복 심리로 배달을 거부하기 때문이다. 점주들은 따로 배달원을 두면 금전적인 손해가 발생하기 때문에 배달 업체에 따질 수가 없다. 오히려 손해를 감수하는 것이 더 낫기 때문이나.

(라) 이를 해결할 방법으로는 안심 스티커를 붙이는 방법이 있다. 업체가 배달음식에 안심 스티커를 붙여 배달 도중 포장 박스 및 포장지가 뜯어졌는지 소비자가 알수 있겠끔 하는 방법이다. 또 ㉢업체 내에서 배달음식을 먹은 배달원에게 강제적으로 일을 일정기간 못하게 하거나, 벌점을 부여하는 식 등 강한 패널티를 부여하는 것도 한가지 방법이다. 하지만 좀 더 근본적으로 배달 중 취식에 대한 처벌 강화와 배달 중 배달음식에 대한 소유권이 누구에게 있는지, 누구의 잘못인지에 대한 법적 개선이 필요하다. 또한 배달 노동자들의 직업 분류를 명확하게 나

(마)의 ㉢은 (라) 단락 ㉢ 업체의 해결방안에 제시

누고, 고용할 때의 신분확인을 제대로 하게끔 법적인 절차를 마련해야 한다.

(마) 배달원이 배달 중 배달음식을 빼먹음으로써 소비자들이 쉽게 접근할수 있었던 배달음식이'비위생적이다'라는 수식어를 달게 되었다. 이러한 수식어를 때기 위해선 배달음식을 빼먹은 배달원에 대한 처벌과 배달원들에 대한 법적인 개선이 이루어 져야 한다. ⓒ그리고 배달 업체에서도 배달원에 대한 교육을 실시하여야 할 것이다. ㉣물론 모든 배달원들이 이렇다는 것이 아니다. 소수의 비양심적인 배달원들로 인해 다수의 배달원들이 의심을 받고 있다. 하지만 이러한 법적 개선을 통하면 배달원과 소비자 간의 신뢰가 생길 것 이며, 배달시장의 상장에도 큰 도움이 될 것이다.

– 학생글

㉣ 반론과 이에 대한 대응 부분도 해결방안에서 제시

위 글은 단락의 구성적인 면에서 원인에 대한 근거를 문제점 단락에 제시하여 논리성이 떨어진다. 그러므로 (다) ㉠은 (나) ⓐ의 근거로, (다) ㉡은 (나) ⓑ의 근거로 제시하는 것이 배달원의 비양심적 행위에 대한 타당한 근거가 되어 글 전체의 균형에 맞는 구성이 된다.

한편 각 단락 내에서 소주제와 논거들의 논리적인 연계성을 살펴야 한다. (나)는 배달원의 비양심적 행위에 대한 원인으로 '처벌 기준이 모호하다'와 '직업윤리 의식이 낮다'를 제시하고 있는데 여기서는 직업윤리 의식이 낮은 것이 처벌 기준이 모호하다 보다 우선되므로 직업윤리의식에 대한 내용은 먼저 쓰는 것이 타당하다. (다)는 배달 업체가 소규모 가게에게 갑질을 하는 문제만 제시하고 있는데 이와 더불어 배달 업체와 배달원의 관계가 사업자와 사업자 관계로 되어 있어 배달 업체의 횡포에 대한 문제 그리고 배달원의 신분을 알 수 없어 시민들의 안전을 보장할 수 없다는 문제에 대한 내용을 포함해야 자연스럽게 제시될 수 있다. (라)는 (다)의 문제점에 대한 해결방안으로 정부, 배달 업체, 소규모 가게의 입장에서 제시하는 것이 설득력 있다.

(3) 표현과 문장 수정

주제와 단락을 점검 한 후 마지막으로 '표현과 문장'을 다듬는다. 문장은 필자가 주제를 표현하는 기본 단위이다. 하나의 문장에 하나의 생각이 담기고 있는지, 지나치게 길거나 복잡하지 않는지, 문장 성분은 갖추고 있는지, 문법 규칙은 잘 지키고 있는지 등을 검토해야만 정확한 의미를 전달할 수 있다.

- 맞춤법, 띄어쓰기, 문장 부호의 사용이 적절한가?
- 문장 내에서 어휘나 표현이 모호하지는 않은가(문장 내에서 적절한 어휘 선택을 하였나)?
- 문장 내 호응 관계, 중의적 표현, 번역투 문장 등이 어법에 맞게 잘 지켜지고 있는가?
- 한 문장의 길이와 문장들 사이의 연결이 적절한가?

최근 각종 커뮤니티에서 배달원이 주차장 등지에서 배달음식을 몰래 빼먹는 장면이 CCTV에 찍히면서 큰 이슈가 되었다. ㉠배달음식을 빼먹는 배달원 이른바'배달거지'라는 신조어까지 만들어 질 정도였으며 소비자들은 이에 큰 분노를 ~~띄고~~ 띠고 있다. ㉡공정거래위원에 따르면 음식배달시장 65조원 중, 지난해 배달 앱으로 거래한 금액이 약 3조원으로 추정된다. 하지만 한국소비자원에 따르면 올1~3월까지 소비자 상담센터에 접수된 배달음식 관련 상담 건수가 지난해보

㉠ 소비자 분노에 대한 내용 삭제
➡ "배달음식을 빼먹는 배달원 이른바 '배달거지'라는 신조어까지 생겼다."
· 한글맞춤법 오류
분노를 띄다 ➡ 분노를 띠다

㉡ 주어 서술어 호응이 안 됨
➡ "공정거래위원회는

다 20%나 증가하였다. ⓒ이는 배달 시장의 규모가 커지면서 배달원들의 비양심적인 행동도 증가했고, 소비자들의 불만도 커지고 있다.

배달원들의 비양심적인 행동의 원인으로는 배달 중 배달음식 취식 시 처벌기준이 명확치 않다는 것이다. 배달음식을 배달하는 순간 음식에 대한 소유권이 소비자로 넘어가기 때문에 처벌하기가 쉽지 않다. 또 배달원의 신분확인이 명확하지 않아 신분을 속이면서 배달을 하는 경우도 많으며, 배달원들의 직업 윤리의식이 낮다는 것도 하나의 원인이다.

이러한 문제점으로는 배달원들에 대한 법적 규제가 약한 것이 한몫하고 있다. 최근 이슈가 된 배달원의 배달음식 빼먹기는 배달음식이 배달되는 순간에 음식의 소유가 소비자에게 넘어가기 때문에 배달원이 음식을 빼먹어도 그 처벌 기준이 없기 때문에 배달원은 비양심적 행위를 아무런 거리낌 없이 할 수 있는 것이다. 그리고 신분이 명확하지 않다는 것도 문제다. 운전자 A씨는 골목길을 들어가던 중 배달하는 배달원과 부딪쳐 사고가 났다. 명백한 배달원 잘못이었으나 미성년자였던 배달원은 돈이 없다고 배 째라는 식으로 나왔다. 업체에서 성인인줄 알았으나, 고용할때 신분확인을 제대로 하지 않아 발생한 일이었다. 또한 소비자들이 점주에게 누가 먹은 흔적이 남겨진 배달음식으로 컴플레인을 걸어도 점주들은 배달 업체에 따질수가 없다. 잘못하다간 배달 대행업체에서 자신들을 의심한다고 보복 심리로 배달을 거부하기 때문이다. 점주들은 따로 배달원을 두면 금전적인 손해가 발생

음식배달시장 65조 원 중, 지난해 배달 앱으로 거래한 금액이 약 3조 원으로 추정했다."

ⓒ 주어 서술어 호응이 안 됨

➲ "이는 배달 시장의 규모가 커지면서 배달원들의 비양심적인 행동도 증가했고, 소비자들의 불만도 커지고 있다는 것이다."

하기 때문에 배달 업체에 따질수가 없다. 오히려 손해를 감수하는 것이 더 낫기 때문이다.

㉣ 이를 해결할 방법으로는 안심 스티커를 붙이는 방법이 있다. 업체가 배달음식에 안심 스티커를 붙여 배달 도중 포장 박스 및 포장지가 뜯어졌는지 ㉤소비자가 알수 있겠끔 하는 방법이다. 또 업체 내에서 배달음식을 먹은 배달원에게 강제적으로 일을 일정기간 못하게 하거나, 벌점을 부여하는 식 등 강한 패널티를 부여하는 것도 한 가지 방법이다. 하지만 좀 더 근본적으로 배달 중 취식에 대한 처벌 강화와 배달 중 배달음식에 대한 소유권이 누구에게 있는지, 누구의 잘못인지에 대한 법적 개선이 필요하다. 또한 배달 노동자들의 직업 분류를 명확하게 나누고, 고용할 때의 신분확인을 제대로 하게끔 법적인 절차를 마련해야 한다.

배달원이 배달 중 배달음식을 빼먹음으로써 소비자들이 쉽게 접근할수 있었던 배달음식이'비위생적이다'라는 수식어를 달게 되었다. ㉥이러한 수식어를 때기 위해선 배달음식을 빼먹은 배달원에 대한 처벌과 배달원들에 대한 법적인 개선이 이루어 져야 한다. 그리고 배달 업체에서도 배달원에 대한 교육을 실시하여야 할 것이다. 물론 모든 배달원들이 이렇다는 것이 아니다. 소수의 비양심적인 배달원들로 인해 다수의 배달원들이 의심을 받고 있다. 하지만 이러한 법적 개선을 통하면 배달원과 소비자 간의 신뢰가 생길 것 이며, 배달시장의 상장에도 큰 도움이 될 것이다.

– 학생글

㉣ 어휘 중복으로 잉여적 표현

➲ "이를 해결할 방법은 안심 스티커를 붙이는 것이다."

㉤ 한글맞춤법, 띄어쓰기 오류

➲ 알 수 있겠끔 ➡ 알 수 있게끔

㉥ 적절하지 않은 어휘 선택

➲ "이러한 수식어를 떼기 위해선 배달음식을 빼먹은 배달원에 대한 처벌 규정과 배달원을 위한 법 개정이 시급히 이루어져야 한다."

- 한글맞춤법 오류 수식어를 때다 ➡ 수식어를 떼다

위 퇴고는 앞서 제시한 글의 내용과 구성에 상관없는 부분의 문장과 표현을 수정한 것이다. ㉠에서 '배달거지'라는 신조어와 소비자들의 분노는 상관관계가 없다. 배달거지라는 용어는 배달할 음식을 몰래 빼먹는 행위에 의해 비롯된 것이다. 따라서 앞뒤 내용의 연결이 어색하므로 소비자들의 분노에 대한 내용을 삭제하는 것이 전개상 자연스럽다. 또한 '분노를 띄다'는 한글맞춤법 오류이니 '분노를 띠다'로 써야 한다. ㉡은 주어와 서술어 호응이 맞지 않는다. 공정거래위원외가 추정된 것이 아니라 추정한 것이다. 따라서 "공정거래위원회는 음식배달시장 65조 원 중, 지난해 배달앱으로 거래한 금액이 약 3조 원으로 추정했다."로 수정해야 한다. ㉢은 주어와 서술어 호응이 맞지 않는다. 주어 '-은/는'은 서술어 '-는 것이다'와 호응한다. 그러므로 "이는 배달 시장의 규모가 커지면서 배달원들의 비양심적인 행동도 증가했고, 소비자들의 불만도 커지고 있다는 것이다." 또는 "배달 시장의 규모가 커지면서 배달원들의 비양심적인 행동도 증가했고, 소비자들의 불만도 커지고 있다는 의미다."로 수정하는 것이 바른 표현이다. ㉣은 '방법'이란 어휘를 중복하고 있어 "이를 해결할 방법은 안심 스티커를 붙이는 것이 있다."로 수정하는 것이 바른 표현이다. ㉤ '알수 있겠끔'은 한글맞춤법과 띄어쓰기 오류가 동시에 일어난 어구이다. 의존명사 '수'는 앞말과 띄어 써야 하고, '-겠끔'은 연결어미 '-게끔'의 잘못된 표기이므로 '알 수 있게끔'으로 써야 한다. ㉥은 '배달음식을 빼먹은 배달원에 대한 처벌'과 '배달원들에 대한 법적인 개선'이 대구를 이루고 있으나 어휘를 적절하게 선택하지 못했다. '배달음식을 빼먹은 배달원에 대한 처벌'이 아니라 '배달음식을 빼먹은 배달원에 대한 처벌 규정'이라 해야 하며, '배달원들에 대한 법적인 개선'이 아니라 "배달원들을 위한 법 개정'이라고 해야 한다. 따라서 '이러한 수식어를 떼기 위해선 배달음식을 빼먹은 배달원에 대한 처벌 규정과 배달원을 위한 법 개정이 시급히 이루어져야 한다."로 쓰는 것이 바른 표현이다. 위 글에서 의존명사 '수'를 '따질수가, 알수, 접근할수' 처럼 붙여 쓰고 있는데 의존명사는 앞말과 띄어 써야 하므로 '따질 수가, 알 수, 접근할 수'로 써야 한다. 물론 띄어쓰기를 하지 않는다고 글을 이해하지 못하는 것은 아니지만 띄어쓰기를 하는 것이 가독성을 높이는 방법이기 때문에 띄어 써야 한다.

2) 퇴고해 보자

| 자신이 쓴 초고를 점검표에 따라 검토하여 오류와 수정 내용을 써 보자.

| 동료와 초고를 교환하여 점검표에 따라 검토한 후 오류와 수정 내용을 써 보자.

| 이때 '꼭 알고 가기: 바른 문장은 어떻게 쓰는가'를 반드시 참고하자.

항목	점검 내용	자가진단	동료진단
주제와 내용	주제가 전체 흐름에서 일관성 있게 표현되고 있는가?		
	주제와 제목이 효율적으로 연계되었는가?		
	글의 내용이 논리적으로 전개되고 있는가?		
	필요하거나 보완되어야 할 내용은 없는가?		
구성과 단락	단락들의 기능과 배치가 적절한가?		
	단락이 글 전체와 균형을 맞추며 구성되어 있는가?		
	단락의 연결이 자연스럽게 이루어지고 있는가?		
	단락 내의 소주제와 논거들이 논리적으로 연계가 되어 있는가?		
표현과 문장	맞춤법, 띄어쓰기, 문장 부호의 사용이 적절한가?		
	문장 내에서 어휘나 표현이 모호하지는 않은가?(문장 내에서 적절한 어휘 선택을 하였나?)		
	문장 내 호응 관계, 중의적 표현, 번역투의 문장 등이 어법에 맞게 잘 지켜지고 있는가?		
	한 문장의 길이와 문장들 사이의 연결이 적절한가?		

	오류와 수정 내용
자가	
동료	

▌자신과 동료가 수정한 내용을 비교 검토하여 글을 완성해 보자.

최종본	
제목	

바른 문장은 어떻게 쓰는가

글쓰기의 기초인 3다(多讀, 多作, 多商量)를 설파한 구양수는 시를 쓴 뒤 벽에 붙여 놓고 방을 드나들 때마다 고쳤다고 한다. 얼마나 고쳤던지 어떤 시는 원래 쓴 글에서 한 자도 남아 있지 않았다고 한다. 헤밍웨이도 『노인과 바다』를 쓸 때 무려 400번 이상을 고쳤다고 한다. 이처럼 전문적인 글을 쓰는 사람도 이렇게 고쳐쓰기를 거쳐 나름의 완벽한 작품을 만들어내는데 일반인이 어떻게 처음부터 완벽한 글을 쓸 수 있겠는가.

좋은 문장 쓰기를 평생 연구한 장하늘(2009, 글쓰기 표현 사전, 다산북스)은 좋은 문장의 조건으로 '쉬운 문장, 바른 문장, 짧은 문장, 뚜렷한 문장, 이끌리는 문장'을 들고 있다. 쉬운 문장은 말 그대로 쉽게 읽히는 문장이다. 어휘, 구문, 표현 면에서 한 번에 읽어서 금방 이해될 수 있는 문장이 좋은 문장인 것이다. 그리고 바른 문장은 어법, 문법, 표현법 등의 규칙을 잘 지켜 쓴 문장을 말한다. 쉽고 바른 문장을 쓰기 위해서는 짧게 쓰는 것이 좋다. 또한 주어와 서술어의 관계를 통해 문장에서 말하고자 하는 바가 명확하게 전달되도록 뚜렷한 문장을 써야 좋은 문장이다. 이러한 조건들을 만족하면서 동시에 맛깔스럽고 흥미를 끌만한 표현법으로 독자들의 시선을 끄는 문장을 쓴다면 금상첨화다.

학술적 글쓰기는 문학적 글쓰기와 달리 뜻이 명확하게 전달되고 객관성을 유지할 수 있는 문장을 가려 써야 한다. 문장을 하루아침에 잘 쓰기는 어렵지만 제발 이런 문장만은 쓰지 말아야 한다는 관점에서 '틀린 문장'과 '어색한 문장'만큼은 쓰지 않도록 신경 써야 한다.

1. 틀린 문장

1) 성분 생략 문장

주어나 목적어 등 문장성분을 지나치게 생략해 의미를 불확실하게 만드는 경우가 있다. 일반적으로 문장성분을 생략하면 이해하기 어려워질 뿐 아니라 오해가 생길 수도 있다. 입말에서는 주어나 목적어뿐 아니라 주격조사나 목적격조사 등 문장성분을 생략하는 경우가 많지만 글말은 완결성을 갖추어야 하므로 지나치게 줄이거나 빼지 말아야 한다.

㉠ 상반기에 이익을 많이 내고 하반기에는 계절적 영향으로 감소하는 경향이 있다. [주어 생략]

㉡ 수면시간조차 아까운 수험생들 다수는 커피를 마시며 버틴 적이 있을 것이다. [목적어 생략]

㉢ 가정 형편이 어려워 공부를 제대로 못했다. [서술어 생략]

㉣ 성격 꼼꼼하고 책임감 강하지만 아량이 넓지 않다. [조사 생략]

㉤ 인간은 환경을 지배하기도 하고, 때로는 순응하면서 산다. [부사어 생략]

㉠의 경우 '감소하다'와 호응하는 주어 '이익이'가 없고, ㉡의 경우 '버티다'와 호응하는 '잠을'이라는 목적어가 없어 틀린 문장이다. ㉢은 '공부를 제대로 못했다'에서 '-를 하지 못하다' 형태에 있어야 할 서술어 '하다'를 생략했고, ㉣의 경우 조사를 생략했으며, ㉤은 '순응하면서'와 호응하는 부사어 '자연에'가 생략되어 틀린 문

장이다.

2) 호응 오류 문장

한 문장 안에서 특정한 말 뒤에는 특정한 말만이 와서 서로 잘 어울리게 써야 하는데, 이것을 문장 호응이라고 한다. 문장 안에서 특정한 문장 성분끼리 잘 어울리지 못한다면 이는 틀린 문장이다.

㉠ 단점은 일을 약간 즉흥적으로 하는 경향이 있어 조금 덤벙댄다는 경향이 있습니다. [주어와 서술어의 불일치]

㉡ 표현의 자유가 아무리 중요해도 다른 사람에게 상처를 주는 표현은 절대로 올바르지 않다. [부사어와 서술어의 불일치]

㉢ 정환이는 아침마다 축구를 차러 나간다. [목적어와 서술어의 불일치]

㉠에서 주어가 '단점은'이라면 서술어는 '-이다'의 형태가 와야 자연스럽다. 그러므로 '덤벙댄다는 것입니다'라야 맞다. ㉡은 부사어 '절대로'와 서술어 '올바르지 않다'가 의미상 자연스럽게 연결되지 않는다. 그러므로 '절대로'를 '결코'로 수정하거나 서술어를 '-해서는 안 된다'로 수정해야 맞는 문장이다. ㉢은 '축구를 차다'가 아니라 '축구를 하다'가 되어야 목적어와 서술어가 호응이 되는 바른 문장이 된다.

2. 어색한 문장

1) 모호한 의사표현 문장

학술적 글쓰기는 개인의 주장을 펼치는 글이다. 이에 가능성이나 추측 표현을 통해 필자의 주장을 완곡하게 드러내려 하는 경우가 있다. 그러나 이러한 표현은 주장에 대한 불확실성이나 자신 없음을 강조하여 오히려 설득력을 떨어뜨린다.

(1) '생각하다' 표현

> ㉠ 우리 음악의 바른 이해를 위해 꼭 짚고 넘어가야 한다고 생각한다.
> ㉡ 경고문을 모니터에 게시하는 것도 좋은 방법이라고 생각한다.

'-라/다고 생각한다'는 표현은 필자의 주장을 완곡하게 드러내는 표현이긴 하나 기초적이고 단순한 어휘여서 능숙한 설득 표현이 아니다. 그러므로 생략하는 게 좋다.

(2) '같다' 표현

> ㉠ 내가 철들었다는 생각이 든 것은 대학교에 들어와 자취를 시작하면서인 것 같다.
> ㉡ 키즈카페 같은 것을 많이 만들면 좋을 것 같다.

필자의 심리나 판단을 나타내는 상황에서 '같다' 추측 표현을 자주 쓴다. 그러나 추측을 나타내는 상황이 아니라 주장을 드러내는 상황이라면 생략해야 한다.

(3) '보다' 표현

> 이로 인해 개인정보유출 문제에서 끝나지 않고, 개인의 경제적인 문제 등 2차, 3차 피해가 지속적으로 발생하고 있어 큰 문제라고 볼 수 있다.

'같다'와 마찬가지로 '보다'의 경우도 추측을 나타내는 상황이 아니라 주장을 드러내는 상황인 경우에는 생략해야 한다.

(4) '–것이다/–이다' 표현

㉠ 인간은 살면서 서명이 필요할 때가 있다. 그 예로 자신의 물건에 이름을 써 넣거나 계약서 등에 서명을 하는 것을 들 수 있다. 그러나 서명이 인간에게 꼭 필요하지 않을 수도 있을 것이다. 생산품이 공동소유인 사회주의 세계에서는 서명의 필요성이 다소 낮다고 보는 것이 일반적일 것이다. 하지만 자본주의 세계에서는 물건이 개인의 소유이므로 서명의 필요성과 중요성은 보다 더 중요한 의미를 지니는 것이다. 그러므로 서명은 사회를 살아가면서 자신과 다른 사람 간에 차이를 두기 위해, 즉 다른 사람과 동일시되는 것을 막기 위한 것이다.

㉡ 토지 투기가 심각한 것은 이래서이다.

'-것이다'를 습관적으로 사용하는 사람이 많다. 글의 내용을 강조하거나 무게를 주는 것으로 생각해 마구 쓰다 보니 입버릇처럼 몸에 뱄기 때문이다. 만약 '것'을 사용할 수밖에 없다면 이를 대신해 '일, 바, 예정, 계획, 방안, 문제, 측면' 따위로 대체하는 게 좋다. 그렇지 않은 경우라면 '-것이다'를 생략하거나 다른 서술어로 대체하는 것이 바람직하다. 그리고 ㉡의 경우처럼 서술어를 '-이다'로 끝내려는 것도 지양해야 한다. 우리말은 형용사나 동사를 활용한 서술어가 주이기 때문에 '주어+서술어'의 구조를 잘 살려 '이래서 토지 투기가 심각하다'의 형태로 써야 한다.

이 외에도 '-측면에서는 말이다, -이 아닌가 한다, -이 아닐까 싶다, -했으면 한다'와 같이 자기 확신이 없는 표현도 지양해야 한다.

2) (이중)부정 표현 문장

'당신의 빠른 승진을 바라마지 않는다.'라는 문장의 의미를 어떻게 해석하는가? '바란다' 아니면 '바라지 않는다' 어떤 게 답일까? 정답은 '바란다'는 뜻이다. 이처럼 부정 표현을 사용하면 뜻이 명확하지 않아서 글을 읽는 사람들이 오해하기 쉽다.

㉠ 객관적이라는 표현은 좀 주의해서 이해하지 않으면 안 된다.
㉡ 정신문화가 오히려 뒷걸음치지 않았는지 반성하지 않을 수 없다.
㉢ 이 같은 우려가 현실로 나타난 것은 안이한 행정의 표본이라 아니할 수 없다.
㉣ 그 짐을 국민에게 전가한 사례가 부동산실명제라 해석하지 않을 수 없다.

㉠의 '이해하지 않으면 안 된다'는 '이해해야 한다'로, ㉡의 '반성하지 않을 수 없다'는 '반성해야 한다.'로 쓰고, ㉢의 '표본이라 아니할 수 없다'는 '표본이다'로, ㉣의 '해석하지 않을 수 없다'는 '해석할 수 있다'로 써, 긍정적인 표현으로 명확하게 뜻을 전달하거나 아니면 '부동산실명제이다.'로 간단명료하게 표현해야 한다. 이처럼 부정적인 표현보다 긍정적인 표현이 훨씬 뜻이 명확하다.

3) 중복표현 문장

상대방이 똑같은 얘기를 되풀이하면 듣기 싫은 것과 마찬가지로 글에서도 가장 보기 싫은 부분 가운데 하나가 중복이다. 한 문장에서 같은 단어나 구절이 여러 번 나오기도 하고, 형태는 다르지만 같은 뜻이 반복되기도 한다. 같은 단어나 표현이 반복되면 읽기 불편하고 지루해지므로 중복표현 문장을 쓰지 않도록 해야 한다.

㉠ 우리 학교는 이 지역에서 역사와 전통이 가장 오래된 학교이며, 훌륭한 인재를 많이 배출한 학교다.
㉡ 거시지표상으로 볼 때 현 경제상황을 위기라 할 수 없지만 투자와 소비 위축으로 볼 때 심각한 상황임이 분명하다.

㉢ 이번 방학에는 무슨 일이 있어도 반드시 운전면허를 딸 것이다.

㉠은 '학교'라는 단어가 중복돼 이상하다. '우리 학교는 이 지역에서 역사와 전통이 가장 오래됐으며, 훌륭한 인재를 많이 배출한 곳이다.'처럼 중복되는 단어를 삭제하면 훨씬 간결한 문장이 완성돼 전달력이 높아진다. ㉡은 '거시지표상으로 보면[거시지표상으로는] 현 경제상황을 위기라 할 수 없지만 투자와 소비 위축으로 볼 때 심각한 상황임이 분명하다.'로 구절이 중복되지 않도록 해야 하며, ㉢은 '무슨 일이 있어도'와 '반드시'라는 표현이 동일한 의미를 지니므로 둘 중에 하나만 남기고 삭제해야 한다.

4) 피동표현 문장

문장은 동작이나 행위를 누가 하느냐에 따라 능동문과 피동문으로 나뉜다. 능동은 주어가 제 힘으로 동작을 행하고, 피동은 남의 행동에 의해서 행해진다. 피동문은 일반적으로 피동 접미사를 붙이거나 피동의 의미를 나타내는 동사 '-(어)지다'를 붙여 표현한다. 또한 '당하다, 되다, 받다'와 같이 피동의 의미를 띠고 있는 어휘로 표현하는 경우도 있는데, 이를 피동표현이라고 한다. 그러나 피동표현을 사용한 문장을 남용하면 무엇보다 자신감이 없어 보이거나 주체나 뜻이 분명하게 드러나지 않아 읽는 사람에게 강한 인상을 주기 어렵다. 그러므로 불가피하거나 완곡하게 표현하는 경우를 제외하고는 능동문으로 쓰는 것이 좋다.

㉠ 시장 상황에 따라 제품 수급이 적절하게 조절되어야 한다.
㉡ 인간에 의해 초래된 생태계의 인위적 변화로 자연계에 돌연변이가 일어나고 있다.
㉢ 한국이 동북아의 주역으로 우뚝 설 수 있는 기틀이 마련되어져야 한다.

㉣ 모여진 성금은 재난을 당한 사람들에게 유용하게 쓰여질 것으로 보여진다.

㉠에서 '조절되어야 한다'라는 피동표현은 '조절해야 한다.'의 능동형으로 고쳐 써야 하며, ㉡의 '인간에 의해 초래된'은 '-에 의해 -되다'는 영어식 관용구(be동사+과거분사+by-)를 그대로 옮긴 피동표현 문장이므로, '인간이 초래한'으로 능동형으로 고쳐 써야 한다.

한편, ㉢과 ㉣은 이중피동표현으로 문장으로, 피동의 뜻이 겹쳐 쓰였다. ㉢은 '되다'와 '지다'가, ㉣은 피동사 '쓰이다'에 피동의 뜻을 나타내는 '-(어)지다'가 함께 쓰여 이중피동표현을 나타내고 있으면서 동시에 추측성 표현인 '보다'와 '-(어)지다'가 쓰여 어색한 문장이다. 이중피동을 쓰는 이유를 피동의 뜻을 강조하려는 의도에서 찾을 수 있으나 무의미하게 피동을 겹쳐 쓰는 일은 우리말의 언어 체계를 파괴하는 일이기도 하다. 따라서 ㉢은 능동인 '기틀을 마련해야 한다'로 ㉣은 '쓰인다'로 쓰는 것이 바람직하다.

5) 사동표현 문장

문장은 동작이나 행동을 자신이 하느냐 남에게 하게 하느냐에 따라 주동문과 사동문으로 나뉜다. 주동은 주어가 직접 동작을 하는 것이고, 사동은 주어가 다른 인물이나 사물로 하여금 어떤 일을 하게 하는 것이다. 사동문은 사동 접미사를 붙이거나 '-게 하다'를 붙여서 표현한다. 또한 '시키다'와 같은 사동의 의미를 지닌 어휘로 표현하는 경우도 있는데 이를 사동표현 문장이라고 한다. 가끔 사동의 의미가 아닌 경우에도 사동 표현을 쓰는 경우가 있어 주의해야 한다.

㉠ 그는 문제를 야기시킨 장본인이다.

㉡ 무료로 교육시켜 드립니다.

㉠에서 '야기하다'는 '일이나 사건 따위를 끌어 일으키다'라는 의미여서 '야기한'으로 써야 맞다. ㉡은 '교육시키다'가 아닌 '교육합니다'나 '가르쳐 드립니다'로 해야 맞다.

6) 직역투 문장

문장에는 외국어의 영향으로 직역으로 번역한 표현이 종종 발견된다. 이는 자연스러운 표현이 아니므로 주의해야 한다.

㉠ 개인의 표현자유를 침해하므로 인터넷실명제에 대해 반대하는 바이다.

㉡ 인간을 대상으로 하는 임상연구에 있어서 가장 중요한 것은 실험대상자들의 행동을 이해하고, 상태를 꼼꼼히 파악하는 것이다.

㉢ 국회의 변화하는 모습을 국민은 기대하고 있다.

㉣ 구조조정이란 그럴싸한 말에 감춰진 또 다른 의미의 대량해고에 다름 아니다.

㉤ 저 토끼는 흰 귀를 가졌다.

㉥ 남보다 앞선 투자로 경쟁자들에게 추격 기회를 허용하지 않는 도전정신을 필요로 한다.

㉦ 글 쓰는 이의 평소 생활 자세의 진지함은 아무리 강조해도 지나침이 없을 것이다.

㉧ 그 밴드는 지금 미국 재즈연주회를 계획하고 있는 중이다.

㉠의 '-에 대해'는 일본어 '-について를 직역한 것이고, ㉡의 '-에 있어서'는 일본어 '-にとって'-において'를 직역한 문장이므로 한국어 문장 구성에 맞게 ㉠은 조

사 '-에'로 ㉡은 조사 '-에서'로 써야 자연스럽다. ㉢에 쓰인 조사 '-의'는 일본어에서 여러 가지 문장성분으로 두루 쓰이는 조사 'の'의 영향을 받은 표현이기 때문에 ㉢의 '국회의 변화하는 모습'은 '국회가 변화하는 모습'으로 주어와 서술어가 제대로 드러나도록 풀어써야 우리말답다. 그리고 ㉣의 '-에 다름 아니다'도 일본식 표현이므로 '-나 다름없다'라고 수정하거나 '-다'로 쓰는 게 바람직하다.

㉤은 영어의 동사 'have'를 '가지다'로 직역한 문장이므로 '귀가 희다'로 주어와 서술어로 풀어쓰는 우리말 표현으로 고쳐야 하며, ㉥은 '-을 필요로 한다'는 영어 'It need-to-'구문을 직역한 표현이므로 '-이 필요하다'로 표현하는 게 좋고, ㉦의 '아무리 -해도 지나치지 않다'는 'It is not too much to-'라는 영어 표현을 직역한 것이므로 '글 쓰는 이는 평소에 진진한 생활 자세를 가져야 한다.'로 우리말다운 문장으로 고쳐 써야 한다. 그리고 ㉧의 '-하고 있는 중이다'는 영어의 진행형(-ing)을 직역한 표현인데, 우리말에는 진행형이 없어 상태나 진행을 뜻하는 '-고 있다' 형태로 진행형을 대신한다. 그러므로 '계획하고 있다'로 한 번만 진행의 의미를 살려 쓰는 게 맞다.

7) 명사형·관형형 문장

영어의 '동명사 구문'이나 'to 부정사 구문' 문장 표현의 영향으로 '-기, (으)ㅁ, -것' 등을 붙여 명사형으로 문장을 표현하는 경우가 있다. 이는 자연스러운 문장 표현이 아니므로 주의해야 한다. 또한 용언 어간에 관형사형 전성어미 '-ㄴ, -는, -을' 등을 결합하여 체언을 수식하는 관형형 문장도 자연스럽지 못하고 의미도 명확하게 전달되지 못하기 때문에 주의해야 한다.

> ㉠ 불법 시비가 잇따랐음은 물론이다.
>
> ㉡ 섬마을 여교사 성폭행 사건으로 나라가 떠들썩하게 됨에 따라 대책마련이 시급하다.

ⓒ 불안한 출발이었으나 지금은 좋은 소통 상태를 보입니다.

㉠은 '물론 불법 시비가 잇따랐다'로, ㉡은 '-되면서'와 같이 쓰는 것이 훨씬 자연스럽다. ㉢은 '주어+서술어'의 문장 구성으로 풀어써 '출반은 불안했으나 지금은 소통 상태가 좋습니다.'로 쓰는 것이 자연스럽고 의미 전달도 명화한 문장이 된다.

8) 구어체 문장

언어형식을 줄여 쓰거나 생략 또는 구어적 언어 형식을 사용한 문장 구성은 글쓰기 문장으로는 적합하지 못하다.

㉠ 저의 상상력을 더해 귀사도 함께 발전해 나갔음 좋겠습니다.
㉡ 커피에 설탕 혹은 시럽을 넣어 먹으면 촌스럽다고 생각하거나 커피를 마실 줄 모른다고 생각하는 분들이 생각보다 참 많은 거 같다.

㉠의 '나갔음'은 '나갔으면'으로, ㉡의 '거'는 '것'으로 형식을 바로 살려 써야 한다.

3부

생각의 문을 두드리는 말하기

3부

생각의 문을 두드리는 말하기

언제부터인가 '소통(疏通)'이란 단어는 우리 주변에서 인기어가 되었다. 얼마나 소통이 부족한 시대이기에 소통이 우리 사회에 중요한 요소로 소환된 것일까. 소통 중에서 가장 기본적인 방식은 대화다. 그런데 요즘 젊은이들은 오프라인에서 말로 하는 대화보다 온라인에서 글이나 이모티콘으로 나누는 대화가 더 잦다. 그런 탓에 젊은이들이 사람의 얼굴을 쳐다보고 하는 커뮤니케이션인 '대화, 토론, 스피치'에 대해 불안감을 드러내거나 심지어 거부반응까지 보인다. 아무리 기계가 인간의 노동력을 대체하는 4차 산업혁명시대를 살아간다 하더라도 기계와 인간, 인간과 인간 사이의 소통은 여전히 중요하다.

소통은 단순히 말하는 사람과 듣는 사람 간에 메시지를 전달하는 것에 머무르지 않고, 메시지를 통해 생각, 가치관, 감정, 의도 따위도 함께 주고받는 행위이다. 그러기 위해서는 편견이나 선입견에 사로잡히지 않은 열린 사고와 논리적 사고가 전제되어야 한다. 그러나 제아무리 생각이 올바르더라도 그것을 전달하는 방법이

미숙하면 소통의 목적을 달성하기가 어렵다. 그러므로 상대방의 생각이나 마음의 문이 열리도록 말하는 방법을 익힐 필요가 있다.

대학 생활을 비롯해 사회생활에서 가장 많이 이뤄지는 소통 방법은 '대화'이다. 대부분 사람은 자신들이 대화를 하는 데 전혀 문제가 없다고 생각하는 경향이 있다. 가끔 타인과 간단한 말싸움이나 시비가 일어나는 것은 자신의 대화법이 문제라서기보다 상대방의 생각이나 행동에 잘못이 있어서라고 생각하기 십상이다. 그러나 상대방의 생각이나 행동에 정말 문제가 있었다 하더라도 상대방이 이를 인식하고 수정할 수 있도록 말을 했다면 말싸움이나 시비가 발생하지 않는다. 따라서 상대방의 말을 잘 듣는 기술과 자신의 생각이나 마음을 상대방에게 잘 말하는 기술을 익히는 것이 중요하다.

타인 혹은 세상과 소통을 할 때면 생각이나 가치관의 차이로 인해 의견 충돌을 겪곤 한다. 이럴 경우 자신의 생각이 논리적이며 합리적이라는 점을 강조하여 상대방을 설득해야 하는데, 이때 자신의 생각을 잘 정리해서 논리정연하게 말하는 방법이 요구된다. 이러한 말하기 능력을 기르는 데 토론이 제격이다. 그러므로 여기에서는 토론 유형으로 논쟁적 토론 방식인 '동아토론대회식' 교육토론과 대화적 토론 방식인 '가치수직선 토론' 두 가지를 소개한다.

다수의 청중을 상대로 면 대 면으로 하는 스피치를 비롯해 매체를 통한 스피치가 대세로 떠오르고 있는 지금, 핵심 내용을 논리정연하면서도 흥미롭게 전달하는 말짱이 되는 것이 필수인 시대이다. 스피치를 잘하는 사람은 유창한 언변술로 청중을 휘어잡지만, 그 기저에는 감성과 논리를 접목하여 내용을 전달하는 전략이 숨어 있다. 청중의 관심을 끌 만한 주제 선정과 주제를 논리정연하게 전달하기 위한 내용 전개 방법 그리고 자신감 넘치는 태도, 이 모두가 어울러져 성공적인 스피치를 만들어 내는 것이다. 그러므로 성공적인 스피치를 하기 위해, 청중의 관심을 끌 만한 주제를 선정하는 법과 스피치 대본 작성법 그리고 스피치 태도에 대해 알아보자.

1. 대화, 잘 듣고 잘 말하다

대화란 나와 상대방이 서로 말을 주고받는 행위로, 말하기와 듣기로 이뤄지는 행위의 연속체이다. 그런데 대부분 사람이 대화를 떠올릴 때면 말을 어떻게 잘할까만 생각하는 경향이 있다. 그러나 분명한 것은 듣는 사람이 없다면 그것은 대화라고 하지 않는다는 점이다. 그리고 단순히 상대방과 말을 주고받는다고 해서 모두 대화가 되지는 않는다. 상대방에게 상처를 주거나 비난하는 말처럼 부정적인 말을 상호간에 주고받는 경우는 대화라기보다 싸움에 가깝기 때문이다. 그러므로 원활하게 대화를 이어 나가기 위해서는 말하기보다 듣기가 먼저라는 점과 상대방이 어떤 말을 듣고 싶어 하는가를 생각하고 말을 해야 한다는 점에 대한 이해가 필요하다.

1) 듣기의 기초

얼굴에서 '눈, 귀, 콧구멍'은 두 개인데 왜 입은 하나일까? 그것은 아마도 말을 많이 하기보다 다른 사람의 말을 더 많이 들어야 한다는 것을 담고 있는 자연의 이치가 아닐까? 대화할 때 사람들이 좋아하는 상대는 비교적 상대방의 말에 호응을 잘해 주거나 감정에 대한 공감능력이 좋은 사람들이다. 이처럼 잘 들어주는 것은 상대방에게 좋은 느낌과 호감을 갖게 해 준다. 그러나 우리들의 일상 대화 중에 "네가 오해하지 않았으면 좋겠어, 오해하지 말고 들어줘, 무슨 말인지 이해돼?"라는 말들이 자주 오간다. 이는 듣는 것이 중요하다는 것을 잘 알고는 있지만, 실제로 잘 들어주는 사람이 드물다는 것을 반영한 것이 아닐까.

끝까지 말을 들어 주고, 내 말에 집중해 주는 사람과는 보다 깊은 대화를 원하고, 그러한 과정에서 말하는 사람도 상대방의 생각과 의견을 들으려는 자세가 자연스럽게 형성된다. 결국 상대방의 말을 잘 이해하기 위해서는 말하기보다 듣는 자세가 필요하다.

(1) 듣기의 과정과 유형

상대방의 말을 듣고 반응하는 행위는 너무도 쉬운 활동이라고 흔히 생각한다. 그러나 아래에 제시한 듣기 과정 중 최종 단계인 반응하기에 도달할 때까지 여러 장애들이 발생하기 때문에 제대로 된 듣기 행위가 이뤄지지 않는 경우가 많다.

들리기	'히어링(hearing)', 말소리의 음파를 귀로 받아들이는 단계
주의	귀에 들어온 말을 3~4초 동안 들으면서 말을 통과시킬지 차단할지를 선택하는 단계
지각	메시지를 받아들이고 주의를 기울인 후에 자료를 수용하고 입력된 자료를 평가하는 단계
의미부여	메시지의 의미를 분류하고 체계화하는 스키마 활동이 일어나는 단계
반응	주어진 메시지에 대한 스키마 활동 결과 상대방의 말에 대해 언어, 준언어, 비언어로 자신의 생각이나 느낌을 표현하는 단계

듣기의 과정

① 무시하기

듣기의 첫 번째 과정인 '들리기'는 생리적 과정으로서의 듣기로, 뚫린 귀로 말과 소리를 구분하는 정도의 '히어링'에 불과하다. 이때 상대가 하는 이야기에 관심이 없거나 듣기 싫을 경우 한 귀로 듣고 한 귀로 흘리는 일이 발생하는데, 이럴 경우 상대가 하는 이야기를 무시하는 듣기 유형이 나타난다. 이러한 유형의 듣기는 상대방은 이야기를 하지만 듣는 이에게 전달되는 내용은 하나도 없는 상태이기 때문에 듣는 사람과 말하는 사람의 대화가 지속될 수 없다.

② 듣는 척하기

듣기의 두 번째 과정인 '주의' 단계에서는 상대방의 말 가운데 우선순위가 높은 정보에는 귀를 기울이고 우선순위가 낮은 정보는 무시하는 현상이 흔히 발생한다. 이때 듣는 사람에게 우선순위가 낮은 정보가 제공되면, 듣는 사람은 상대방의 이야기를 듣는 척만 하게 된다. 결국 상대방의 이야기를 듣는 듯하지만 자신의 생각 속에 빠져 있기 때문에 이야기의 내용이 전달되지 않는다. 그래서 "그렇지, 그래?, 응"과 같은 말들을 건성으로 자주 내뱉거나 방금 말한 상대방의 이야기도 잊어버리는 나머지 "뭐라고?"라는 말을 되풀이하는 일들이 잦아진다. 이럴 경우 말하는 사람은 듣는 사람이 듣는 척한다는 것을 느낄 수 있기 때문에 대화를 지속하는데 불편함을 느낄 수밖에 없다.

③ 선택적 듣기

듣기의 세 번째 과정인 '지각' 단계에서는 듣는 사람이 말하는 사람의 이야기를 듣기는 하나, 메시지 전체에 집중하기 보다는 자신이 듣고 싶은 내용을 선택적으로 듣는 현상이 나타난다. 이는 어떤 말을 잘 듣지 않으려는 '지각 방어현상(preceptural defence)'의 결과로, 자신의 믿음과 상반되는 말에 대해 자신을 보호하고자 하는 심리가 작용하기 때문에 생긴다. 선택적 듣기로 인해 대화가 완료되면 말한 내용과 들은 내용 간에 차이가 발생하기 때문에 말의 의미를 오해하거나 일부 메시지는 기억하지 못하게 되어 말하는 사람은 "내 말을 듣기는 들었어?", "당신은 듣고 싶은 말만 골라 듣네요!", "제 말은 그런 의미가 아니에요."와 같은 반응을 보인다.

TIP_ 잘못된 듣기 태도

- 주의를 기울이지 않고 듣는다.
- 상대방의 말을 가로채고 중단시킨다.
- 끝까지 듣지 않고 판단하거나 충고한다.
- 성급하게 상대방의 말을 결론짓는다.
- 상대방에게 주관적이고 단정적인 말로 반응한다.
- 다음에 할 말을 준비하면서 미리 생각한다.
- 상대방의 말을 속으로 평가하면서 듣는다.

④ 귀 기울여 듣기

듣기의 네 번째 과정인 '의미부여' 단계에서는 주의와 지각 단계를 거쳐 상대방이 어떤 이야기를 하는지 말의 내용에 집중하고, 그 내용이 전달하고자 하는 의미를 자신의 가치관과 정보를 바탕으로 분석하고 평가하는 활동들이 이뤄진다. 이는 정신적·감정적인 과정으로서의 듣기인 '리스닝'이 이뤄지는 과정으로서, '열린 귀로 귀 기울여 듣는 것'이라 할 수 있다. 이 단계에서는 상대방 이야기의 요점을 정확히 파악하고, 상대방의 말을 제대로 이해했는지를 확인하는 "○○라는 거죠?"라는 질문을 던지는 일련의 행위들이 나타난다. 그렇기에 말하는 사람은 듣는 사람이 이야기를 잘 듣고 있다고 느낄 수 있으며, 듣는 사람 또한 말하는 사람이 이야기하는 내용을 잘 이해할 수 있다. 하지만 실제 대화상에서는 귀 기울여 듣기를 실천하기 어려울 때가 많다.

⑤ 공감적 경청하기

듣기의 마지막 과정인 '반응'의 단계에서는 말의 내용에 집중하면서 말하는 사람이 어떤 느낌을 가지고 이야기를 하는지, 왜 이런 이야기를 하는지 등을 추측하고, 듣는 입장에서 이해한 내용을 말하는 사람에게 확인하면서 듣는 행위가 이뤄진다.

이것이 바로 공감적 경청하기다. 공감적 경청이란 상대방의 입장이 되어 상대방이 처한 상황이나 상대방의 느낌 또는 감정을 느껴본 다음에 객관적인 입장에서 상대방을 이해하고 있다고 표현해 주는 것으로, 상대방의 마음을 어루만져 주는 행위이다. 즉, 공감적 경청은 말하는 사람이 하는 말의 내용 이면에 숨겨진 의미도 이해하려고 노력하는 행위로, 말하는 사람이 충분히 이해 받고 있다는 느낌을 갖게 해 마음을 열고 대화에 참여하도록 자극함으로써 상호 간 대화가 원활하게 유지될 수 있도록 한다.

TIP_ 잘 듣는 사람이란

- 말하는 사람이 기분 좋게 자신의 생각을 털어놓을 수 있도록 해 주는 사람
- 말하는 사람의 이야기를 거들어 주거나 유도할 수 있는 사람
- 작고 사소한 이야기라도 상대방을 생각해서 참고 들어주는 사람
- 상대방이 말하지 않은 내면의 소리까지 듣는 사람
- 횡설수설 지껄이는 상대방의 말을 교통정리하면서 듣는 사람
- 전체의 흐름이나 분위기를 파악하여 적절히 대처하는 사람
- 틈틈이 말하는 사람에게 적절히 힌트나 아이디어를 제공하는 사람

(2) 공감적 경청하는 법

경청(傾聽)만 잘해도 상대방의 마음을 쉽게 얻을 수 있다고 한다. 그렇다면 '경청(傾聽)'의 정확한 뜻은 뭘까? 경청은 '기울 경'과 '들을 청'의 합성어로, 상대방 말에 진심으로 귀 기울여 듣는 것을 뜻한다. 한자어 '청(聽)'은 '귀 이(耳), 임금 왕(王), 열 십(十), 눈 목(目), 한 일(一), 마음 심(心)' 이렇게 여섯 글자가 합쳐진 글자인데, 耳 자와 王 자가 합하여 듣는 것이 왕처럼 매우 중요하다는 의미를 뜻하며, 十 자와 目 자가 합하여 열개의 눈으로 보는 듯해야 함을 뜻하고, 一 자와 心 자가 더해져 하나의 마음으로 들어야 한다는 뜻한다. 즉, 경청은 상대방의 말에 적절한 추임새와 눈짓, 몸짓을 보내는 것까지를 포함한다. 그렇기에 공감적 경청은 상대방과 마음

을 소통하는 가장 좋은 방법일 뿐 아니라 인간관계의 친밀감을 확인하고 유지시키는 최선의 방법이다.

① 수동적 경청

'수동적 경청'은 상대방의 말을 '귀와 마음과 몸으로 듣는 방법'이다. 이는 상대의 말을 가로막지는 않지만, 공감도 주의 집중도 그저 상대가 말하도록 놓아두는 경청을 말한다. 이러한 수동적 경청 방법에는 '눈 마주치기, 고개 끄덕이기, 미소 짓기'가 있다.

대화 시 상대가 나에게 시선을 주는가 안 주는가를 보면서 자신의 말에 흥미나 관심, 친근감을 보이는가를 판단할 수 있다. 그렇기에 상대의 눈을 마주보고 경청하는 일은 중요하다. 그러나 눈을 마주본다는 일이 생각만큼 쉬운 일이 아니다. 지속적으로 너무 빤히 쳐다보면 말하는 사람이 부담을 느낄 수도 있기에 얼마나 쳐다봐야 하는지, 그리고 쳐다본다면 도대체 어디를 쳐다봐야 하는지 혼란스러울 때가 있다. 그렇다면 상대방의 얼굴, 어디를 쳐다봐야 할까? 수동적 경청으로 '눈 마주치기'를 할 때 적절한 시선은 '좌우 눈과 입을 연결하는 삼각형 부분'을 75%, '이마와 머리' 부분을 10%, '턱' 부위를 5%, '그 밖(머리, 액세서리, 옷 등)'을 10% 선에서 두면 좋다.

경청하고 있음을 표현해 주기 위해 이러한 눈 마주치기와 함께 적절한 고개 끄덕이기와 편안한 표정의 미소 짓기도 중요하다. 이때 고개를 너무 자주 끄덕이면 자칫 건성으로 듣는 듯한 느낌을 줄 수 있으므로 유의해야 하며, 지나친 미소는 진실한 공감의 마음을 전달할 수 없으므로 유의해야 한다.

결국 수동적 경청이란 비언어적인 행위를 구사함으로써 경청하고 있음을 표현해 주는 방법이다. 흔히 경청은 침묵을 유지하며 상대방의 말을 듣기만 하는 것이라 착각하기 쉽다. 그러나 집중해서 듣고 있다는 것을 상대방이 느낄 수 있도록 해야 대화가 원활히 진행될 수 있기에 수동적 경청 방법을 적절히 사용할 필요가 있다.

② 적극적 경청

'적극적 경청'은 상대방의 말을 수동적으로 경청하는 방법에서 더 나아가 '입으로 듣는 방법'을 포함하는 듣기 방법이다. 음성, 어조, 자세, 눈 움직임 등으로 공감하는 감정을 표현하는 것과 동시에 언어적으로 표현을 하면서 듣는 방법이다. 그러나 적극적 경청은 내가 궁금한 것이 아니라 상대가 말하고 싶어 하는 것을 듣는 것이기 때문에 어떤 이야기를 하거나 심각하게 자신의 생각을 말해서는 안 된다. 그러므로 반응으로서 대답해야 할 때 즉각 대답하지 말고 조금 기다렸다 말하는 것이 좋다.

■ 맞장구치기

적극적 경청이란 말하는 사람에게 주의를 집중하고, 공감해 주는 경청이다. 이러한 적극적 경청의 방법 중에서 가장 실천하기 쉬운 방법은 바로 상대방과 눈을 맞추고 고개를 끄덕이면서 "그래요?", "그래서 어떻게 되었는데요?"와 같이 적절한 추임새를 넣으면서 듣는 것이다. 이것이 바로 '맞장구치기'다. 공감하는 바는 상황에 따라 다르기에 적절한 맞장구 표현을 사용하면서 듣는다면 충분히 상대방과의 원활한 소통이 유지될 수 있다.

예시_맞장구 표현

- 관심 표현: 아 그래?, 그랬구나!
- 공감 표현: 그러게 말이야!, 그럼, 그렇고 말고!
- 동정 표현: 저런, 쯧쯧, 어떡해?
- 기쁨 표현: 참 잘됐다, 멋지다, 좋겠다
- 놀라움 표현: 어머나!, 정말이야?

그러나 진정으로 상대방의 말에 공감하고 있음을 담아내지 못하고, 입으로만 맞장구를 치는 행위는 침묵하는 것보다 더 상대방의 기분을 상하게 할 수 있으므로 주의해야 한다.

■ '구나법' 사용하기

'구나법'은 상대방의 메시지에 담긴 말이나 행동의 사실 부분을 언급하고 나서 상대방의 심리적 상태를 이해했음을 표현하는 적극적 경청의 한 방법이다. 이는 상대방 말에 담긴 '내용'을 반영하거나 '느낌'을 반영하여 말끝에 '-구나'를 붙여 반응함으로써 상대방 말을 잘 경청하고 있음을 드러내는 것이다. '구나법'은 대개 다음과 같은 공식을 따른다.

- 내용반영
  너[당신]는 (내용 – 상대방이 한 말/행동) 하구나[하군요].
- 느낌반영
  너[당신]는 (내용 – 상대방이 한 말/행동) 때문에/해서 … (느낌) … 하구나[하군요].

예시_'구나법'의 사용

- 아~ 그런 일이 있었구나.
- 저런, 네가 마음이 많이 아팠겠구나.
- 그 친구가 ○○을 괴롭혀서 많이 힘들었겠구나.
- 너는 ○○에 대해서 화가 많이 난 것 같구나.
- 너는 ○○ 때문에 매우 당황한 것 같구나.
- 너는 ○○ 때문에 걱정이 많이 되는 것 같구나.

처음 '구나법'을 사용해 공감적 경청을 하면 어색할 수밖에 없다. 그러나 점차 사용을 늘려 가다 보면 다음의 예시처럼 구나법의 공식을 사용한 어색한 표현에서 한 발 더 나아간 자연스러운 표현이 가능해진다.

예시_ '구나법'의 응용

- 아하! 그래서 당신은 그렇게 했군요.
- 저런, 그런 일이 일어나다니 정말 안타깝네요.
- 당신의 입장이 무척 난처했겠군요.
- 그런 일이 일어났지만 일이 잘 풀려서 다행입니다.

한편, 상대방이 한 말에 무조건 '-구나'만 붙이면 적극적 경청의 방법이 되는 것은 아니다.

[발언] 우리 집은 왜 이렇게 시끄러워요. 집에선 영 공부할 마음이 안 들어요.
[반응] ㉠ 뭐가 시끄럽다고 그러니? 공부하기 싫으니까 핑계도 많구나?
㉡ 좀 시끄러워도 참고하면 되잖니?
㉢ 네가 공부할 때는 식구들이 좀 조용히 해 주었으면 좋겠단 말이지?
㉣ 그래, 집이 시끄러우니까 공부하기 힘들지?

상대방의 발언에 대해 ㉠처럼 반응을 한 것은 비록 문장 끝에 '-구나'를 사용했다 하더라도 이것은 상대방의 언어나 행동 표현의 내용으로부터 벗어나거나 내용에 주의를 기울이지 않기 때문에 감정 소통이 전혀 이뤄지지 않아 대화유지가 어려울 수밖에 없다. ㉡ 또한 상대방 감정에 반응은 하지만 상대방의 감정을 전혀 고려하지 않고 대화를 하고 있기 때문에 대화가 지속되기 어렵다. 그러므로 적극적 경청 시 '-구나법'이라는 형식에 치중하기 보다는 ㉢과 ㉣처럼 상대방이 표현한 것과 본질적으로 같은 감정과 의미 혹은 상대방이 스스로 표현할 수 있었던 것보다 더 내면적인 감정을 표현하여 대화를 이어나가는 것이 더 중요하다.

2) 말하기의 기초

"임금님 귀는 당나귀 귀"라는 말에서 보듯이 인간의 표현 욕구는 본능적이라고 할 수 있다. 그래서 사람들은 '말하기는 쉽다'고 생각한다. 그러나 쉽게 내뱉는다고 다 말이 되는 건 아니다. 본의 아니게 자신이 의도하고자 하는 바와 다르게 받아들여지는 상황도 많고 말 한 마디로 인해 오해를 사는 경우도 많이 있다. 심지어 잘못된 말 한마디로 인해 목숨까지 잃을 수도 있으니 말이다. 그런 만큼 말을 하는 것은 어려운 일이다

말은 의사전달 수단을 넘어 곧 그 사람의 인격을 드러내는 그릇이고 꼴이다. 라틴어 속담에 "마음에서 넘쳐나는 것을 입이 말한다."는 말이 있다. 말은 말을 하는 사람의 마음에 담긴 의지를 구체화하고, 자신 안에서 일어난 속마음의 내용을 상대방의 마음에 전달하는 수단이다. 그러므로 능수능란하고 화려하게 포장된 말보다 진심에서 우러나오는 말이나 상대방을 배려하는 말을 하려는 노력이 필요하다.

(1) 나-전달법

우리는 상대방 행동에 대한 문제를 말할 때, 상대의 잘못을 지적하는 '너-전달법'을 주로 사용한다. '너-전달법'이란 말의 주제가 '상대(너)'가 되는 것으로, "너는 왜 이렇게 시끄러워!", "넌 할 수 있는 게 도대체 뭐야?"가 바로 '너-전달법'으로 표현한 예다. 이렇게 '너-전달법'은 상대방에게 문제가 있다고 표현하기 때문에 듣는 사람에게 공격적인 표현이 된다. 그러므로 상대방은 거부심리, 반항, 심지어 공격성을 보이기도 한다. 또한 '너-전달법'은 듣는 사람으로 하여금 모든 문제가 자신에

게 있다고 생각하게 만들기 때문에 상대방이 오해와 상처를 받게 돼 결국 말하는 사람의 감정과 요구마저 거부당하는 결과를 낳는다.

이에 반해 '나-전달법'은 말의 주제나 주어가 '나'인 것으로, 상대방의 문제행동으로 인해 나에게 미치는 영향이나 피해와 함께 나의 감정과 생각을 이야기하는 말하기 기법이다. 즉, 내가 현재 느끼고 있는 감정이나 상태를 그대로 전달함으로써 상대방을 이해시키고 내 감정을 전달하여 상대방으로부터 원하는 행동을 끌어내는 말하기 방법이다. 그러므로 상대방의 말이나 행동 때문에 내가 불만을 느낄 때, 상대방을 비난하지 않으면서도 불만을 표현해 다시는 그 행동이 일어나지 않기를 바랄 때 사용하면 좋다.

이러한 '나-전달법'은 다음의 '3요소'를 담아서 메시지를 전달한다.

- 행동 : 문제가 되는 상대방의 행동을 구체적으로 사실 그대로 차분하게 말하기(평가, 판단, 비난 의미 배제)
- 영향 : 그 행동이 나에게 어떠한 영향(피해)을 주는지 자세히 말하기
- 감정 : 영향(피해) 때문에 생긴 내 감정, 느낌을 솔직하게 말하기

예시_ 나-전달법

- [행동] 네가 약속 시간에 늦을 때마다 [영향] 계획한 일들이 흐트러질까 봐 [감정] 초조하고 답답해.
- [행동] 중요한 통화를 하고 있는데 네가 큰 소리로 떠들어서 [영향] 들어야 할 전화 내용이 제대로 들리지 않아. [감정] 그래서 기분이 안 좋아.
- [영향] 너랑 통화하고 싶어서 피곤한데도 잠도 안 자고 기다렸어. [행동] 네가 게임하느라 전화 못 받았다고 하니까 [감정] 나만 널 좋아하나 생각도 들고, 서운해.

이처럼 '나-전달법'은 상대방을 직접 판단하거나 평가 또는 공격하는 것이 아니기에 상대방의 방어심리를 감소시켜 편안한 대화를 이끌어 낼 수 있다. 그리고 자신의 입장과 감정을 완전한 메시지의 형태로 솔직하게 전달하기 때문에 명확한 소통이 가능하다는 점에서 유익한 대화법이다.

한편, '나-전달법'은 반드시 부정적인 상황에서만 사용하는 말하기 방법은 아니다. 상대방의 행동에 칭찬을 하거나 고마움을 표현할 때도 사용가능하며, 상대방의 행동을 예방할 때도 사용하면 좋다. 예를 들어, "네가 일을 도와줘서 오랜 시간이 걸릴 일이 금방 해결돼서 정말 좋다."와 같이 긍정적인 '나-전달법'도 가능하며, "내가 피곤해서 잠깐 잘 건데 네가 조용히 해주면 좋겠다."와 같이 예방적 '나-전달법'도 가능하다. 이처럼 '나-전달법'은 자신의 생각을 상대방에게 오해 없이 자연스럽게 전달하기 때문에 관계 유지에 많은 도움이 된다.

TIP_ 나-전달법 사용 시 주의할 점

- 나-전달법을 사용했음에도 상대방이 수용하지 못할 경우 적극적 경청으로 반응해 줄 것

  예 상사 : [나-전달법] 작업 시간인데 그렇게 이야기를 하고 있으니 일이 늦어질까 걱정되는데…….

  부하 : 지금 꼭 할 얘기가 있어서 그래요.

  상사 : [적극적 경청] 꼭 할 얘기가 있었는데 지적을 해서 기분이 상한 모양이군.

- 상대방의 행동에 따른 표면적인 부정적 감정을 강조하기보다 내면에 있는 본원적인 마음을 표시할 것

  예 약속 시간이 한참이나 지나서 상대방이 나타난 경우

  - 표면적 감정 표출 : 약속시간이 한참이나 지나도 오지 않기에 정말 화가 나더라!
  - 본원적 감정 표출 : 약속시간이 한참이나 지나도 오지 않기에 무슨 일이 생긴 건 아닌가 걱정되더라!

(2) 자기주장적 행동

자기주장적 행동은 상대방을 불쾌하게 하지 않으면서 자신의 생각이나 감정, 욕구 등을 솔직하게 표현하는 행동을 말한다. 그러나 대부분 사람은 상대방을 우선

적으로 생각해 자신의 생각이나 감정, 욕구 등을 솔직하게 잘 표현하지 못하는 '소극적 행동'이나 자신의 권리만을 내세우기 위해 다른 사람의 입장을 전혀 생각하지 않고, 심지어는 다른 사람을 괴롭히면서까지 자기의 생각이나 감정, 욕구를 내세우는 '공격적 행동'을 하는 경우가 많다. 그렇기에 '자기주장적 행동'은 '아니오'와 '예'를 솔직하게 표현할 수 있는 능력, 남에게 요청하거나 거절할 수 있는 능력, 마음의 문을 열고 직접적으로 감정과 생각을 나타낼 수 있는 능력을 기를 수 있는 좋은 말하기 방법이다.

예시_부모님이 "너, 공부 안 하니?"라고 말하는 상황에서의 행동

- 소극적 행동 : "공부할게요!"라고 말한 후 공부를 하지 않는 행동
- 공격적 행동 : "공부하기 싫어요!"라고 큰 소리로 말하고 문을 쾅 닫는 행동
- 자기주장적 행동 : "지금은 공부가 잘 안 되니 조금 쉬었다가 할게요."라고 말하는 행동

상황별 자기주장적 행동

상황	자기주장적 행동
친구들이 집에 모이기로 했는데 한 친구가 오지 않아서 전화를 걸었다.	"네가 오기로 해놓고 오지 않아서 섭섭하구나. 무슨 일이 있니?"
일찍 집에 가고 싶은데 동료가 일을 도와달라고 한다.	"급한 일 아니라면 내일 도와주면 안 될까요?"
음식점 안에서 옆에 앉은 아저씨가 담배를 피워서 기침이 난다.	"아저씨! 담배 연기 때문에 제가 기침이 많이 나요. 죄송하지만, 음식점 안에서는 담배를 피우지 않았으면 좋겠어요."

(3) YES-BUT 화법

YES-BUT 화법은 상대방의 감정을 상하게 하지 않으면서 자신의 의견을 표현할 수 있는 대화법이다. 말 그대로 처음에는 상대방의 의견에 동조했다가, 뒤에 자신의

생각을 덧붙여 의견을 표현하는 것을 말한다. 이는 자신의 생각에 비추어 도무지 이해하지 못할 이야기를 들어도 옳고 그름을 넘어 그 사람의 입장이 되어 "그럴 수 있겠다" 하고 인정하는 말을 한 뒤 자신의 의견을 덧붙여 말하는 방법인 것이다.

상황별 YES-BUT 화법

상황	일반적 화법	YES-BUT 화법
고객의 요구사항이라는 이유로 마감기한을 촉박하게 잡자고 직장상사가 요청함	"그건 너무 촉박합니다!"	"고객의 요구라니 고려해 봐야겠습니다. 하지만 해당 기간으로는 만족스러운 결과물이 나오지 않아 오히려 고객에게 회사의 이미지가 나빠질 수 있으니 마감기한을 연장해 보는 건 어떨까요?"
퇴근시간 30분을 앞둔 상황에 상사가 일을 맡김	"예? 지금 퇴근시간 아닙니까? 좀 더 일찍 말씀해 주셨어야죠."	"알겠습니다. 하지만 부장님! 다음부터는 퇴근시간을 꼭 지켜 주셨으면 좋겠습니다."

이처럼 상대방의 요구가 부당하거나 불만스럽다 하더라도 일단은 상대방의 의견을 수용하는 'YES' 대답을 한 뒤 'BUT'과 함께 자신의 생각이나 의견을 덧붙이게 되면, 상대방은 자신의 의견이 거절되거나 자신의 의견에 불만을 제기한다고 하더라도 자신의 입장이 상대방에게 수용되었기 때문에 크게 불쾌한 감정이 들지 않는다. 그러므로 YES-BUT 화법은 불쾌한 감정이나 생각을 상대방과 큰 마찰 없이 주고받을 수 있는 대화법이다.

TIP_ 쿠션화법

상대방이 존중받고 배려 받고 있다는 느낌을 갖게 하는 대화법으로, 다소 권위적으로 들릴 수 있는 딱딱한 말의 첫머리에 쿠션처럼 폭신하고 부드럽게 전달하는 표현인 "괜찮으시다면", "실례가 안 된다면", "바쁘시겠지만", "죄송하지만"과 같은 표현을 붙여 쓰는 것이다.

예 바쁘시겠지만, 어제 부탁한 보고서 지금 보내 주실 수 있나요?
실례가 안 된다면, 잠시만 저랑 말씀 좀 나눌 수 있을까요?

(4) 긍정화법

긍정화법은 부정적인 상황을 설명하거나 안내할 때, 긍정적인 단어를 사용하여 상대방의 심리상태를 플러스(+) 상태로 만들어 긍정적인 결과를 이끌어내는 데 유리한 대화법이다. 말은 생각을 좌우하고 이는 행동에까지 영향을 준다. 그런 만큼 긍정화법은 상대방에게 불쾌감을 줄 수 있는 부정적인 화법을 직설적으로 쓰지 않고, 긍정적인 표현을 통해 간접적으로 사용함으로써 자신이 의도하는 결과를 이끌어내는 데 효율적인 대화법이다.

부정화법과 긍정화법

구분	부정화법	긍정화법
방법	모릅니다.	제가 한번 알아보겠습니다.
	안 됩니다.	-라면 가능합니다.
	못합니다!	한번 해 보겠습니다.
	안 돼! 하지 마!	-게 어떻겠니?
예시	고객들이 대기장소가 아닌 다른 곳에 앉아 기다리면서 보행자를 불편하게 하는 상황	
	여기 앉아서 기다리시면 안 됩니다.	대기장소는 우측에 있습니다.
	공사현장에 낯선 사람이 들어와서 돌아다니는 상황	
	여기서 뭐 합니까? 빨리 나가세요!	여기는 정리가 아직 안 된 곳이라 위험합니다. 나가시는 게 좋겠습니다.
	신분증을 가져오지 않아 은행업무 처리를 해 줄 수 없는 상황	
	신분증이 없으면 안 됩니다.	신분증이 있어야 처리 가능합니다.
연습	6시 이후 주차금지	
	지금 당장은 안 되겠는데요.	
	그렇게는 안 됩니다.	

2. 토론, 생각을 공유하고 합의를 도출하다

토론은 로마로부터 중세를 거쳐 근대에 이르기까지 철학, 정치학, 윤리학, 문학과 밀접한 관련을 맺으며, 문법(글쓰기), 논리학(논리적/비판적 사고)과 함께 3대 기본 교양 학문이었다. 자신의 의사를 표현하고 타인의 의사를 전달받는 과정에서 올바른 판단과 좋은 결정을 내릴 수 있다는 점에서 토론은 현대 사회에서도 여전히 중요한 의사소통 수단이다. 그런 까닭에 입시나 입사 과정에서 토론면접이 진행되는 곳이 많다. 토론이 아니더라도 다른 누군가를 설득하기 위해 논리와 객관적인 시각으로 판단하고 주장해야 하는 상황도 만난다. 그렇기에 토론을 통해 잘 말하고, 잘 듣고, 더 좋은 결정을 내리는 것을 배울 필요가 있다.

1) 토론의 정의

토론은 두 사람 이상의 토론자가 특별한 논제를 두고 정해진 형식을 따라 서로 반대되는 입장을 개진하는 말하기다. 자신의 입장을 구체적이고 설득력 있는 논거를 들어 정당함을 내세우고, 상대방의 주장과 논거가 부당함을 증명해 나가는 화법이다. 토론은 '상호 대립적인 말하기'라는 측면에서 상호협력적인 토의와 다르고, '엄격한 규칙 아래 근거를 가지고 상대방을 논리적으로 설득하는 말하기'라는 측면에서 규칙 없이 상대방을 비방하는 논쟁과 다르다.

토의, 토론, 논쟁의 비교

구분	특징
토의	• 의견 교환을 통한 최선의 방안을 모색한다. • 상호 협력적이다. • 의견 교환의 과정이다. • 대체적인 형식이 있다.

토론	• 자기주장을 설득한다. • 상호 대립적이다. • 주장/반박과 질의/응답의 과정으로 구성되어 있다. • 토론에서는 규칙이 엄격하다.
논쟁	• 자기주장만 내세우고, 상대방을 격렬하게 비판한다. • 상호 대립적이다. • 주장과 반박의 과정으로 구성되어 있다. • 규칙이 없다.

출처: 김명우 외(2013), 사고와 표현, 역락, 312쪽.

토론을 잘하려면, 논제와 관련한 정보를 잘 수집하고 정리하며, 정보 중에서 어떤 것이 중요한지 잘 파악할 수 있는 능력이 필요하다. 또 토론을 하는 도중에도 상대측 토론자의 주장에서 중요한 것과 허점이 무엇인지를 잘 잡아낼 수 있어야 하며, 상대측의 공격에 대해 잘 대처할 수 있는 순발력 또한 필요하다. 그러나 이것보다 중요한 것은 자기 생각을 정리해서 표현함으로써 상대방을 설득하는 능력이라고 할 수 있다. 그러므로 토론은 4차 산업혁명 시대에서 요구하는 논리적이고 비판적인 사고, 원활한 의사소통을 위한 듣기 능력과 타인에 대한 이해력은 물론 리더십까지 길러 준다는 점에서 교육적 의의를 지닌다.

2) 토론의 유형

토론은 일반적으로 교육을 목적으로 이뤄지는 '교육토론(아카데미토론)'과 '현장토론(응용토론, 자유토론)'으로 나뉜다. 교육토론은 정해진 형식과 규칙 그리고 엄격한 시간제한 내에서 정해진 주제에 대해 찬반 양측 토론자들이 공평하게 의견을 제시하고, 상대방에게 반박하는 것으로 진행된다. 합리적이고 논리적인 의견 교환을 배우기 위한 교육목적 아래에서 이뤄지는 토론인 것이다. 반면에 현장토론은 TV토론, 난상토론, 패널토론처럼 정해진 규칙이나 절차가 엄격하지 않고 승패를 분명하게 가르지 않는다. 교육토론과 현장토론은 규칙과 절차 면에서 차이를 보이지만 두 가지 유형은 찬성과 반대의 의견이 명확히 나뉘어 논쟁적으로 토론이 이뤄진다는 점에서는 맥락을 같이한다.

한편, 토론을 통해 경청의 중요성을 인식하고 서로 간의 다름을 인정할 뿐만 아니라 경쟁에서 벗어나 공동체 의식을 키우는 데 목적을 두고 이뤄지는 토론도 있다. '가치수직선 토론'이 이에 해당한다. 가치수직선 토론은 가치에 대한 개인적 의사를 수직선 위에 표시함으로써 가치판단 경험을 하고 그것을 표현 가능하게 하는 토론방식이다. 동시에 서로의 가치관에 대한 차이를 인정하고 수용하는 기회와 경험을 갖도록 하며, 자기 가치관에 대한 이유를 논리적으로 명확하게 표현하는 법을 익히는 토론방식이다. 가치수직선 토론은 승패를 명확히 가르는 데 목적을 두기보다 다양한 입장을 공유하고 수용하며, 자신의 생각을 수정할 수 있도록 하는 경쟁의 성격이 약한 토론방식이다.

(1) 교육토론

① 토론 핵심 과정

토론의 핵심 과정은 입론, 확인질문, 반론, 최종발언 네 과정으로 압축된다. 이 과정들이 다양한 방식으로 조합되어 다양한 형식의 토론을 만들어 낸다. 그러므로 이 네 과정을 잘 터득하면 어떤 종류의 토론이든 잘 수행해 낼 수 있다.

입론 → 확인질문 → 반론 → 최종발언

교육토론의 핵심 과정

■ 입론

사회자의 토론 개시 발언을 시작으로 토론이 진행될 때 가장 먼저 이뤄지는 행위가 입론이다. 입론은 토론주제에 대해 자기 팀의 입장을 담은 논점(핵심 주장)을 펼치는 과정으로, 다음의 세 가지 내용 요소를 담아 입론서를 작성하여 자기 팀의 주장을 피력한다.

- 논제를 둘러싼 사회적 배경을 말한다.
- 핵심 용어의 개념을 정의한다.
- 논점은 2~3개 항목으로 가장 핵심적인 논점을 먼저 제시한다.

입론서는 하나의 논리적인 글과 마찬가지여서 '도입-본문-마무리'의 구성에 맞게 내용을 작성해야 한다. 각 구성별 내용과 이를 바탕으로 작성한 입론서를 제시하면 다음과 같다.

도입	본론	마무리
논제를 둘러싼 사회적 배경, 핵심용어 정의, 입론의 방향 제시	논점과 논거 제시	반론 대응, 입장강조, 기대효과

입론서의 구성

'원자력발전소를 폐지해야 한다.'에 대한 반대 입장 입론서

도입: 핵분열 원자로를 이용해 에너지를 만들어 내는 원자력발전소의 가동을 중지하고, 나아가 폐기할 것을 주장하는 정책이나 운동을 '탈원자력발전', 줄여서 '탈원전'이라고 합니다. [핵심용어 정의] 원자력발전 폐지 주장은 1956년 영국에서 최초의 상업용 원전을 가동했을 때부터 현재까지 꾸준히 제기되고 있고, 특히 체르노빌 원자력발전소, 스리마일 섬 원자력발전소에 이어 후쿠시마 원자력발전소 사

고까지 대형재해가 계속해서 발생하면서 원자력발전소의 안전성에 대한 문제가 심각하게 대두되고 있습니다. [사회적 배경] 잇따른 사건들 때문에 원전에 대한 두려움이 있을 수밖에 없다는 점은 인정합니다만, 원전에 대한 두려움으로 현실적인 문제를 간과하는 것은 다음과 같은 이유로 바람직하지 않다는 것을 말씀드리고자 합니다. [입론 방향 제시]

본문 : 첫째, 우리나가 전체 에너지의 35% 이상을 원전에 의존하고 있는 바, 이를 폐지하게 된다면 전력 공급에 큰 어려움을 겪게 됩니다. [논점 1] 전력부족으로 인한 블랙아웃이 일어난다면 노약자나 중환자 등은 생명이 위험할 수도 있고, 산업 생산의 중단은 엄청난 산업 피해 및 경제적 피해를 야기할 것입니다. 올해 여름 11기의 원전이 정지되면서 일어난 전력대란만 보아도 알 수 있듯이, 전력 수요를 맞추기 위한 대책 마련이 미진하여 산업 전력 수요를 줄이고 절전을 강조하는 소극적인 방법밖에 취할 수 없었습니다. [근거 1 : 올해 일어난 전력대란만 보아도 알 수 있듯이, 전력 수요를 예측하기란 매우 힘들다.] 원전을 폐지한다면 실물 경제 위축이나 산업 경쟁력 약화로 이어질 가능성이 매우 높다는 것입니다. 원전 비율을 낮춘다고 해도 전력 수요 증가 추세를 감안한다면, 몇 백 개의 수력·화력발전소가 건설되거나[근거 2 : 원전 비율을 낮춘다고 해도 전력 수요 증가 추세를 감안한다면 몇 백 개의 수·화력 발전소를 지어야 한다.] 원전을 현재 23기에서 12~13기를 추가로 건설해야만 전력을 정상적으로 공급할 수 있게 됩니다. [근거 3 : 전력 수요 증가 추세를 감안하면 지금도 원자력 발전소는 부족하다.]

(중략)

마무리 : 원전 비리 및 원전 관리의 소홀은 충분히 예측 가능, 예방 가능한 것이라고 말씀드리고 싶습니다. 이러한 점은 보완하고 고쳐나가야 할 점이지, 원전 자체를 없애야 할 이유가 되지 않습니다. [반론 대응] 원전 관리와 원전 장치의 보완은 필수적으로 이뤄져야 하는 것입니다. 안전에 안전을 기해서 안심할 수 있도록 지속적인 노력이 이뤄진다면 원전의 안전성은 보장될 것입니다. [입장 강조]

■ 확인질문

확인질문은 입론에 대해 반론을 펼치거나 반론에 대해 재반론하기 위해 입론이나 반론에서 말한 상대방의 발언내용에 대해 질문하는 과정이다. 이때 질문자와 응답자는 다음의 유의사항을 고려하여 질문과 응답을 해야 한다.

질문자와 응답자의 태도

구분	태도
질문자	• 상대 팀이 발언한 내용에 대해서만 질문해야 한다. • 상대방이 내세운 논점이나 발언내용의 허점에 대해 질문한다. • 논점을 뒷받침하는 논거의 타당성에 대해 질문한다. • 짜임새 있게 단계별로 질문한다. • 답변이 길어지는 개방형 질문(open question)을 피한다. • 질문자는 상대방에게 예의 있는 태도로 질문해야 한다.
응답자	• 응답자는 자신의 논지와 잘 연관시켜 질문에 간단명료하게 답해야 한다. • 응답자는 꼭 '예' 혹은 '아니요'로 짧게 대답할 필요는 없다. 응답자는 자신의 응답에 대해 부연 설명을 할 수 있다. 예를 들면, "예, 그렇습니다. 하지만……"의 형태로 답할 수 있다. • 응답자는 모호하거나 복합적인 질문에 대해서는 질문의 정확한 의미를 질문자에게 다시 확인할 수 있다. • 응답자는 답을 모를 때는 "모르겠다고"고 신속하게 인정해야 한다.

■ 반론

반론은 상대방 주장의 허점이나 부족한 점을 지적하고, 왜 잘못되었고 어떤 점이 오류가 있는지를 밝히는 과정이다. 반론 시 유의해야 할 점은 다음과 같다.

- 상대방이 내세운 논점이 논제에서 벗어나지 않았는지 검토한다.
- 상대방의 근거가 타당한지 검토한다(상대방 주장의 허점에 대해 왜 잘못되었는지를 명확히 밝힌다).
- 자신들의 논점이 타당함을 효율적으로 제시하는 반론 전략을 세운다.
- 입론에서 제시하지 않은 논점을 들어 반론해서는 안 된다.

■ 숙의시간

숙의시간은 예상치 못한 상대 팀의 반론이나 질문이 나왔을 때 팀원 간 대응방법을 의논하는 시간이다. 대개 토론팀은 상대 팀의 반론이나 질문을 미리 예상하고 이에 대비한다. 그러나 상대 팀이 예상과는 다른 입론이나 반론을 펼칠 경우 당황하기 마련이다. 이에 숙의시간을 요청하여 팀원과 숙의를 하면 유용하다. 보통 숙의시간은 최종발언을 앞두고 주어지지만 입론과 반론을 앞두고 협의할 시간이 필요할 때 총 숙의시간의 일부를 할애할 수 있다.

■ 최종발언

최종발언은 지금까지 토론한 내용을 간략하게 요약정리하고, 토론주제에 대한 자신의 입장을 청중을 향해 다시 한 번 부각시키는 과정이다. 이때 상대 팀의 주장에 대해 반박할 부분이 남아 있다면 그 내용을 압축해서 요점만 간단히 말한다.

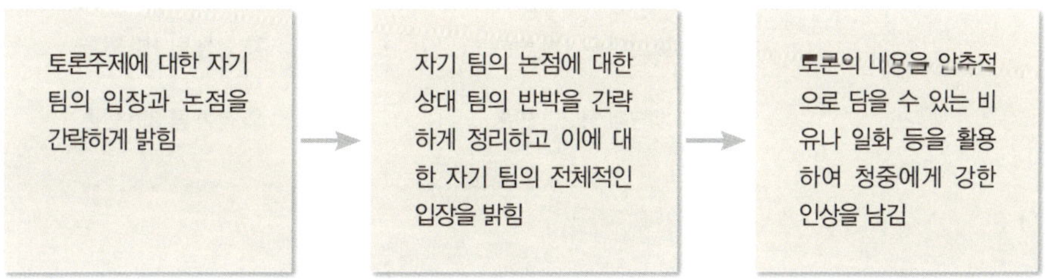

최종발언의 순서

② 진행 순서

토론에서 논제에 대해 현상 변경의 필요성과 문제를 제기하는 찬성 팀이 먼저 발언하고 반론을 나중에 한다. 그러므로 사회자의 토론 개시 발언을 시작으로 찬성 팀 1번의 입론부터 토론이 시작된다. 찬성 팀 1번 입론에 대해 반대 팀 2번이 확인질문을 진행하고, 이어서 반대 팀 1번의 입론이 펼쳐지고 이에 대해 찬성 팀 1번의 확인질문이 이뤄진다. 다시 찬성 팀 2번의 입론에 대해 반대 팀 1번의 확인질문이 이어지고, 반대 팀 2번의 입론과 찬성 팀 2번의 확인질문이 진행된다. 이처럼 입론과 확인질문의 과정이 2회씩 반복되고 나면, 반대 팀의 반론이 먼저 진행되고 이에 대한 찬성 팀의 반론 및 재반론이 이어진다. 그리고 다시 찬성 팀의 반론과 반대 팀의 반론 및 재반론이 진행되는데, 이것 또한 2회씩 이뤄진다. 반론과 재반론의 과정이 끝나면 숙의시간을 거쳐 최종발언이 진행되는데, 이때에는 입론의 순서와 반대로 반대 팀 토론자의 최종발언이 먼저 진행되고 마지막으로 찬성 팀의 최종발언이 이어진 뒤 토론을 마무리한다.

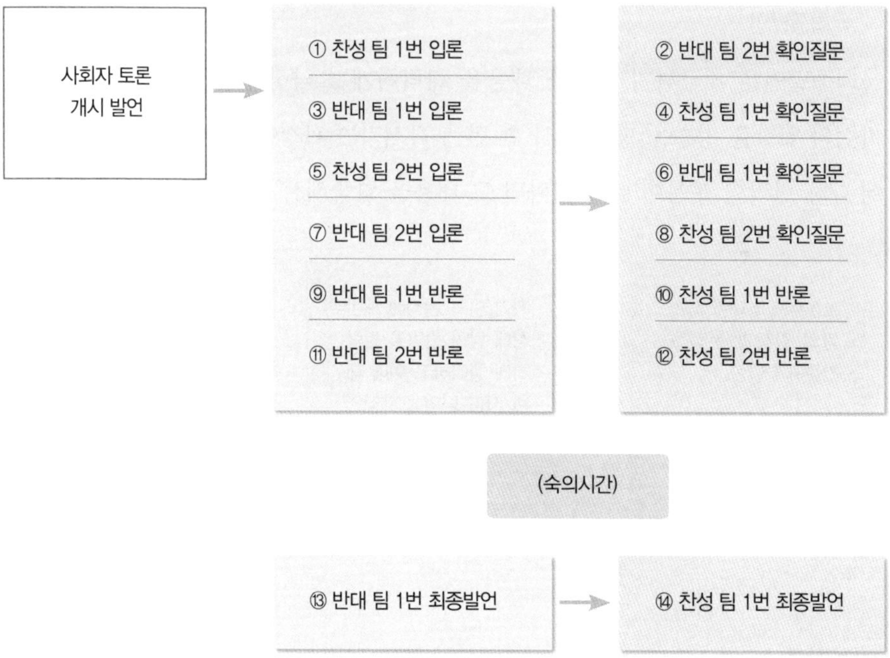

동아토론대회 형식의 토론 진행 순서

TIP_ 토론 시 유의사항

- 정확하고 올바른 언어를 사용할 것(비속어, 욕설 등의 언어 사용 자제할 것)
- 또박또박 천천히 명확하게 의견을 전달할 것
- 감정적으로 대응하지 말 것
- 상대방의 의견을 경청할 것(메모를 하면서 들을 것)
- 반론 시 상대방의 허점과 관련한 질문이 아닌 자신이 준비한 질문을 하지 말 것
- 사회자는 토론 진행 시 토론 내용을 요약 정리해 진행의 흐름을 바로 잡아 나갈 것
- 사회자는 토론의 시작과 끝이 깔끔하게 마무리 되도록 할 것

(2) 가치수직선 토론

① 토론 핵심 과정

가치수직선 토론이 논쟁적인 토론과 달리 대화적인 성격이 강한 토론 방식이라 하더라도 토론의 핵심 과정은 크게 다르지 않다.

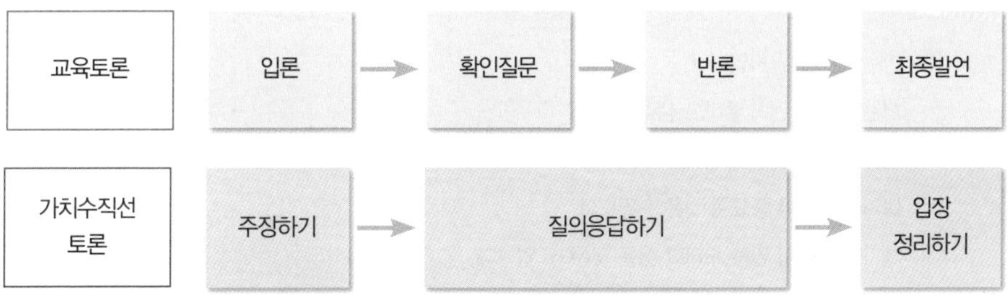

교육토론과 가치수직선 토론의 핵심 과정 비교

■ 주장하기

토론주제에 대해 자기 팀의 입장을 담은 주장을 펼치는 과정이다. 일반적인 토론의 핵심 과정인 입론과 동일하게 주제에 대한 자신의 입장을 논리적으로 펼치는 과정이지만 전달하는 내용 면에서 논제를 둘러싼 '사회적 배경'이나 '핵심용어 설

명' 등이 강조되지 않고, 입장과 그 이유에 대한 설명만이 제시된다는 점에서 차이를 보인다. PREP 화법을 활용하여 논리적이면서도 간결하게 자신의 생각을 전달하는 데 그 의의를 두는 과정인 것이다.

교육토론에서는 찬성과 반대의 두 가지 명확한 입장만 드러내지만, 가치수직선 토론에서는 가치의 정도에 따라 '강한 찬성, 약한 찬성, 중립, 약한 반대, 강한 반대'의 다섯 가지 입장으로 자신의 주장을 펼칠 수 있다. 물론 가치의 정도성이 다양하게 드러날 수 있도록 토론 논제 선정이 중요하다.

- P(Point) : 논제에 대한 입장을 밝힌다.
- R(Reason) : 입장을 뒷받침할 이유를 2~3개 제시한다.
- E(Example) : 이유를 증명할 만한 사례를 제시한다.
- P(Point) : 논제에 대한 입장을 재주장(강조)한다.

TIP_ PREP 화법에 사용되는 표현

- P : 저는 (찬성/반대)입니다.
  저는 ~하는 편이 좋다고 생각합니다.
  저는 ~해야 한다고 생각합니다.
  여기에서 가장 중요한 것은 ~입니다.
  제가 여기에서 말씀 드리고 싶은 것은 ~ 입니다.
  결론부터 말씀드리면 ~
- R : 왜냐하면 ~이기 때문입니다.
  그것은 ~이기 때문입니다.
  그 이유는 ~입니다.
  그것은 ~라는 이유에서입니다.
- E : 구체적으로 말씀을 드리자면
  ~의 경우를 보면
  이것은 ~의 경우입니다만
  만약 ~라고 합시다.

그러면 여기에서~

그런데 여기서 ~에 대해 생각해 봅시다.

- P : 이상과 같은 점에서

결론적으로

다시 말씀드립니다만

마지막으로 말씀드리고 싶은 것은

꼭 ~했으면 합니다.

■ 질의응답하기

발언 내용에 대한 질문과 허점을 지적하고 그에 대한 응답이나 재반론이 이뤄지는 과정이다. 질의응답하기는 교육토론에서 이뤄지는 확인질문과 반론 및 재반론을 하는 행위를 모두 포함한다. 다만 교육토론에서는 입론과 확인질문이 교차로 이뤄진 후 반론이 진행되는 엄격한 규칙에 의해 이뤄지는 데 반해, 가치수직선 토론의 질의응답은 모든 토론 참여자의 주장을 모두 듣고 난 후 이뤄진다. 이때 질의응답은 논쟁적인 성격을 두고 이뤄지는 것이 아니라 대화적인 방식으로 주고받음으로써 상호 간의 의견을 경청하고 의견을 조율하는 데 목적을 둔다. 질의응답이 원활하게 이뤄지도록 대립되는 토론자의 주장을 들을 때 상대 의견의 중요한 핵심을 정리하고 이에 대한 질문이나 반박거리를 정리해 두는 작업이 수반된다.

질의응답을 위한 정리 양식

상대 의견의 핵심 내용	
상대 의견에 대한 반박이나 질문거리 정리	

■ 입장 정리하기

상호 간 의견을 듣고 입장 변화를 반영하여 주장을 간략히 재정리하는 과정이다. 가치수직선 토론은 논제에 대한 찬성과 반대 사이에서 가치판단 정도가 다양하게 나타난다. '강한 찬성, 약한 찬성, 중립, 약한 반대, 강한 반대' 등 다양한 가치를 드러낼 수 있기에 토론이 끝나고 나면 자신들의 가치판단에 변화가 발생할 수 있다. 이러한 변화를 반영하여 다시 입장을 정리함으로써 의견을 조율하는 방법을 배운다.

토론 후 입장 정리 양식

<table>
<tr><th rowspan="3">토론 후
입장 정리</th><th colspan="2">찬성</th><th></th><th colspan="2">반대</th></tr>
<tr><td>+10</td><td>+5</td><td>0</td><td>−5</td><td>−10</td></tr>
<tr><td></td><td></td><td></td><td></td><td></td></tr>
</table>

② 진행 순서

가치수직선 토론은 이름 그대로 논제에 대한 입장의 정도가 어느 정도인지를 명확히 드러내는 토론이다. 그러므로 먼저, 칠판에 그려진 수직선 위에 자신의 생각에 해당하는 곳에 이름표를 붙이는 것으로 토론이 시작된다. 이로써 토론 참여자가 논제에 대한 다양한 사람의 입장을 한 눈에 확인을 할 수 있다. 그러고는 강한 찬성, 강한 반대, 약한 찬성, 약한 반대, 중립의 순서로 주장을 펼치고, 이에 대해 반대 팀부터 찬성 팀에 대한 질의응답을 진행한다. 이때 질의응답은 교육토론처럼 지정자가 순서대로 하는 것이 아니라 질의나 반론 거리가 있는 사람들 간에 자유롭게 진행된다. 질의응답이 어느 정도 이뤄지고 나면 입장 변화가 생긴 사람은 수직선에 붙인 이름표를 이동시키고, 왜 입장에 변화가 생겼는지를 간략히 발표한다. 마지막으로 토론 참여자 모두 다시 입장을 정리하는 것으로 토론을 마무리한다.

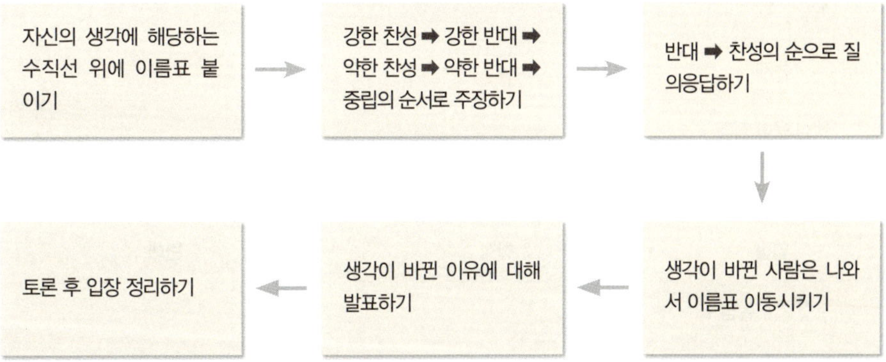

가치수직선 토론의 진행 순서

3) 토론 개요서 작성하기

토론 개요서는 논제를 분석하고 주어진 논제를 어떤 논점으로 어떤 근거를 가지고 논제를 지지하는지 일목요연하게 정리한 것으로서, 입론서 작성 때 입론서의 핵심내용이 되기도 한다. 이는 효과적인 토론을 진행하기 위해 토론 전에 반드시 작성해야 하며, 스스로 논점을 만들고 근거를 준비하면서 논증을 통해 비판적 사고능력을 향상시킨다는 점에서 교육적 효과를 지닌다.

(1) 교육토론 개요서

토론 개요서는 정해진 양식이 있는 것은 아니지만 '논제, 논점, 논거' 세 가지는 반드시 기술해야 한다. 다음의 토론 개요서는 입론서를 별도로 작성하지 않을 경우를 대비하여 '핵심 용어 정의'와 '사회적 배경 진술'도 함께 작성하는 것으로 만들어진 양식이다.

토론 개요서 양식

논제			
핵심 용어 정의			
사회적 배경 진술			
입장		찬성	반대
입론	논점 1		
	논거 1		
	논점 2		
	논거 2		
	논점 3		
	논거 3		
반론	예상반론 1		
	대책 1		
	예상반론 2		
	대책 2		
	예상반론 3		
	대책 3		

① 논제

논제란 토론에서 다루는 핵심 쟁점, 주장을 한 문장으로 만들어 놓은 것이다. 이 논제는 다음에서 제시한 조건을 벗어나지 않는 범위에서 선정되어야 한다. 이러한 조건을 만족하는 논제를 예시로 든다면 "청년 고용 할당제는 필요하다."가 이에 해당한다. 긍정문과 평서문의 형식으로 찬성 측의 입장을 반영하였고, 중심 쟁점이 하나이며, 정서적 표현은 배제한 시의성과 공공성이 있는 사안이 되기에 논제로서 적절하다.

TIP_ 논제의 조건

- 긍정문, 평서문 형식(~는 ~이다/~는 ~해야 한다)으로 제시한다.
- 찬성측의 입장이 반영된 형태로 제시한다.
- 찬/반, 긍정/부정의 대립이 분명하게 나타나도록 제시한다.
- 중심 쟁점이 하나여야 한다.
- 정서적 표현은 배제해야 한다.
- 시의성, 공공성이 있는 사안으로 제시한다.

② 핵심 용어 정의

핵심 용어의 정의는 사전적 정의가 아닌 객관적으로 상대 측도 수용할 수 있도록 정의한다. 필요에 따라서 자신의 측 입장에서 토론을 유리하게 이끌어 갈 수 있도록 정의하는 것도 가능하다.

예시_ '청년고용할당제'와 '체벌'의 용어 정의

- 논제 : 청년고용할당제는 필요하다.
  - 청년 고용 할당제는 공공기관과 300인 이상의 기업에서 정원의 3% 이상을 15세에서 29세 청년으로 고용해야 하는 제도이다.
- 논제 : 체벌교육은 폐지되어야 한다.
  - 찬성 측 : 체벌이란 학생의 인격을 무시한 가압적인 통제수단을 말합니다.
  - 반대 측 : 체벌이란 교육적인 목적으로 신체에 직접적인 고통을 가해 벌하는 것을 말합니다.

③ 사회적 배경

논제가 등장한 사회적 배경 상황을 설명한다.

청년 고용은 경제에 미치는 장·단기적 파급효과가 매우 크기 때문에 어느 나라를 막론하고 중요한 문제로 인식되고 있다. 그간 이 문제를 해결하기 위해 많은 연구가 진행되었으며, 다양한 정책적 노력이 쏟아졌다. 최근 들어 기존 정책으로는 청년 고용 문제의 획기적인 개선이 어렵다고 판단하고 보다 강력한 정책 수단이 도입되어야 한다는 주장이 정치권을 중심으로 제기되고 있다. 이러한 정책제안 중 가장 대표적인 것이 청년 고용 할당제이다.

④ 논점-근거

핵심 쟁점(찬성, 반대의 입장)을 뒷받침하는 논점을 구분하고 양측이 대립하는 점과 공유하는 점을 판단해, 찬성 측과 반대 측 모두의 논점과 논거를 작성한다.

예시_ 논점과 논거 작성

논제	실효성 있는 청년 고용 할당제가 필요하다.
논점 1	현재 청년 고용 할당제는 의무사항이 아닌 권고사항이다.
논거 1	2004년부터 청년 고용촉진 특별법에 따라 86개의 공공기관의 경우 정원의 3%를 청년미취업자를 고용할 수 있도록 되어 있다. 그런데 지난 2008년 86개의 공공기관 중 3% 청년 고용비율을 지킨 기관은 12개에 불과하였으며, 48개 기관은 아예 청년미취업자를 고용하지 않았다.
논점 2	실효성 있는 제도로 법제화해야 한다.
논거 2	현행 청년 고용촉진 특별법은 매년 정원의 3%를 청년 미취업자를 고용하도록 노력해야 한다는 권장사항일 뿐 강제할 방법이 없다. 2009년의 경우 382개의 공공기관과 공기업 중에서 청년미취업자를 한 명도 고용하지 않은 곳이 30%가 넘는다. 이처럼 청년 고용촉진 특별법은 실효성이 없는 제도이므로 법으로 강제하여 실효성 있는 제도가 될 수 있도록 해야 한다.

⑤ 예상반론과 대책 마련

자기 팀의 논점과 근거에 대해 상대 팀이 제기할 반론을 예측하여 반론에 대응할 대책을 기술한다. 이를 위해 상대 팀 주장의 논점과 근거를 예상하여 이와 관련한 자료를 검토해야 한다.

토론 개요서 작성 시 자기 팀의 논점 1에 대해 상대 팀이 제기할 예상반론을 예상반론 1에 기술하고, 예상반론 1에 대한 자기 팀의 대응할 내용을 대책 1에 기술한다. 이러한 방법으로 논점 2와 논점 3에 대한 예상반론과 대책도 마찬가지로 기술한다.

자기 팀		상대 팀		자기 팀
논점 1	→	예상반론 1	→	대책 1
논점 2		예상반론 2		대책 2
논점 3		예상반론 3		대책 3

예상반론과 대책의 마련

예시_ 논점과 논거에 대한 예상반론과 대책

입론	논점1	체벌은 즉각적인 교육 효과가 있다.
	논거1	체벌은 각성을 촉구하고 잘못된 행동을 통제하는 수단으로서, 교육학자 페스탈로치는 가장 단순한 방법으로 확실하고 빠르게 어떤 목표로 이끄는 데 체벌이 필요하다고 인정했다. 이처럼 체벌을 통해 수업을 효과적으로 진행할 수 있다.
반론	예상반론1	체벌을 가하는 순간에만 효과가 있을 뿐 지속적이지 못하기에 적절한 교육 방법이 아니다.
	대책1	지속성이 없더라도 문제가 발생할 때 즉시 대처하여, 학급의 질서유지를 하는 데 효율적이다.

(2) 가치수직선 토론 개요서

가치수직선 토론 개요서도 일반적인 토론 개요서와 마찬가지로 '논제, 논점, 논거'가 기술되는 것은 동일하다. 다만 상대 팀의 논점과 논거 및 예상반론과 대책을 기술하지 않는다는 점이 차이가 있다. 가치수직선 토론 개요서는 그야말로 자신의 입장만을 PREP 화법을 활용하여 논리적이면서도 간결하게 전달하는 것을 중점적으로 기술한다.

예시_ 반대 입장의 토론 개요서

<table>
<tr><td>논제</td><td colspan="5">로봇을 하나의 인격체로 인정해 주어야 한다.</td></tr>
<tr><td rowspan="3">주장
(요점/결론)
(Point)</td><td colspan="2">찬성</td><td></td><td colspan="2">반대</td></tr>
<tr><td>+10</td><td>+5</td><td>0</td><td>−5</td><td>−10</td></tr>
<tr><td colspan="5">로봇을 하나의 인격체로 인정해주는 것은 옳지 않다고 생각합니다.</td></tr>
<tr><td>이유
(Reason)
"왜냐하면~"</td><td colspan="5">왜냐하면, 인간이 존엄성을 갖는 이유는 인격을 가졌기 때문입니다. 그 인격이라는 것은 인간이 성장하면서 거치는 사회화 과정을 통해 형성됩니다. 하지만 로봇은 인간이 만든 기계에 불과하므로 인격을 지녔다고 볼 수 없습니다. 이처럼 인간과 전혀 다른 탄생과정과 성장과정을 지니는 로봇이 인간의 사고와 행동방식을 닮았다 해서 존엄성을 가지는 것은 아닙니다.</td></tr>
<tr><td>설명
(Example)
예시자료
"예를 들면"
"~에 따르면"
개인적 경험</td><td colspan="5">로봇(인공지능)은 인간과 달리 '알고리즘 두뇌'를 지녔습니다. 알고리즘 두뇌는 논리적 사고능력은 뛰어나지만 문제의식을 파악하는 능력은 없다고 합니다. 이는 '알파고'가 바둑을 두는 방법, 이길 수 있는 여러 경우의 수를 따질 수는 있지만 왜 바둑을 두어야 하는지, 바둑에서 이기는 것이 어떤 결과를 가져오는지 등의 문제는 파악하지 못한다는 것과 같습니다.</td></tr>
<tr><td>강조/재주장
(Point)
"그러므로~"</td><td colspan="5">먼 미래 로봇이 사고를 할 수 있고 감정을 느낄 수 있다고 해서 창의력이나 자유감과 같은 고차원적인 정신작용까지는 갖출 수 없을 것입니다. 그러므로 아무리 판단 능력이 인간 수준에 도달했다고 해서 로봇을 인간과 똑같은 대우를 하는 것은 문제가 있다고 생각합니다.</td></tr>
</table>

| 토론 개요서를 써 본 후 토론해 보자.

<table>
<tr><td>논제</td><td colspan="5"></td></tr>
<tr><td rowspan="3">주장
(요점/결론)
(Point)</td><td colspan="2">찬성</td><td></td><td colspan="2">반대</td></tr>
<tr><td>+10</td><td>+5</td><td>0</td><td>−5</td><td>−10</td></tr>
<tr><td colspan="5"></td></tr>
<tr><td>이유
(Reason)
“왜냐하면~”</td><td colspan="5"></td></tr>
<tr><td>설명
(Example)
예시자료
“예를 들면”
“~에 따르면”
개인적 경험</td><td colspan="5"></td></tr>
<tr><td>강조/재주장
(Point)
“그러므로~”</td><td colspan="5"></td></tr>
</table>

▎토론 평가지를 채워 가며, 토론에 대해 평가해 보자.

◎ 심사결과: [ ] 측 승

		평가 항목	찬성 팀 1			반대 팀 1			찬성 팀 2			반대 팀 2		
			3	2	1	3	2	1	3	2	1	3	2	1
토론자	공통 항목	토론 예절 및 규칙을 준수했는가?												
		언어표현이 명료하고 적절했는가?												
		시간을 잘 준수했는가?												
		팀원 간 협력이 잘 이뤄졌는가?												
	입론	토론의 쟁점을 잘 포착하고 명확하게 드러냈는가?												
		주장에 대한 논거가 적절했는가?												
		논거는 참신하고 신뢰할 만했는가?												
		확인질문에 효과적으로 답변했는가?												
	확인 질문	상대 팀의 논점이나 논거의 허점을 적절히 추궁했는가?												
		토론의 쟁점을 명확히 하는 데 도움이 되었는가?												
		상대 팀 입론의 내용에서 벗어나지 않았는가?												
	반론	상대 팀 논거의 문제점을 잘 비판했는가?												
		상대 팀의 지적에 대해 적절히 응수했는가?												
	최종 발언	토론의 흐름을 잘 요약했는가?												
		자신들의 주장을 효과적으로 부각시켰는가?												
		상대 팀 논점의 문제점을 효과적으로 밝혔는가?												
	합계													

	평가 항목	예	아니오
사회자	편파적이지 않고 중립적으로 토론을 진행하였는가?		
	순서에 맞게 시간을 엄수하며 토론을 매끄럽게 진행하였는가?		
	토론 내용을 요약하여 토론을 매끄럽게 진행했는가?		
	토론의 시작과 종료를 깔끔하게 진행하였는가?		

3. 스피치, 생각을 논리정연하게 전달하다

미국의 경제학자 피터 드러커는 “21세기는 스피치와 리더십의 시대다. 인간에게 가장 중요한 능력은 자기표현이며 현대의 경영이나 관리는 커뮤니케이션에 의해 좌우된다.”라며 스피치의 중요성을 언급했다. 이제는 단지 지식을 아는 것에서 그치지 않고 그 지식을 어떻게 전달하고 공유하여 활용하는지가 중요해지면서 글쓰기와 함께 스피치 능력도 누구나가 갖추어야 할 역량으로 자리매김한 것이다. 높은 직책이 아니더라도 학교에서 발표를 요구하는 수업이 늘고, 취업에서도 서류보다는 스피치 면접 형식이 확대되고 있으며, 직장에서도 프레젠테이션을 할 기회가 많아지고 있는 것이 이를 잘 보여 준다.

스피치 능력의 핵심은 ‘전달력’에 있다. 즉, 상대방이 자신의 말을 잘 듣고, 잘 이해할 수 있게 말해야 한다. 그래서 설득력 있는 몸짓, 자세, 표정, 목소리, 어조부터 청중이 좋아할 수 있는 스피치 내용과 구조에 대한 이해가 필요하다.

1) 스피치의 정의

스피치란 사전적 의미로 ‘말, 언어, 담화, 연설’로 정의된다. 스피치는 시간과 공간이 한정된 상황에서 한 사람의 연설자가 하나의 주제에 대해 충분히 준비하여 다수의 청중을 상대로 이루어지는 의사소통의 행위다. 스피치는 정확하고 신념 있는 목소리와 똑똑한 발음으로 그 내용을 전달하여 청자의 감정을 자극하고 설득함으로써 청자의 신념이나 행동을 새롭게 세우거나 강화 또는 변화시키기 위해 행해지는 공식적 말하기(public speaking)다.

이러한 정의를 생각하면 스피치란 연설자가 청중을 상대로 일방적으로 내용을 전달하는 의사소통 행위라고 착각하기 쉽다. 그러나 분명한 것은 청중과 상호작용을 하면서 교감을 나누고 생각이나 의견을 공유하는 것이 스피치라는 점을 명심해야 한다.

2) 스피치의 유형

(1) 시간에 따른 유형

스피치는 주어진 시간 내에 이뤄지는 말하기다. 이 시간은 상황에 따라 다양하게 주어지는데, 주어진 시간이 몇 분이냐에 따라 1분 스피치, 3분 스피치, 5분 스피치, 15분 스피치로 유형을 나눌 수 있다.

스피치에서 가장 많이 주어지는 시간은 3분이다. 그것은 3분은 되어야 비로소 '완성된 형태'로의 말하기가 가능하기 때문이다. 즉 적어도 3분이라야 '시작-중간-끝'의 3단 구성을 통해 하나의 주제에 대해 한 가지의 주장 또는 내용을 담아낼 수 있다. 그래서 3분 스피치가 스피치의 기본이라고 할 수 있다.

5분, 15분 스피치는 3분 스피치 구조를 바탕으로 내용을 2개, 3개 늘려 전달하고자 하는 주제의 내용을 풍부하게 만든 스피치라 보면 된다.

그렇다면 1분 스피치는 어떨까? 이 시간은 3분 스피치처럼 '시작-중간-끝'의 완성된 형태로 말을 구성하기 어렵고, 또 스토리텔링을 하기에도 시간이 매우 부족하다. 그러므로 완성된 형태로 말하기보다는 짧은 시간을 최대한 효율적으로 활용하여 청중에게 강한 인상을 남겨야 한다. 그래서 1분 안에 말할 수 있는 주제를 선택하는 일이 중요하다. 결국 1분 스피치와 3분 스피치의 차이는 완성된 형태로 하나의 주장을 온전히 말할 수 있는가, 없는가의 차이에서 시작해서 구조적인 차이가 있기에 1분 스피치는 '주장'과 '설득'보다는 '사실'을 말하는 데 더 많이 쓰인다.

(2) 목적에 따른 유형

스피치는 특정한 목적을 두고 말하는 것이다. 목적은 크게 '설득, 정보전달, 유흥, 격려' 등이 있으며, 이에 따라 스피치의 유형을 분류할 수 있다.

① 설득스피치

설득스피치는 나의 의견이나 주장을 청중들이 이해하거나 동의하도록 만들려는 스피치다. 일반적으로 인식하고 있는 '스피치'가 바로 설득스피치다. 대중을 상대로 연설을 하거나 선거철마다 들려오는 선거연설, 소견발표, 스피치 면접이 설득스피치에 해당한다.

② 정보제공 스피치

정보제공 스피치란 말 그대로 지식이나 정보를 전달하기 위한 스피치다. 강의, 강연, 프레젠테이션, 각종 보고가 정보제공 스피치에 해당한다. 설득스피치가 청중의 이해, 동의, 믿음에 목적을 두고 이뤄지는 것이라면 정보제공 스피치는 '전달, 교육'에 목적을 두고 있다는 점에서 차이가 있다.

③ 유흥스피치

유흥스피치는 청중을 유쾌하고 즐겁게 만들기 위한 스피치다. TV의 여러 예능, 개그프로그램에서 연예인들이 하는 말들이 유흥스피치에 해당한다. 연예인 뿐 아니라 다양한 모임의 자리에서 분위기를 띄우기 위해 하는 말들도 유흥스피치다. 동창회를 비롯한 다양한 형태의 모임, 파티에서 사람들을 대표하여 '한 말씀'하는 것도 유흥스피치에 해당한다.

④ 격려스피치

격려스피치는 청중에게 활력과 영감을 불어넣어 주거나 동기부여를 제공하기 위해 격려를 하는 데 목적을 두고 이뤄지는 스피치다. 지난날의 수고를 치하하고 용기 있게 미래를 향해 돌진할 수 있도록 청중의 정신력을 고무하고자 이뤄지는 말하기다. 이에는 결혼식 주례사나 입학식, 졸업식의 격려사를 예시로 들 수 있다. 그러나 우리 주변의 격려스피치는 형식적인 말하기에 그쳐 목적을 달성하지 못하는 경우가 대부분이다.

격려스피치의 하나로 '펩토크(pep talk)'도 있다. 이는 스포츠 강국인 미국에서 경기 전 선수들을 격려하고 응원하기 위해 건네는 말하기에서 나온 것으로, 진심으로 상대방의 상황과 감정에 공감하고, 청중 스스로 자신의 장점을 깨닫게 하여 긍정적으로 바라볼 수 있게 만드는 효과를 이끌어 내는 격려스피치다.

3) 스피치 대본 작성하기

독일의 철학자 쇼펜하우어는 "정리하지 않고 말하는 것은 청자의 머릿속을 혹사시키는 행위다."라고 했다. 생각이 잘 정리된 사람은 간결하게 이야기해도 목소리가 작아도 사투리를 써도 하고자 하는 말이 분명하다. 스피치는 목적에 맞게 주어진 시간 내에 전달하고자 하는 바를 명확하게 청중에게 말하는 행위다. 그러려면 말하기 이전에 생각을 잘 정리하는 글쓰기가 필요하다. 스피치를 위한 글쓰기는 연설자가 잘 말하기 위한 글쓰기이기도 하지만 동시에 청중의 머릿속을 혹사시키지 않기 위해 배려한 글쓰기라 할 수 있다.

그러면 가장 기본적인 3분 스피치를 어떻게 구성해야 할까?

(1) 주제 선정하기

스피치 주제는 스피치의 성공을 좌지우지할 만큼 중요한 요소이다. 제 아무리 언변술이 뛰어나더라도 주제가 청중의 관심을 끌지 못한다면 스피치는 실패하고 만다. 그러므로 스피치 주제를 정할 때 첫 번째 고려해야 하는 것은 '청중의 속성을 파악'하는 것이다. 그런 다음 두 번째로 고려해야 하는 것은 '나 자신'을 분석하는 것이다.

청중 분석 요소와 나 분석 요소

구분	분석 요소
청중	• 청중은 어떤 사람들인가? – 성별, 나이, 심리 상태, 수준의 정도 등 파악

청중	• 청중은 왜 이 스피치를 들으러 오는가? – 자발적 참여자 or 비자발적 참여자 • 청중은 무엇에 관심 있어 하는가? – 문젯거리, 고민거리, 흥밋거리 • 청중에게 도움이 되는 것은 무엇인가? – 재미, 유익함, 감동, 지식, 희망 제공
나	• 잘 알고 있는 주제는 무엇인가? • 관심 있어 하는 주제는 무엇인가? • 경험이 많은 분야는 무엇인가 • 자신만의 확고한 태도나 신념을 가지고 있는 분야는 무엇인가?

스피치에서 가장 중요한 것은 '자신감'이다. 자신감은 마음의 여유에서 생겨나는데, 이는 자신이 잘 알고 있고, 관심을 많이 갖고 있으며, 경험을 많이 해 본 주제일 때 커진다. 또한 나의 경험을 바탕으로 내가 잘 이야기할 수 있는 주제여야 청중이 들을 때 가장 진정성 있게 느끼고 스피치 내용에 몰입할 수 있다. 그러므로 내 직업, 내가 잘하는 것, 내가 좋아하는 것, 내가 원하는 것, 지금 하고 있는 것, 옛날에 했던 것 등을 키워드로 해서 떠올린 것을 정리해 보고, 이들 중 스피치의 목적에 부합하는 주제를 선택하면 된다.

이러한 노력에도 주제가 잘 떠오르지 않을 때에는 주제 키워드보다 자신의 직간접적으로 경험한 에피소드를 떠올리는 것도 하나의 방법이 될 수 있다.

[시작] 여러분, 요즘 〈응답하라 1988〉 재밌게들 보고 계신가요? 저도 금요일과 토요일 저녁 잊지 않고 꼭 챙겨보는데요. 〈응답하라 1988〉에서 정환이 아버지가 금성전자 대리점을 운영하고 있다는 점과 그 당시 부의 상징이었던 자개농이 정환이 부모님 안방에 자랑스럽게 놓여있는 걸 보면서 잠깐이나마 잊고 지냈던 아버지의 실패에 대한 기억을 떠올릴 수 있었습니다.

[중간] 저희 아버지는 예전에 학교 선생님을 하시다가 그만두고 사업을 하셨는데 하는 족족 번번이 망했습니다. 그때마다 우리 집은 실패의 흔적들로 채워졌죠. 처음에 삼성전자 대리점을 하다가 실패해서 집 안 곳곳에 냉장고랑 텔레비전을 쌓아 놓

고 살았죠. 그러다가 자개농 장사를 했는데 시골에서 자개농 살 만한 집이 몇 집이나 되겠어요? 결국 13개 팔고 망하는 바람에 우리 방까지 자개농을 들여놓고 살았습니다. 다음에는 아버지가 집 짓는 일을 했는데, 그 집 문이 안 닫히는 거예요. 결국 문 고치다가 집 전체를 손보는 바람에 엄청난 빚을 졌습니다. 그때서야 아버지는 자신이 사업에 소질이 없다는 걸 깨닫고 양돈업을 하셨는데, 돼지 키우는 일은 적성에 잘 맞으셨는지 저희 3남매는 대학까지 나올 수 있었습니다.

[끝] 사람들은 실패를 두려워합니다. 그리고 실패를 하면 인생이 끝났다고 생각합니다. 그러나 실패는 자신을 검증하고 자신에게 맞는 일을 찾아 가는 중요한 과정이기도 합니다. 그러므로 실패를 두려워해서 아무것도 하지 않는 것보다 끊임없이 실패에 도전해서 성공한 나 자신을 만나 보셨으면 합니다.

이 글은 한 방송국에서 방영했던 드라마 〈응답하라 1988〉을 보고 연설자 자신의 에피소드를 떠올린 뒤, 이를 활용하여 "끊임없이 실패에 도전하라!"라는 주제로 작성한 스피치 대본이다. 이처럼 막연하게 주제 키워드를 떠올리는 것이 어렵다면 기억에 남는 에피소드를 통해 청중들에게 전달하고 싶은 메시지인 주제를 떠올리는 것도 좋은 방법이다.

대부분 사람들은 스피치 주제는 뭔가 거창해야 한다는 강박에 사로잡혀 있다. 그러나 청중을 감동시킬 만한 개인의 경험을 진술하고 맛깔스럽게 활용한 주제라면 거창하지 않아도 청중들의 공감을 이끌 수 있다는 점을 알아 둘 필요가 있다.

▍대상과 목적을 고려하여 3분 스피치 주제를 정해 보자.

대상	
목적	
주제	

(2) 스피치 시작 구성하기

스피치의 시작은 청중의 흥미를 끌어들여 듣고 싶어 하는 상태로 만드는 역할을 단계이다. 시작 단계는 인사와 간단한 자기소개 그리고 청중의 흥미를 유발할 수 있는 도입 발언으로 구성되는데, 사람들의 관심을 끌어낼 수 있는 시간은 30초 내에 결정되므로 청중들이 듣고 싶도록 만들기 위해 청중의 심리상태를 긍정의 상태로 만드는 것이 중요하다.

① 인사와 자기소개

사람을 처음 대할 때 첫인상이 중요하듯 스피치에서 인사는 첫인상과 같다. 긴장한 티가 역력한 모습으로 인사도 제대로 하지 못한다면, 앞으로의 스피치에 대해서도 부정적인 인상을 줄 수밖에 없다. 그러므로 스피치 연습은 '인사'부터 시작해야 한다. 다른 사람 앞에서 말을 많이 해 보지 못한 사람이라면 누구나 스피치를 할 때에 긴장을 하게 마련이다. 그러나 긴장을 하더라도 자신감 있는 표정을 지으며 큰 소리로 또렷하게 "안녕하십니까?"나 "반갑습니다!" 하고 말을 하며 정중하게 인사를 할 수 있도록 연습해야 한다.

인사와 함께 스피치 시작 단계에서 해야 하는 것이 자기소개다. 그러나 대부분 사람들이 어떤 말로 자신을 소개해야 할지를 몰라 힘들어한다. 이러한 고민을 탈피할 수 있는 손쉬운 방법은 스피치 주제와 연관되는 자기소개를 하는 것이다.

예시_ 인사와 자기소개

청중을 구체적으로 말하기	역사를 사랑하는 대한민국 국민 여러분!
자신의 전문성 밝히기	저는 21년 동안 이 땅에서 한국사 강의를 해 온
이름 각인시키기	한국사 전문가 설민석입니다.

출처: 복주환(2018), 생각정리 스피치, 천그루숲, 74쪽 참조.

② 시작하는 방법

청중들이 스피치 내용을 잘 들을 수 있도록 호감을 사기 위한 방법은 여러 가지다. 그 중에서 쉽게 활용할 수 있는 6가지를 소개하면, '칭찬하며 시작하기, 유머를 던지며 시작하기, 주제부터 말하며 시작하기, 에피소드로 시작하기, 질문하며 시작하기, 인용하며 시작하기'가 있다. 이 6가지 방법 중에서 한 가지를 선택할 때, 어떤 방법이 청중의 관심과 호응을 쉽게 유발하고 주제를 잘 부각시킬 수 있는지를 고려해야 한다.

■ 칭찬하며 시작하기

칭찬을 싫어하는 사람은 아무도 없다. 스피치 첫 발언에서 청중에 대한 칭찬이 이어진다면 청중의 감정 상태가 '+'가 되어 스피치를 하는 사람에 대한 청중의 호감을 빠르게 살 수 있다.

> 제가 오늘 이곳에서 강의를 한다고 친구한테 말했더니, 이 말 좀 꼭 전해 달래요. 친구가 유튜버인데요. 지금까지 사용해 봤던 카메라 중에서 ○○카메라가 최고래요. 여러분들 만나서 영광입니다.
>
> 출처: 복주환(2018), 생각정리 스피치, 천그루숲, 95쪽.

■ 유머 던지며 시작하기

유머는 호감을 줄 뿐만 아니라 주의를 집중시키고, 긴장감을 완화시키는 역할을 한다. 스피치를 시작할 때 유머 있는 모습을 보이면 스피치를 하는 연설자에 대한 호감도가 높아지고 기대감이 생긴다. 그러나 어설픈 유머는 연설자의 이미지를 오히려 떨어뜨릴 수 있으므로 주의해야 한다.

원래 술에 대해서는 제가 가지고 있는 철학이 있습니다. 술은요 저는 세계 5대 성인의 반열에 올려야 한다 이렇게 생각하고 있었습니다. 예수, 석가, 마호메트, 공자, 술 이렇게, 술 주님 아닙니까? 주님이시죠? 술은 신이 갖춰야 할 모든 요소를 갖추고 있습니다. 첫째, 어디에나 계십니다. 그것도 각기 다른 모습으로. 인간이 눈치채지 못하게 늘 그곳에 현신해 계십니다. 술은 신의 모습이 아닌 다른 모습으로 늘 우리를 위로하고 있습니다. 때로는 소주의 모습으로, 때로는 와인의 모습으로, 때로는 양주의 모습으로. 둘째, 때를 기다립니다. 내가 문을 열어주지 않으면 빛을 볼 수 없는 냉장고 안에서. 오로지 가만히 온몸에 땀을 흘리면서 수행하며 때를 기다리고 있습니다. 셋째, 희생합니다. 말없이 병을 돌려서 따도 때로는 와인처럼 기구를 이용해서 우그러뜨려도 자기 몸을 온전히 내어주며 희생합니다.

출처: 김제동, 술, 아홉시반 주립대학 특강,
https://www.youtube.com/watch?v=KWg34WnWD_0&app=desktop, (2019.09.14.)

■ 주제부터 말하기

주제부터 말하며 스피치를 시작하는 방법은 청중에게 이정표를 제시하는 것과 같은 역할을 한다. 스피치를 하는 동안 청중이 어떤 내용을 듣게 될 것인지 정확하게 인지시켜 줌으로써 청중의 이해를 돕기 때문에 청중의 관심도를 높인다.

저는 오늘 여러분들에게 "끊임없이 도전하는 젊은이가 돼라!"는 주제에 대해 말을 하고자 합니다.

■ 에피소드로 시작하기

에피소드란 일상생활에서 벌어질 수 있는 짧은 이야기다. 스피치 시작에서 인사와 자기소개가 간략히 행해지고 곧바로 에피소드가 이어지면 무슨 이야기인가 하고 관심을 기울이게 된다. 물론 에피소드는 주제와 밀접한 관련이 있는 이야기여야 한다. 만약 3분 스피치라면, 시간 관계상 에피소드는 한 가지만 제시될 수밖에 없으므로 에피소드가 시작부분에 제시된다면 중간 부분에서는 이와 연관하여 화자가 말하고자 하는 바에 대한 내용 설명이 이어지는 게 보통이다.

제가 초등학생 때의 일입니다. 하루는 친하게 지내던 친구들과 놀고 싶어 한 친구네를 찾아갔었습니다. 그런데 저만 쏙 빼놓고 둘이서만 만나서 놀고 있었던 겁니다. 그 모습을 보고 화가 난 나머지 제 입에서는 이상하게도 "너희들이 다니는 길에 뱀을 풀어놓을 거야."라는 말이 나왔습니다. 그러고는 집으로 돌아오는데, 제 눈앞에 진짜로 뱀이 지나가는 게 아니겠습니까. 저는 놀란 가슴을 쓸어내리고는 집으로 돌아왔던 기억이 있습니다. 이 일은 제 평생 잊히지 않는 일로 남아 있습니다. 옛말에 "입이 보살이다, 입이 방정이다"와 같은 말이 있지요? 아무 생각 없이 내뱉은 말이 그대로 일어나는 일을 겪은 저로서는 말을 조심해야겠구나 하는 다짐을 한 계기가 되었습니다.

■ 질문하며 시작하기

스피치는 청중과 상호작용을 전제로 이뤄진다. 이러한 상호작용의 첫 시작은 말을 거는 데 있다. 질문은 소통을 시작하기 위해 청중에게 말을 거는 행위이자 청중이 생각을 하게 만드는 열쇠이다. 그러므로 질문은 청중이 집중하도록 만들기 때문에 스피치 시작방법으로 효과적이다.

요즘 댁의 자녀들은 별일 없습니까? 뜬금없는 질문에 잠시 머리가 멍하셨을 겁니다. 얼마 전 어린이날을 맞이한 시기와 맞물려 인터넷에 '초등 잔혹 동시'라는 게 실려 많은 사람들을 당혹케 했는데요. 혹시 보셨습니까? 안 보신 분들을 위해 잠시 동시를 감상하고 계속 말씀을 나눠 보도록 하겠습니다.

■ 인용하며 시작하기

주제와 관련된 뉴스나 이슈거리를 인용하며 시작하는 방법도 스피치를 시작하는 좋은 방법 중 하나다. 그러나 이때 단순히 사실만 전달하는 것이 아니라 이것에 대한 자신의 느낌이나 생각, 관점을 덧붙여 말하는 것이 효과적이다.

얼마 전에 말이에요. 『아침형 인간』이라는 책이 불티나게 팔렸습니다. 50만 부, 60만 부 나갔어요. 제 책이 비슷하게 나왔는데. 제 책은 『노는 만큼 성공한다』예요. 1만 부 나갔어요. 내용을 들여다보면 내 책이 훨씬 좋은 책이에요. 『아침형 인간』이 일본에서는 5~6만부밖에 안 팔린 책이라구요. 그런데 우리나라에 갑자기 아침형 인간 돌풍이 일어난 거예요. 새벽부터 일어나면 성공한다 이거에요. 봐요. 생각해 보세요. 다들 새벽부터 일어나면 다 성공할 수 있어요? 아침에 산에 약수터 올라가면 다 성공한 사람이게요? 왜 사람들이 『아침형 인간』에 열광했을까요? 성공을 하고 싶단 말이에요. 사람들이 아침에 일어나면 성공한다고 하니까 그 책을 읽으면 성공하는 거처럼 다 읽어 보는 거예요. 이것이 우리나라에 나타나는 아주 독특한 쏠림현상입니다.

출처: 김정운, 쏠리는 대한민국, tvN 〈시사콘서트 열광〉, 6회, https://www.youtube.com/watch?v=LHwddaZxLLQ&app=desktop, (2019.10.06.)

스피치를 시작하는 6가지 방법 중 반드시 한 가지만 사용할 필요는 없다. 다음의 예시처럼 ① 유머, ② 인용, ③ 질문이 종합적으로 사용되어 스피치 시작을 구성해도 무방하다.

반갑습니다. ㉠ 아 솔직히 여러분 제가 교수 같은 느낌은 아니시죠? 저도 알고 있습니다. 그래서 어떤 기업에 가서 "제가 어디 가면 분위기가 잘 어울릴 것 같냐?" 고 했더니 미장원에 가면 분위기가 잘 어울 것 같다고. 솔직한 피드백을 하시더라고요. 여러분 오늘 뭐 비도 오는데 강의다 생각하지 마시고 머리하러 왔다 생각하시고 졸리면 살짝 주무십시오. ㉡ 아 캐나다에서 조사를 한번 했답니다. 사람들이 공포를 느끼는 가장 그 위험한 순간이 어떤 경우인지. ㉢ 여러분은 어떤 때 공포를 느끼세요? 지금 이순간이죠? 아 근데 제가 구체적으로 한 사람에게 질문을 드리면 공포를 느끼게 되어 있습니다. 외국사람도 비슷합니다. 아 외국 사람이 가장 공포를 느낄 때가 4번이랍니다. 깊은 물에 들어갔을 때, 높은 곳에 올라갔을 때, 어두운 밤에 혼자 있을 때, 제일 공포를 느끼는 때가 언제일 것 같습니까? 예? 얘기하고 틀리면 욕먹으면 됩니다. 아 그냥 뭐 어차피 인생 뭐. (청중 대답) 정답인 것 같아요. 대중 앞에서 말하라고 할 때래요. 여러분 외국사람도 그때가 힘들답니다. 그럼 우리 한국 사람들은 대중 앞에서 말하라고 하면 얼마나 이게 어렵겠습니까? 손은 어떻게 해야 되는지 그래서 사람들은 저에게 물어봐요. 선생님, 교수님! 제가 사람들 앞에서 프레젠테이션을 하는데요, 손을 어떻게 해야 되나요? 앞으로 해야 되나요, 뒤로 하나요? 짤라 버릴까요? 어떻게 해야 될지 모르겠다는 거야?

출처: 김창옥, 상처와 열등감으로부터 자유로워지기, CBS 〈세상을 바꾸는 시간, 15분〉, 38회, https://www.youtube.com/watch?v=jiJ5hNAxIDM, (2019.09.20.)

(3) 스피치 중간 구성하기

① 에피소드 들려주기

청중은 제아무리 좋고 도움이 되는 주제라 하더라도 연설자의 설명만 이어진다면 지루해한다. 그러므로 스피치 내용에서 '에피소드'가 반드시 들어가도록 스피치 대본을 만들어야 한다. 에피소드는 이해도를 높이고, 짧은 시간 동안 몰입과 공감을 이끌어 내며, 메시지를 생생하게 전달할 수 있는 장점을 지니기 때문이다.

이러한 에피소드 들려주기는 청중들에게 감동을 줌으로써 청중의 행동의 변화를 이끌어 내기 위한 설득스피치에 적절한 방법이다.

[시작] 여러분, 사랑합니다~! 저는 오늘 스피치를 하게 된 ○○○입니다. 여러분, 여러분은 하루에 얼마나 주변 사람들에게 감정을 표현하면서 살고 계십니까?

[중간] 저는 평소 감정표현에 서툽니다. 그런데 이런 저의 문제로 인해 지금까지도 후회하는 일이 있습니다. 제게는 저를 끔찍이도 예뻐해 주시던 할아버지가 계셨습니다. 그런데 저는 저를 예뻐하며 안아주시던 할아버지에게 늘 '냄새 난다'며 말을 하고는 할아버지를 밀쳐내곤 했었습니다. 그러던 어느 날 학교 수업 중 어머니로부터 문자 한 통을 받았는데, 바로 할아버지께서 돌아가셨다는 내용이었습니다. 그 문자를 받는 순간 저는 주체할 수 없을 정도로 눈물을 흘렸습니다. 살아생전 단 한 번도 할아버지께 '사랑한다'는 말씀을 하지 않았던 제 자신이 용서가 되지 않아서였습니다. 그리고 이런 일이 또 한 번 제게 일어났습니다. 제게는 제 또래의 아주 친한 사촌이 있었습니다. 하루는 서로 장난을 치며 놀다가 감정이 격해져 싸우다가 사촌을 밀었는데 그만 사촌이 다치고 말았습니다. 그런데 저는 너무 놀란 나머지 사과를 하지도 못하고 그 자리를 도망쳐 나왔습니다. 그런데 일주일 뒤 그 사촌이 교통사고로 그만 세상을 달리한 일이 벌어졌습니다. 그 소식을 듣는 순간 저는 또 한 번 저를 원망했습니다.

중간 구성에 제시하는 에피소드로 작성하더라도 실제 스피치를 할 때에는 이야기를 실감나게 들려주는 기술이 요구된다. 단순히 책을 읽듯이 이야기를 전달하면 청중들의 흥미를 이끌어 내기 어렵기 때문이다.

TIP_ 적당한 에피스드가 없거나 생각이 나지 않을 때에는 위인 이야기를 활용할 수도 있다.

다음과 같은 이야기를 활용하여 스피치를 한다면 어떤 주제가 적절할지 생각해 보자.

마하트마 간디가 기차에 오르다가 신발 하나가 벗겨져 아래로 떨어졌습니다. 기차가 이미 움직이기 시작했기 때문에, 간디는 그 신발을 포기할 수밖에 없었습니다. 그런데 그가 남은 신발을 마저 벗어 이미 떨어진 신발 옆에 던지는 것을 보고 동료들은 놀라지 않을 수 없었습니다. 그러자 한 친구가 그 이유를 물었습니다. 간디가 웃으면서 대답했습니다.

"기찻길에서 신발 한 짝을 주운 가난한 사람이 다른 한 짝도 마저 주울 수 있도록 하기 위해서지요."

② 항목 제시하며 설명하기

스피치의 목적이 정보제공에 치중된 경우 스피치의 중간 부분을 에피소드로 구성하는 것은 어울리지 않는다. 이럴 경우에는 스피치 중간 부분을 '첫째, 둘째, 셋째'와 같이 항목을 제시하며 적절한 예시를 넣어 명확하게 내용을 전달하면 된다.

그래서 오늘 제가 여러분들께 꼭 드리고 싶은 말씀은 버려지거나 힘없다고 생각하는 것들의 역습에 관해서 말씀드리고 싶습니다. 그래서 당신들의 역습입니다.

첫째, 불안입니다. 불안, 불안해도 되나? 당신은 불안해도 되나? 나는 불안해도 되나? 예! 제 생각은 우리는 불안해한 것들의 후손이기 때문에 불안해해야 됩니다. 원시시대 때 바깥에서 들려오는 짐승의 울음소리를 듣고 불안해하지 않은 우리 조상들은 다 죽었습니다. 저 소리 뭐지 하고 나가본 사람들은 다 물려죽었어요. 다 죽었어요. 그때 밝으면 나가보자 조금 있어보자 이렇게 얘기한 것들의 후손이 우리예요. 그래서 우리는 불안해하는 것이 마땅합니다. 근데 불안해하거나 소심해하면 이상한 사람 취급 받습니다. 그러니 우리는 이상한 사람들이 아니라는 역습을 그들에게 하기 시작해야 합니다. 대범한 것들에게 니가 돌연변이야. 원래 넌 살아남았으면 안 되는 종족이야. 소심한 우리가 살아남아야 하는 거지. 그렇게 얘기할 수 있어야 한다고 생각합니다. 그래서 이건 대범한 것들이 잘못됐다는 얘기가 아니고 소심한 우리의 감정에 지원군을 보내줘야 할 때가 됐다. 불안이라는 감정이 나타나면 무찌르지 말고 거기에 지원군을 보내주자. 옳다. 니가 나를 살리러 오는구나. 실제로 불안은 그러한 역할을 하는 것이니까.

둘째, 외형적으로 가 보면, 과연 못생긴 것은 실제로 세상에 해악을 미치는가? 어떤 것들이 그런 기준을 만들었는가? 눈은 몇 센티미터가 되어야 큰 것인가? 헌법에 나와 있는가? 3센티미터냐, 4센티미터냐, 5센티미터냐? 기준이 없다. 근데 왜? 눈이 큰 것들은 이렇게 사회적으로 사슴 같은 눈망울이라는 얘기를 들으면서 대우받고 있는가? 우리는 왜 뱀 같은 눈이 되어야 하는가? 그럼 뱀은 실제로 나쁜 아이인가?

사슴은 정말로 좋은 아이인가? 이렇게 역습해 볼 수 있어야 한다고 생각합니다. 그래서 이건 눈이 큰 것들이 잘못됐다는 게 아니고 저는 역습할 우리 눈이 작다고 치부되어 온 것들이 역습할 수 있어야 우리 사회가 공평해질 수 있고 웃음이 있는 사회가 된다는 거예요. 우리는 고구려 기마민족의 후예입니다. 눈이 큰 것들은 이 나라 이 민족을 지키는데 아무런 역할을 하지 못했습니다. 말 타고 달리면서 전쟁을 할 수가 없어요. 눈에 계속 먼지가 들어오는데. 우리 같은 눈들이 계속 말을 타고 달리면서 앞으로 계속해서 달리면서도 적에게 집중하고 키가 큰 것들은 기마민족의 후예가 아니에요. 말을 타면서 다리가 땅에 자꾸 걸리는데, 말도 힘들고 나도 힘든데, 나 같은 얘들이 말에 딱 달라붙어서 눈을 계속 똑바로 뜨면서 적진을 향해 나아갔던 것이죠. 그리고 여러분들이 교과서에서 봤던 구한말의 의병들의 그 사진들을 생각해 보시기 바랍니다. 다 이렇게 생겼습니다. 그래서 눈 크고 키 큰 것의 시대를 끝내야 된다. 그래서 그것들을 이 시대에서 절멸시키자는 것이 아니고 그들과 함께 어깨를 나란히 할 수 있어야 된다. 세상에 소용없고 쓸모없는 것은 아무것도 없다. 심지어 잘생기고 못생긴 것의 차이가 없다 하더라도 마 백번 양보해서라도 내가 못생겼다면 잘생긴 것들의 존재의 기반은 우리다. 내가 없으면 그들도 없다.

출처: 김제동, 당신, CBS 〈세상을 바꾸는 시간, 15분〉, 596회, https://www.youtube.com/watch?v=DN8KqorbBMk, (2019.10.04.)

이렇게 주제에 대한 항목을 제시함과 동시에 그 근거로 예시나 짧은 이야기를 제공하며 설명을 하면 청중들이 왜 그런지 무엇 때문인지 되묻는 일도 없어 청중의 공감과 이해를 이끌어 낼 수 있다.

(4) 스피치 끝 구성하기

스피치의 끝은 주제를 한 마디로 정리하고 청중의 행동이나 마음의 변화를 이끌어 내기 위한 단계이다. 3분이라는 시간이 길다면 길수도 짧다면 짧을 수도 있다. 시간에 대한 느낌이야 어쨌든 스피치를 시작했으면 '이제 마무리하려는가 보다'라는 느낌을 청중들이 인지할 수 있도록 스피치 내용을 구성해야 한다.

① 내용 요약하기

우리가 주제에 대해 청중에게 설명하고 설득하기에 3분이라는 시간은 결코 길지 않다. 하지만 청중의 입장에서 3분 동안 집중하여 모든 내용을 완벽하게 듣고 이해하고 기억하기는 쉽지 않다. 그러므로 청중이 스피치 내용을 기억하게 만들고 싶다면 요점을 정리해 줘야 한다. 3분 스피치의 내용을 요약·정리하고, 주제에 대한 연관성, 인관관계를 정리해 주는 것은 3분 스피치 전체의 큰 그림을 한눈에 보여주는 것과 같다.

간단히 말씀드리겠습니다. 그래서 인문학이라는 것은 우리가 생각하는 거와 다르게 기술혁신 속도가 둔화되기 때문에 발명이 아닌 혁신의 시대로, 3차산업이 중시되었기 때문에 물질에 대한 이해가 아니라 인간에 대한 이해로, 단순한 생산이 아니라 소비의 사회로 그 소비는 이미지의 소비고 그 이미지는 바로 스토리가 만들어 낸 것입니다. 그래서 특히 청년들, 자기 스스로 스토리를 만들 수 있는 힘을 가진 사람이 되어야지 미래사회를 이끌어 갈 수 있습니다. '15분, 세상을 바꾸는 최진기'였습니다. 감사합니다.

출처: 최진기, IT는 왜 인문학을 요구하는가, CBS 〈세상을 바꾸는 시간, 15분〉, 620회, https://www.youtube.com/watch?v=miJhrWBHhwo, (2019.09.25.)

누구나 간단하게 내용을 요약하는 법은 기억해야 할 내용에 숫자를 붙여 말하는 것이다. '첫째, 둘째, 셋째' 혹은 '한 가지, 두 가지, 세 가지' 등 숫자를 붙여 내용을 말하면 청중은 '아, 이 세 가지가 중요한 거구나. 기억해야지.'하고 마음의 준비를 한다.

② 행동하게 하기

스피치는 메시지로 청중의 생각과 행동을 변화시키는 행위이다. 스피치를 듣고 난 후 사람들이 어떻게 행동해주기를 바라는지를 명확하게 제시하며 청중들에게 실천을 요구하면서 마무리를 하는 것은 스피치를 마무리하는 최고의 방법이다. 이때에는 직접적이고 구체적으로 방법을 제시해야 하며, 문장의 끝에 이를수록 더 힘차고 빠르게 강조해서 말하는 것이 좋다.

여러분도 할 수 있습니다. 66일 동안 학생뿐만 아니라 남녀노소 누구나 아주 작은 것부터 시작해 보세요. 작게 운동을 하는 것도 괜찮고 매일 물을 마시는 것도 괜찮고 10분만이라도 책을 읽는 것도 괜찮습니다. 그렇게 작게 정해서 하나라도 여러분들의 습관을 66일 동안 완성해서 만들어 보는 그 경험을 한 번 해 보세요. 그 뿌듯함을 느껴보세요. 정말이지 행복감마저 느낄 수 있습니다. 자, 그렇게 해서 여러분이 습관을 이렇게 만드는 그 방법을 알고 그 뿌듯함을 느끼잖아요. 그럼, 다른 어떤 것도 정하면 그걸 66일 동안 만들 수 있어요. 이 습관의 달력을 통해서 여러분이 뭔가를 정해서 습관을 만들 수 있다는 뜻은 뭔지 아세요? 여러분은 뭐든지 할 수 있다는 뜻입니다. 여러분, 여러분은 할 수 있습니다. 자, 며칠이지요? 66일입니다. 감사합니다.

출처: 강성태, 66일 습관의 기적, CBS 〈세상을 바꾸는 시간, 15분〉, 815회, https://www.youtube.com/watch?v=xiE2wL9hS2w&app=desktop, (2019.11.13.)

③ 여운 남기기

좋은 스피치를 하려면 재미있게 시작해서 감동적으로 마무리하라는 말이 있다. 재미있게 시작하라는 말은 시작에서 청중의 호기심을 유발하여 스피치를 듣게 만들라는 것이고, 감동적으로 마무리하라는 것은 여운을 남기라는 말이다.

전략적인 관점에서 봤을 때에도 끝 부분에서 여운을 남겨야 하는 이유가 있다.

끝 부분에서 논리적으로 설득하기에는 시간이 부족하다. 따라서 마무리하는 단계에서 감성을 자극해야 마음을 움직일 수 있다. 끝이 좋으면 다 좋다는 독일 속담이 있듯이 결론을 잘 만들면 본론의 내용이 다소 미흡했더라도 훈훈하게 마무리된다.

■ 감성 메시지 활용하기

여운을 남기는 방법은 감성적인 메시지를 스토리로 전달하거나 명언을 인용하는 방법이다. 스피치 끝을 구성하는 도입에서 주제와 관련된 인상적인 이야기를 꺼내면 청중들에게 '이제 마무리구나!' 하는 인식을 주는 것과 동시에, 청중이 한 번 더 집중할 수 있게 만들어 주는 효과가 있다. 물론 메시지를 선정할 때는 주제와 관련되거나 주제를 요약할 수 있는 내용이어야 하며, 진부한 이야기는 피해야 한다.

> 제가 오늘 여러분들께 한마디로 소개하고 싶은 이야기가 있다면, '여러분 여기까지 그 많은 시간 거쳐서 잘 오셨다'는 얘기를 꼭 드리고 싶습니다. 그리고 여러분도 여러분 자신에게 언젠가 여유가 있으면 여기까지 힘들게 온 자기를 한번만 봐주고 알아줬으면 좋겠습니다. 아침, 저녁에 시간이 되면 5분, 10분 정도 핸드폰 한번 끄고 산책하고, 산책의 끝에 마음이 편안해지거든 저희도 거짓말 하지 말고 짧게 자기 스스로에게 이야기를 해 보는 것이나 기도를 해 보면 좋겠다는 생각이 듭니다. 여러분 여기까지 잘 오셨습니다.
>
> 출처: 김창옥, 여기까지 잘 왔다, CBS 〈세상을 바꾸는 시간, 15분〉, 335회,
> https://www.youtube.com/watch?v=QDYFwWvQqfw, (2019.10.21.)

■ 인용 문구 활용하기

인용을 하는 가장 쉬운 방법에는 속담을 활용하는 것도 있다. 그러나 이미 수없이 인용되어 온 속담으로 3분 스피치의 마무리를 시작한다면 청중들은 진부함을 느껴 마무리에 집중하지 못한다. 그러므로 흔한 속담을 살짝 비틀어 응용하여 청

중에게 흥미를 안겨주고 강한 인상을 남길 수도 있도록 해야 한다. 예를 들어 "원숭이도 나무에서 떨어진다."라는 속담은 이미 너무나도 흔하지만, "원숭이는 나무에서 떨어져도 원숭이지만, 국회의원은 선거에서 떨어지면 국회의원이 아니다"라는 말로 응용하여 활용한다면 더욱 재치 있고 인상 깊은 마무리가 될 수 있다.

TIP_ 비언어적 표현의 중요성

- 스피치란 원고를 읊는 행위가 아니다.
  - 시선처리 : 청중 한 명 한 명과 눈을 맞추며 스피치하기, 원고에 시선을 고정하거나 허공 또는 바닥을 쳐다보지 말 것, 청중과 시선을 맞추기가 어려우면 청중의 정수리라도 바라보기
- 스피치란 대화하듯 자연스럽게 말하는 행위다.
  - 말투 : 상냥하고 부드럽게 말할 것
  - 표정 : 편안하게 미소를 머금은 표정을 지을 것, 굳어진 표정이나 실소를 짓는 표정을 삼갈 것
  - 빠르기 : 너무 빠르거나 너무 느리지는 않는 정도에서 하되, 중요도에 따라 빠르기를 조절할 것
  - 크기 : 모든 청중이 잘 들을 수 있는 크기의 목소리로 할 것, 기어들어가는 목소리나 말끝을 흐리는 목소리는 삼갈 것
  - 높낮이 : 강조할 내용은 목소리에 힘을 주어 말하고, 리듬감을 살려 말할 것, 줄줄 글을 힘없이 읽는 듯한 느낌을 주지 말 것
  - 제스처 : 되도록이면 강조할 내용이 있을 경우만 사용할 것, 손가락으로 개수를 나타내거나 손동작을 크게 할 것
  - 자세 : 편안하게 서서 말을 할 것, 약간의 다리를 움직이는 정도로 자리를 이동하며 말할 것, 탁자에 손을 올려 두거나 기대는 등의 행동은 삼갈 것, 경직되거나 건들거리는 등의 자세는 삼갈 것
- 스피치는 공식적인 말하기다.
  - 복장 : 깔끔한 복장을 하되, 모자, 마스크, 슬리퍼는 피할 것

스피치 평가지를 채워 가며 스피치 연습해 보자.

평가 항목	평가		
내용	상	중	하
1. 시작 부분이 청중의 주의를 끌 수 있는 내용인가?			
2. 논점이 분명하고, 내용이 논리적인 일관성을 갖는가?			
3. 스피치의 목적과 내용(주제) 전달이 명확했는가?			
4. 스피치의 끝마무리가 인상적이었는가?			
5. 전반적으로 참신하고 호소력 있는 내용이었는가?			
태도와 음성	상	중	하
1. 눈 맞춤을 잘 했는가?			
2. 몸 움직임이 자연스러웠는가?			
3. 발음이 분명했는가?			
4. 목소리 크기는 적절했는가?			
5. 말의 속도는 적절했는가?			
6. 비언어적 군말('마', '어', '저' 등)을 남용하지는 않았는가?			
7. 잠시 멈추기(사이 두기)를 효과적으로 했는가?			
8. 목소리의 높낮이와 강약이 적절히 구사되었는가?			
9. 제한 시간을 엄수하였는가?			
총평			

주제를 정하여 직접 스피치 대본을 써 보자.

주제		제출자	
시작			
중간			

중간	
끝	

참고 문헌

1. 자료

1부 인문학으로 만나는 동좌문도

» 곽재구(1998), 사평역에서, 사평역에서, 창작과비평사.

» 김수영(1974), 절망, 거대한 뿌리, 민음사.

» 김종철(1999), 교양 체험과 욕망의 교육, 시적 인간과 생태적 인간, 삼인.

» 도종환(1998), 가지 않을 수 없던 길, 부드러운 직선, 창작과비평사.

» 오규원(2012), 살아 있는 것은 흔들리면서, 오규원 시선, 지식을만드는지식.

» 인디고 연구소(2014), 희망, 살아 있는 자의 의무, 궁리.

» 정민(2011), 삶을 바꾼 만남, 문학동네.

» 정재환(2013), 석당일기, 산지니.

» 정현종(2008), 방문객, 광휘의 속삭임, 문학과지성사.

» 정호승(1979), 슬픔이 기쁨에게, 슬픔이 기쁨에게, 창작과비평사.

» 함정임(2015), 세계의 대학을 가다, 봄아필.

» 간디 지음/박홍규 옮김(2007), 간디 자서전, 문예출판사.

» 니코스 카잔차키스 지음/유재원 옮김(2018), 그리스인 조르바, 문학과지성사.

» 로버트 콜스 지음/박현주 옮김(2011), 진심으로 가난한 사람들을 환대할 수 있을까, 환대하는 삶, 낮은산.

» 빅토르 위고 지음/정기수 옮김(2016), 레미제라블, 민음사.

» 빈센트 반 고흐 지음/신성림 옮기고 엮음(2019), 반 고흐, 영혼의 편지, 위즈덤하우스.

» 사르트르 지음/정소성 옮김(2016), 존재와 무, 동서문화사.

» 사무엘 베케트 지음/임성희 옮김(1997), 고도를 기다리며, 청목.

» 소포클레스 지음/천명희 옮김(2006), 오이디푸스 왕, 오이디푸스 왕 · 안티고네, 문예출판사.

» 시몬 드 보부아르 지음/조홍식 옮김(1994), 제2의 성, 을유문화사.

» 아르네 네스 지음/이한중 옮김(2012), 자기실현, 이 세상에 살기 위한 하나의 생태적 접근법, 산처럼 생각하라, 소동.

» 토마스 모어 지음/원창엽 옮김(2009), 유토피아, 홍신문화사.

» 프리드리히 니체 지음/강두식 옮김(2007), 인간적인 너무나 인간적인, 동서문화사.

» 피터 싱어 지음/김성한 옮김(2017), 동물해방, 연암서가.

2부 세상과 소통하는 학술적 글쓰기

» 진화의 늪에 빠진 한국, 부산일보, 2019.11.07.

» 도정일 · 최재천(2005), 대담: 인문학과 자연과학이 만나다, 휴머니스트.

» 에바 일루즈 지음/김정아 옮김(2010), 감정 자본주의, 돌베개.

» 올더스 헉슬리 지음/이덕형 옮김(1998), 멋진 신세계, 문예출판사.

» 클라우스 슈밥 지음/송경진 옮김(2016), 클라우스 슈밥의 제4차 산업혁명, 새로운현재.

2. 단행본과 논문

1부 인문학으로 만나는 동좌문도

» 이영준(2015), 교양교육과정의 두 유형과 그 융복합적 교육 성과, 한국교양교육학회 학술대회 자료집, 한국교양교육학회.

» 인디고 연구소(2014), 희망, 살아 있는 자의 의무, 궁리.

» 수전 손택 지음/이재원 옮김(2004), 문학은 자유이다, 타인의 고통, 이후.

» 주디스 버틀러 지음/양효실 옮김(2013), 윤리적 폭력 비판: 자기 자신을 설명하기, 인간사랑.

» 프레드릭 제임슨 지음/이경덕 옮김(2015), 정치적 무의식: 사회적으로 상징적인 행위로서의 서사, 민음사.

2부 세상과 소통하는 학술적 글쓰기

» 강수진 외 5인(2017), 인문학적 사고와 자기표현, 인문과교양.

» 고려대학교 사고와 표현 편집위원회(2019), 대학 글쓰기의 이해, 고려대학교 출판문화원.

» 김명우 외 10인(2014), 사고와 표현, 역락.

» 김성수 외 7인(2018), 생각하고 소통하는 글쓰기, 삼인.

» 김양선 · 심보경 · 최성민(2016), 대학생을 위한 글쓰기 강의, 박이정.

» 원만희 외 6인(2014), 비판적 사고 학술적 글쓰기, 성균관대학교출판부.

» 한양대학교 국어교육편찬위원회(2009), 창조적 사고와 글쓰기, 한양대학교출판부.

» 움베르토 에코 지음/김운찬 역(2009), 논문 잘 쓰는 법, 열린책들.

3부 생각의 문을 두드리는 말하기

» 김명우 외 10인(2013), 사고와 표현, 역락.

» 복주환(2018), 생각정리 스피치, 천그루숲.

3. 인터넷 자료

2부 세상과 소통하는 학술적 글쓰기

» 2019년 10월 사업체노동력조사, 고용노동부 보도자료, https://www.moel.go.kr/news, (2019.12.01.)

3부 생각의 문을 두드리는 말하기

» 강성태, 66일 습관의 기적, CBS 〈세상을 바꾸는 시간, 15분〉, 815회, https://www.youtube.com/watch?v=xiE2wL9hS2w&app=desktop, (2019.11.13.)

» 김정운, 쏠리는 대한민국, tvN 〈시사콘서트 열광〉, 6회, https://www.youtube.com/watch?v=LHwddaZxLLQ&app=desktop, (2019.10.06.)

» 김제동, 당신, CBS 〈세상을 바꾸는 시간, 15분〉, 596회, https://www.youtube.com/watch?v=DN8KqorbBMk, (2019.10.04.)

» 김제동, 술, 아홉시반 주립대학 특강, https://www.youtube.com/watch?v=KWg34WnWD_0&app=desktop, (2019.09.14.)

» 김창옥, 상처와 열등감으로부터 자유로워지기, CBS 〈세상을 바꾸는 시간, 15분〉, 38회, https://www.youtube.com/watch?v=jiJ5hNAxIDM, (2019.09.20.)

» 김창옥, 여기까지 잘 왔다, CBS 〈세상을 바꾸는 시간, 15분〉, 335회, https://www.youtube.com/watch?v=QDYFwWvQqfw, (2019.10.21.)

» 최진기, IT는 왜 인문학을 요구하는가, CBS 〈세상을 바꾸는 시간, 15분〉, 620회, https://www.youtube.com/watch?v=miJhrWBHhwo, (2019.09.25.)